We Were Feminists Once

**From Riot Grrrl to CoverGirl®,
the Buying and Selling of a Political Movement**

他們用
女性主義
幹了什麼！

在流行文化中被架空的社會運動

ANDI ZEISLER

作者 ⋯⋯⋯ 安蒂・柴斯勒

譯者 ⋯⋯⋯ 周彧廷

目次 *Contents*

各界推薦

就女性主義的發展來看，這本書有其時代意義，尤其是對「資深世代」的女性主義者或婦女運動者。

「女性主義商業化」，即作者所說的「市場女性主義」，指涉的是女性主義被大眾媒體或流行文化恣意挪用或收編的現象，並非當前的新現象，而是早在一九八〇年代即已出現。其中最為人知的例子之一，就是香菸廣告：Virginia Slims 的菸草公司為了挽救與擴大日漸萎縮的香菸市場，為了鼓勵女性加入吸菸行列而引用的一個廣告：「You have come a long way, baby.」

對「女性主義」被商業化的現象，當時不同陣營的女性主義者分持不同看法，最終仍是莫衷一是，各有堅持。然而，這個議題並沒有消失。隨著文化市場化與文化全球化的加劇，同時「性」與「情慾」的多元化也逐漸成為年輕流行文化的元素，「性」與「情慾」論述的市場化於是成為新世代的女性與女性主義者要面對的議題。

作者透過檢視自一九九〇年代以來，美國不同大眾媒體與流行文化的女性名人，如何挪／引用「女性」、「平等」及「種族」的論述，探討「市場女性主義」現象對「女性主義」作為以追求性別平等、主體與自由等目標的社會運動的意義，及其如何形塑「女性主義」未來發展的樣態。這是一本值得關心女性主義

或社會平等議題的讀者閱讀與深思的書。

　　　　　　── 周碧娥，清華大學社會學研究所榮譽退休教授

　　在這個搶占話語權的時代，許多人用符號、用圖像、用影片去博得注意，致力於由黑轉白，由白轉紅，快速製造品質與意義。曾幾何時，女性主義已經從人人喊打，或者相濡以沫，成為了流行界與文化界搶占的商品。我們深信，女性主義標誌著全球姊妹的血汗足跡，不能被抹煞、扭曲或架空。這本書帶領我們思考，如何拆解傳媒裡的話術，智慧應對，又如何呈現性別平等議題，從嚴肅論證轉身。

　　　　　　── 王曉丹，政治大學法學院副院長暨
　　　　　　法律科際整合研究所所長、特聘教授

　　精明的評析……柴斯勒帶來一系列微妙又細緻的小品文……還有會在《婊子》雜誌文章裡看到的機智諧謔。本書風趣詼諧又淵博，機敏地無法妄下簡單結論。

　　　　　　── 羅莉‧佩妮，《紐約時報書評》

　　柴斯勒女士是敏銳堅毅的作者，用鑽石切割刀般銳利的文字剖析主題……本書趣味十足、精練又大膽。

　　　　　　── 珍妮佛‧席妮爾，《紐約時報》

　　文字尖銳又機智，本書充滿精明的……分析。

　　　　　　──《紐約客》雜誌

優美但毫不留情……透過這本刺激的著作，柴斯勒證明了女性主義可以既複雜艱深又有趣。

—— 《華盛頓郵報》

文筆犀利如鋒。　　　　　　　　　　—— 《衛報》

柴斯勒試著闡述女性主義發展至今的路線，藉由展示社會過去可能是如何使它演變至此，號召我們一同加入讓它變得更好的奮鬥行列。若說市場女性主義是一種向掌權者承諾女性主義不會對現狀構成真正威脅的方式，那麼本書所倡導的反市場女性主義就是不畏恫嚇權貴。它以集體困境出發，唯有它能促成變革。

—— 莎拉・賈孚，《新共和》週刊

作者研究透澈又記載地十分詳細，文筆令人驚豔且條理分明，本書嫻熟脈絡、令人增廣見聞亦發人深省。非常重要的著作，強力推薦。　　　　　　　　　　—— 《中西部書評》

在這本強而有力的著作中，柴斯勒仔細探索當企業削弱並延攬女性主義時會發生什麼事。小提示：它再也不具顛覆性了。

—— 艾維特・狄昂，千禧世代女性主義網站 Revelist

柴斯勒以對話般的行文和敏銳才智吸引讀者，提出大量明確例證闡述實體如何以無數方法收編女性主義，從莉莉絲音樂節、家樂氏燕麥、共和黨到肉毒桿菌不一而足。

—— 《密西根季評》

積極堅定、機智，精準地切中時弊。

——《科克斯書評》

柴斯勒的結論無庸置疑，曾經和焚燒胸罩、長滿腿毛的暴躁老太婆形象結合的女性主義一詞，現在已經無足輕重到幾乎喪失意義。

——《紐約書評》

一份令人信服、經過透澈研究的論據，足以抵抗市場友善女性主義的洶湧暗潮。

—— 全球評論網

柴斯勒的論點強而有力又調和了辛辣的幽默……女性主義是一種義務、使命，而不是迷因。

——《進步民粹主義者報》

安蒂・柴斯勒是婊子媒體的共同創辦人也是女性主義武士，破除流行文化的時光機器讓你欲罷不能。

—— 蘇希・布萊特，暢銷書《與蘇希布萊特共眠》作者

引言

　　我並不是要著手寫一本關於女性主義商品化的書，但你可以說我已經等待這個議題發酵二十年了。

　　身為《婊子：女性主義對流行文化之回應》（*Bitch: Feminist Response to Pop Culture*）雜誌的其中一位創辦人，我總相信媒體和流行文化正是女性主義能澈底改變人心思維的場域。一九九五年，我們開始製作黑白的裝訂小誌（zine）—— 歷經一九八〇年代排山倒海而來的反挫之後，女性主義在當時才剛重返流行文化想像當中，而且背負著龐大的醜陋包袱。那時的我們是涉獵廣泛的流行文化消費者，而《婊子》雜誌的宗旨，就是嚴肅看待流行文化，把它當作一股形塑所有人生活的力量，並且論證以流行文化作為女性主義倡議及分析之競技場的重要性。在網路革命萌芽之際，既沒有探討女性主義影評的部落格，也沒有把茱蒂絲・巴特勒（Judith Butler）*和浩克混合在一起的推特貼文。我們只能向彼此徵詢關於許多強硬觀點和迫切議題的意見；例如：為什麼白天播出的脫口秀要把青少年的情慾視為該控管的流行病？為什麼情境喜劇和商業廣告裡的男人，總被描繪成看不懂購物清單、

---

* 譯註：美國後結構主義學者，其性別展演理論對第三波女性主義具有相當代表性。

無助又笨拙的呆頭鵝？災難電影中第一個遇害的人為什麼總是黑人？當然了，還有這個永恆的大哉問：為什麼每一位登上《滾石》（*Rolling Stone*）雜誌封面的女性音樂人都要穿內衣拍照？

我們之所以把小誌命名為《婊子》雜誌是希望能重新定義這個詞，期待透過大聲疾呼和鼓勵他人從善如流，便能將「耍婊」這個動詞化作某種可以實現改變的作為。但另一個我們也想重新定義的詞彙藏在副標題裡：「女性主義對流行文化之回應」。生於一九七〇年代的我們，在反挫時期邁入了具有意識形態的年紀，曾親眼見證女性主義遭受駁斥，最好聽的形容是「來來去去的惱人政治事件」，最難聽的批評則是「一場成功犧牲健全社會的社會實驗，害男人渴望家常菜餚、孩童困在嘈雜的電視機前，而女人更是變得尖酸刻薄又缺愛。」女性主義面臨的不只是形象問題，簡直是一場形象災難。

因此我們發行一本小誌，後來再發展為雜誌。與此同時，「婊子」一詞也在通俗語言中扎根更深，成為電視和廣播的常用語彙、不限性別的日常招呼語，更是惡女行徑的符徵，但讓「女性主義者」變討喜的複雜難題依然存在。

秉持著「世上肯定還有其他沮喪的女性主義者兼流行文化迷」的信念，我們加緊腳步讓《婊子》雜誌成為一種倡議行動。我們的小誌內容就是我們想閱讀的東西，但這些內容在其他地方都看不到，像是電視劇及電影之評析、廣告活動批判、訪問各種性別中正在進行超酷計畫的女性主義者等等。久而久之，我們發現自己當然不孤單：在接下來的十年，社會開始嚴肅看待流行文化；非常嚴肅，《紐約時報》（*New York Times*）和《華爾街日報》（*The Wall Street Journal*）等級地嚴肅，整個網站都創建來

回顧電視節目般地嚴肅。《婊子》雜誌發行十年後，我們亦成為其中一個鑽研女性主義與流行文化之交集的網站、播客及部落格。

多年來，探究流行文化的女性主義者社群持續壯大，身為這個無遠弗屆的群體一員的我已經見識過，無論好壞，流行文化和媒體都改變了女性主義 —— 同樣地，女性主義也回頭改變了流行文化及媒體。但就在我著手寫這本書的時候，怪事發生了：女性主義變酷了。

以往只在主流文化表面底下嗡嗡作響的一股激情，突然掀起浪潮。二〇一四年八月，碧昂絲在 MTV 音樂錄影帶大獎的尾聲稱霸全舞台，拼出「女性主義者」的霓虹燈在她背後閃爍的同時，她在歌曲〈完美無瑕〉（Flawless）中引用奈及利亞作家奇瑪曼達・恩格茲・阿迪契（Chimimanda Ngozi Adichie）的文字。（我們教導女孩要縮小自我，讓自己變得更渺小。我們告訴女孩：「你可以有野心，但不能太過頭。」）這段取樣以阿迪契改述「女性主義者」的字典定義作結，即「認同社會、政治和經濟性別平等的人。」儘管這首歌已經非常出名，碧昂絲那種特別具商業頭腦的女性主義總貫穿歌詞的形象，也可以回溯到她還是真命天女的時代，但這項視覺展示相當於她的正式宣示。這位全球最大咖的流行巨星此刻沐浴在鎂光燈下，把這個曾受汙衊的標籤駕馭地宛如一襲曲線畢露的高級訂製禮服，就這樣在逾八百萬名觀眾面前亮出來。

碧昂絲搶占女性主義話語權的舉動，就是媒體圈骨牌效應的開端。過沒多久，在《哈利波特》（Harry Potter）中飾演妙麗而備受歡迎多年的艾瑪・華森（Emma Watson）也在聯合國發表

一場關於性別平等之重要性的演說——她強調，縱使其他先不談，「我們都應該開始把性別視為一道光譜，而非兩種對立的理想典型。」在幾年前曾與女性主義撇清關係的流行歌手泰勒絲隨即以一份聲明稿更弦易轍，表示其實她一直以來都是女性主義者。巴黎時裝週上，香奈兒時裝秀的終場也以女性主義者集會形式呈現，模特兒們身穿該品牌經典毛呢衫的同時，雙手高舉「歷史即她的歷史」和「婦女權利絕不能只是夠好」等標語。諸如威瑞森（Verizon）、好自在（Always）和潘婷（Pantene）等品牌，也都開始在無線網路方案、衛生棉和亮澤洗髮精的廣告裡聚焦女性主義主題。我訂閱的「女人與女性主義」Google 快訊以前總是推播寫著〈女性主義：過時又惹人厭〉之類標題的冷門文章，如今卻開始跳出滿滿吹捧女力的報導，像是〈碧昂絲的時髦新陣營：女性主義〉、〈艾瑪華森賦予女性主義新生命〉、〈為何男性女性主義者很性感〉。彷彿在一夜之間，幾乎每一位女性名人——還有相當數量的男性名人——在走上紅毯時，記者都會問他們是不是女性主義者。引用麗娜・鄧罕（Lena Dunham）和《挺身而進》（Lean In）的話語突然在各個地方冒出頭，從八卦專欄到機上雜誌滿滿皆是。主流流行文化裡的跨性別女性也越來越常出現——拉維恩・柯克斯（Laverne Cox）、珍奈特・默克（Janet Mock）、亞馬遜影集《透明家庭》（Transparent）——為社會提供全新的機會，探討性別（gender）這種侷限的社會建構。儘管取悅男人的性愛祕訣聖經《柯夢波丹》（Cosmopolitan）還是會教你〈四十個吹得他神魂顛倒的方法〉，但它已經開始接納更多立場明確的政治撰稿人和主題。長久以來被譏諷是專屬憤怒、有一堆惱人毛髮、憤世嫉俗及仇男人士的女性主義竟正式流行了

起來，而且還很性感，但或許最重要的是，「有賣點」。

照理來說，這就是雜誌共同創辦人和我一直期待在我們所沉浸的流行文化和媒體裡看見的突破。無庸置疑的是，女性主義在過去幾年間才剛在各方面文化上取得進展，不僅女性參議員和執行長的數量有所提升，也影響了我們談論政治、娛樂、育兒和藝術的方式。大眾曾認為家暴指控與體育界及其選手無關，如今已是漫長激辯和記者會的主題；喜劇演員口中冒犯人的玩笑話在十年前肯定無人置評，現在卻是在社群媒體點燃微型論戰的根基，可以取得足夠威力對開玩笑的人造成長久衝擊。每週出刊的娛樂雜誌也開始用女性角色是如何（或者說，有無）呈現的新視角評析電影。

在極短時間內，女性主義已經在美國、甚至是全球文化中占據了歷來最複雜的角色。在這個範疇當中，大多數促使女性主義運動開展的問題依然屹立不搖；但與此同時，主流文化、名人及消費者擁抱女性主義，將它定位成新潮有趣又親民的認同，任何人都能輕易採納。我見過有人稱這種現象為「流行女性主義」、「愉悅女性主義」和「白人女性主義」，而我稱它為「市場女性主義」（marketplace feminism）。它既去脈絡化、去政治化，可能還是女性主義有史以來最受歡迎的迭代。

到了二〇一五年，不過是去換個棉條都會看到某人或某種東西，在你絕對料想不到的領域吹噓它的女性主義意涵：指甲油、內衣、能量飲料或除塵撢等等。情況開始變得有點詭異了。二〇一四年尾，婦女基金會（Ms. Foundation for Women）和《柯夢波丹》聯合公布「前二十位名人女性主義者」的名單。不久後，《野獸日報》（*The Daily Beast*）興致高昂地發表一篇文章〈格

言雜誌晉身新女性主義聖經〉，大肆炒作這份原為男性雜誌的內容新方向，因為該雜誌在新上任的女總編帶領之下，將不再列出名女人的可幹度（fuckability）排名。（其實是不再「只為」名女人排名，現在它還會幫度假勝地和餐廳排名喔！）無獨有偶，《花花公子》（Playboy）猖狂地發行六十二年後，終於決定將不再於內頁刊登裸體照片，外界視此舉為大膽的擁女立場，過於美化的緬懷文章跟著出現，例如〈兔女郎：性別歧視遺跡還是早期女性主義者形象？〉

　　二〇一五年夏季，觀眾最愛的空手道英雄布偶豬小姐（Miss Piggy）獲頒布魯克林物館薩克勒中心（Brooklyn Museum's Sackler Center）的女性主義藝術首獎，這份殊榮之前可都是頒給托妮・莫里森（Toni Morrison）和酋長威瑪・曼基勒（Chief Wilma Mankiller）這樣的人士。豬小姐先前當然曾避談堪稱髒話的女性主義，但隨著這個詞彙在新聞中頻繁出現（其實是因為新《布偶歷險記》情境喜劇要開播了吧），現在終於是它和葛洛莉亞・史坦能（Gloria Steinem）同台以法語腔英語宣示「窩是一隻信奉女性主義的豬」的理想時機了。到了二〇一五年秋季，流行歌手凱蒂・佩芮（Katy Perry）在某一期時尚雜誌中，形容她推出的個人香氛「殺手女王淡香精」是「高貴、反叛、極富女性主義精神」，這個詞彙似乎已經變成一種媒體和流行文化用來行銷內容的籠統形容詞。

　　然而，儘管「女性主義」成為傳遍各地的流行潮語，從麥迪遜大道到好萊塢都聽得見，但推動女性主義運動向前邁進時會面臨的真實關鍵問題卻依然嚴重。首先有最高法院暫緩一項德州法案，因為該法案試圖藉由要求州內每一間婦女保健診所都必須符

合門診手術中心的醫療標準，進而迫使全州內的墮胎診所關門大吉；還有一位是女性主義者的電玩評論人被迫取消一場校園演說，因為校方收到一封紙條，有人威脅要對女性主義支持者發動一起「蒙特婁大屠殺*」[1]式的攻擊；再來，俄克拉荷馬市警察丹尼爾·霍茲克勞（Daniel Holtzclaw）多次專挑少數族群黑人婦女性侵，竟帶薪停職將近一年才被解職。（霍茲克勞於二〇一五年底遭判刑入獄。）對了，還有微軟（Microsoft）執行長也對一群女性專業人士說女人不該要求加薪，應該要「相信這個體制」——你知道的，就是那套數十年來都讓女人比男人更低薪的體制——就當作是積陰德。

這下子好消息和壞消息開始不斷競逐。我們慶祝女性製片人和編劇的人數不斷增加的同時，共和黨參議員卻兩度匿名投票反對一項旨在消弭性別化薪資差距的法案。正當國內的小報雜誌記錄著凱特琳·詹納（Caitlyn Jenner）平安變性的每一步過程，德州一項反歧視的公投卻宣告落敗，全是因為電視廣告將跨性別女性描繪為獵童罪犯，警告「只要宣稱自己是女人，任何男人隨時都能走進女廁。」正當我們興奮地狂追網飛（Netflix）上有關女子監獄裡的人生及愛情故事影集時，近年來卻有數十位黑人女性竟在警方拘留下死去，死因還得不到半點令人滿意的解釋。

市場女性主義無法更不會解決這些問題。寫著「終極女性主義者」的項鍊及「我譴責父權體制」的獨角獸 T 恤對那些問題根本沒轍（但我對那些商品沒意見，真是可愛死了）；《艾米舒默的內心世界》（*Inside Amy Schumer*）在艾美獎上打敗所有男性主持的深夜節目對他們來說沒什麼大不了，更不在乎泰勒絲對女性主義有什麼新見解。如今我忍不住要擔心，我們這些期待流行文化與女性主義結合將產出甜美進步果實的人，恐怕有很多問題要面對了。

女性主義在時下流行文化裡獲得話語權的面向是最媒體友善的一種，關注焦點放在異性戀感情及婚姻、不挑戰現行資本主義結構的經濟成果、外表可欲（desirable）但又能保有身體自主權的權利。艾瑪‧華森的聯合國演說聚焦在「邀請」男人投身女性主義，以求讓它更加正當；雪柔‧桑德柏格（Sheryl Sandberg）廣為宣傳的「挺身而進」哲學，談的則是女人正在順應漸漸不把她們視為人類，而是具備麻煩生理構造的機器的職場。她倆擁護的女性主義當然有其道理，卻沒有什麼細微差別；不僅沒有深究為何男人可能不會投身女性主義，或為何企業文化會做出根本站不住腳的選擇，它挑戰信念、改變過程或霸權的力道，也不如它所提供的箝制力般強而有力。

儘管提振女性主義的訊號處處可見，各種探討審美標準的中肯影片瘋狂傳播、天天都會看到威猛強大的女性電影或電視劇角色，又或是名字取得動聽可愛的指甲油，但「女性主義」一詞背後的信念仍然在政治及社會生活裡最受爭議。女性主義一直以來的核心問題 —— 女人是否與男人享有同等的權利、機會和自由？ —— 正漸漸浮現於早該在數十年前就解決的領域。這世界越看越

不像終於透澈了解女性主義，我們反而是在放任一種虛有其表、自我感覺良好的女性主義，搶走社會對各種不平等沉痾已久的關注。這種女性主義利用的是姊妹情誼與情感支持等簡單的主題，例如「加油，姊妹」之類的推特或 Instagram 照片，還有雜誌上那些關於為己而容的歡欣文章等等。性別平等的奮戰如今已經從一項集體目標徹底轉變為一種消費品牌。

不可否認的是，社會運動在媒體和流行文化上的呈現——即使只是蜻蜓點水般帶過——確實能改變大眾態度。身為由衷相信流行文化的力量能夠並且已經改變世界的人，我希望起碼能懷抱著一種想法，那就是受女性主義改變一半的文化終將可以利用那股力量做到盡善盡美。畢竟如果我們可以有女性主義電視節目、女性主義出版商和女性主義流行歌手，為什麼不能有符合女性主義精神的內衣品牌？玩具？能量飲料？甚至是脫衣舞俱樂部？如果女性主義能以電影或專輯的形式銷售，為什麼不能以非文字的產品販賣？

本書將探索社會欣然接納市場女性主義——對個體經驗與實現間接、與政治脫鉤、忠實的關注——是如何銜接大眾被灌輸的那些信念，它們關乎權力、關乎誰是女性主義者，以及她們又會做哪些事。前半部將探討過去到現在的女性主義，對於呈現及傳播女性主義的媒體及流行文化產生了什麼影響，後半部則會正面迎擊未竟的議題。這兩個部分都會以市場女性主義的標準，檢視這場社會、政治且依然激進的運動之演變過程，同時探究它如何滲透作為其當代轉譯載體的流行文化和媒體。

有些人主張文化變遷的衡量標準，取決於現有社會受此等變遷同化的程度，也有人說媒體收編某種運動，就是該運動確實留

下深遠影響的證據（例如〈八位最優秀及最糟糕的女性主義者〉的圖輯）。這本書將探討當代女性主義如何轉變及受到同化，還有在這個奇怪的新市場世界裡又將發展成何種面貌。

第一部

欣（新）然接納

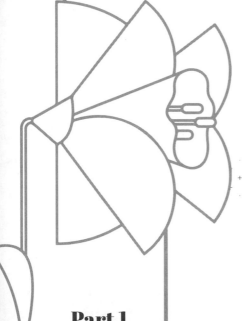

Part 1
The New Embrace

| 第一章 |
賦權核心

> 一百五十年前，在紐約上州一座村莊小教堂裡，塞內卡
> 瀑布市首度歡慶婦女權利的大會，踏出了保障婦女投票
> 權革命大膽的一步。現在你可以使用美國第一銀行週年
> 系列白金萬事達卡，慶祝這項婦權里程碑的週年紀念，
> 以及婦女參政運動者勇敢的力量和信念。立刻申請。

　　這不是有人第一次將女性解放和預支金錢的權力連結起來，
也不會是最後一次。然而美國第一銀行（First USA）在一九九
八年的信用卡廣告裡，把女性選舉權與她們的負債自由相連結，
如此收編女性主義語言以服務資本主義的做法簡直無恥地令人欽
佩。（該銀行甚至承諾在初次消費後，將免費寄發一份「婦女年
鑑」給持卡人。）

　　在眾多定期流傳、說明女人解放之路已走了多遠的解放前小
趣聞當中，有一則的內容是這樣的：直到一九七〇年代中期，女
人都不能辦一張在自己名下的信用卡。已婚婦女需要一位男性共
同簽署者——丈夫或父親——才能使用以該男子姓名發行的信用
卡；單身、離婚，甚至是寡婦全都會遭到拒絕核卡。（這些標準
也經常適用於借書證。）因此一九七四年的《公平信貸機會法》
（Equal Credit Opportunity Act）通過時，確實是解放實現的一項

標誌：婚姻狀態再也與評估信用的銀行無關，女性也獲得了隨時都能用自己的錢購買任何東西的權利，並且和男人一樣負債。[1]但購買本身就是一種女性主義行為的想法，成了新興市場女性主義（marketplace feminism）的關鍵宗旨。

當代女性主義幾乎在誕生之際就受市場收編延攬的說法並不牽強；十九世紀末至二十世紀初，擁有足夠餘裕為了維多利亞時代之理想女性形象「家中天使」（angel in the house）而惱火的白人中產階級「新女性」（new woman），正是初期廣告商追求的新目標客群。那些廣告商將理想的女性消費者形象建構為母親和妻子，她們彷彿亨利克・易卜生（Henrik Ibsen）筆下大器晚成的女英雄，滿懷尚未發揮的潛能，渴望反抗常規並且參與公眾生活。對這樣的女人而言，消費品的定位是通往自主權的一條途徑：麥麩格格脆（Shredded Wheat）不只是一種穀物產品，而是「她的獨立宣言」。同時，畫家查爾斯・達納・吉布森（Charles Dana Gibson）筆下輕鬆愜意、秀髮後梳的「吉布森女孩」（Gibson Girls），恰好體現出更年輕的新女性（New Woman）精神，常以騎單車、打網球和擔任陪審團的模樣表現。「新女性」和「吉布森女孩」都是和當代婦女參政運動者那種嚇人形象相比起來，較為可人的商業化版本，她們當年亟欲傳達訊息的激情總是飽受諷刺。（「在婦女參政運動者的會議上你會聽到一些平庸之事──眼睛也會看到喔！」）而且兩者的形象皆被描繪為文雅且受過教育，但又不到會實際走上街頭、為了爭取投票權而發起絕食的地步。

在世紀更迭之際，女性躋身新目標市場的重要性促使廣告業必須把真實女人納入客群；但由於這些女人當中，有很多人

亦積極參與婦女參政權運動，她們這下卻感覺自己左右為難：表面上，她們因天生知道「女人要什麼」而受到重視，但又痛恨證實這種本質論的思維。身為智威湯遜廣告公司（J. Walter Thompson）文案撰稿人及紐約州婦女選舉權黨的創黨人，法蘭西絲・毛爾（Frances Maule）敦促同事們勿把女人當作難以歸類又易受影響的人類，而是要謹記選舉權運動的口號「女人是人」（Women Are People.）。她成功了：截至一九一八年，智威湯遜廣告公司的女性編輯部（Women's Editorial Departments）就掌管了公司逾半數的業務。[2]

然而儘管「女人是人」看似是個合乎常識的策略，卻和持續壯大的大眾市場文化產生衝突，因為這種文化的盈利動機不只強調性別隔閡，還進而將之商品化，製造商、零售商、廣告商還有雜誌出版商紛紛傾力建立兩個獨立卻穩固的消費者群體：男人與（白人）女性。不過真正懷抱著「女人是人」的思維創建當代最成功企業的，其實是受到這個產業忽視的女人：例如沃克夫人（Madam C.J. Walker）和安妮・藤恩伯・馬龍（Annie Turnbo Malone）這樣的企業家都是直銷商業模式的先鋒，發想及銷售許多黑人女性的美髮用品。她們沒有把幾乎是馬到成功的事業，建構成由上到下一心追求利潤最大化的公司，反而拿來作為進行訓練、教育、社群建構和推廣慈善事業的場所。

甜蜜的香菸、香水和自由毛衣

香菸是第一種允許商業領域與逐漸興起的婦女運動結盟的商品——在市場潛能方面，倒不是政治上的投入。在十九世紀末到

二十世紀初之間，社會認為吸菸對女人來說是相當不得體的活動，公共場合往往會明令禁止。因此，美國菸草公司（American Tobacco Company）會認為擄獲這個新興市場就等於是「在自家前院挖開一座金礦」[3]也就說得通了。美國菸草公司聘請艾德華・博內思（Edward Bernays）（如今他還有「公關之父」之稱）精心製作吸引更多女人吸菸和購買香菸的廣告，機靈地利用第一波女性主義大發利市。博內思起初將香菸標榜為一種減肥輔助品來迎合女人愛美的心──平面廣告上呼籲著「拿鴻運香菸（Lucky），別拿糖果」──但他有一股預感，認為訴諸女性逐漸茁壯的自主性或許才是真正能刺激產品銷售的誘因。一九二九年，博內思和美國菸草公司在紐約第五大道策劃了一場平權遊行，雇用女性遊行者把鴻運香菸當作「自由火炬」高舉在空中，同時鼓勵看熱鬧的人一起吐納令人醉心的性別平等氛氳，共同「反抗性別禁忌」（Fight another sex taboo!）。在早期陽剛做作的媒體環境中，這場遊行的照片在全國造成轟動，並且在遊行之後如預期般推升女性香菸消費人口成長逾一半以上，從一九二三年的5%成長至12%。鴻運香菸的眾多勁敵立刻開始效仿，菲利普莫里斯國際公司（Philip Morris）甚至規劃了一場踏足全美的巡迴演講，請來香菸專家指點女人吸菸的內行細節。

類似的解放象徵，為媚登峰（Maidenform）長期沿用的「夢想」（Dream）廣告打下基礎。這檔由女性文案撰寫人凱蒂・妲萊希歐（Kitty D'Alessio）發想的廣告於一九四九年推出，既比婦女選舉權時代的廣告更簡潔，視覺上也更撩動人心。在這些廣告裡，普通（但僅限白人）女性不需要任何東西，只要憑藉區區一副胸罩就能前往異地遊覽或取得絕佳事業。「我夢見穿著我的

媚登峰內衣登上最高的山峰」文案旁的女人穿著內衣搭乘滑雪登山纜車，身邊還有一隻聖伯納犬。其他夢想還包括拳擊（「我夢見自己大獲全勝……」）、在古羅馬賽戰馬車（「我夢見自己讓觀眾為之瘋狂……」），還有下西洋棋和去辦公室上班等等。這些廣告或許都在無意間暗示著，對這些女人來說，去上班和下西洋棋竟然是和回到古代比賽戰馬車同樣異想天開的活動。

四十年後，維珍妮香菸（Virginia Slims）作為第一個明確向年輕職業婦女行銷的香菸品牌，利用「吸菸是解放的關鍵場域」這樣的概念進一步弘揚鴻運香菸的遺澤。正如美國第一銀行後來發行的塞內卡瀑布萬事達卡，維珍妮香菸生動地勾勒出女性在過往令人憤慨的從屬地位，換作是任何不同的光景看起來都會是一大進步。該品牌香菸於一九六八年七月推出的平面及電視廣告以棕褐色調小短片，呈現出吉布森女孩類的女人們為躲避丈夫不贊成的眼神抽上一口菸而接連勇闖離奇境地的鬧劇：一場家長式專斷的老古板男人與無拘無束的女人之間的對峙。（廣告旁白：「一九一五年，辛希亞・羅賓森太太被抓到躲在地窖的儲藏櫃後方抽菸，儘管她已經三十四歲了，她老公還是直接把她趕回房間。」）那句出名的廣告口號「你已經奮鬥好久了，寶貝」（You've come a long way, baby.）暗示著，可以吸入原本陽剛的煙霧本身就是一種解放，而非解放附帶的效果。這麼一來影集《廣告狂人》（Mad Men）裡的劇情，看起來也就合情合理了：佩姬・歐森於第五季離開斯特林庫柏廣告公司後，到了新公司的第一項任務就是發想「女士香菸」的名稱和廣告活動。作為第一個運用女性形象來吸引女性顧客的香菸品牌，維珍妮問世的前二十年間，對母公司菲利普莫里斯來說堪稱無與倫比的成功；到了

一九八〇年代，該品牌市占率已從 0.24％提升到 3.16％。[4]

隨著第二波婦女運動取得聲勢和媒體關注，運用「擴權話術」來推銷產品的機會也變多了。就舉美國羊毛理事會（American Wool Council）一九七〇年的廣告創意——解放羊毛衫（Liberated Wool Sweater）來說吧，女性雜誌裡的廣告讚揚這種服裝是「新自由的體現」，號稱穿上它後可以讓人「自由活動、不起皺痕、還能隨意選擇下擺長度」。[5] 廣告商小心翼翼地避免直接提及女性主義一詞，或是當代的婦女解放運動：此舉為的就是擄獲對婦女解放有足夠信仰、願意支持以此作為號召之公司的顧客，但又沒強烈到會拒用女性主義者視為性物化工具的商品。這種具煽惑性的手段就足以拿來行銷標榜著「自由噴霧」（Freedom Spray）的麥森吉爾牌（Massengill）「女性私密衛生噴霧清潔劑」了嗎？看來還真的可以。

針對女性行銷及銷售的生意幾乎全然仰賴於創造和解決女性的不安全感，而婦女解放部分具有啟示性的潛能，便是拒絕市場那套甜言蜜語的承諾，不買號稱能改變人生的面霜和洗髮精，更別提將女人作為裝飾品的整套論述了。因此利用女性之自我嫌惡來供養自己的眾多產業，確實有充分理由害怕女性主義運動的潛在影響。收編解放語言來銷售產品讓他們可以兩面通吃，在稱頌女性主義運動精神的同時，亦發展出一套全新的不安全感（「素顏感」化妝品，各位有印象嗎？）以及令人夢寐以求的新典型。

一九七三年針對「新女性」推出的香水查莉（Charlie）是第一瓶轟動市場的美國品牌女香，因為這是露華濃（Revlon）首度鎖定三十五歲以下女性的初試啼聲之作。查莉的經典廣告就

是它的魅力來源；在那支廣告中，模特兒雪莉‧哈克（Shelley Hack）跳下勞斯萊斯，身穿時髦套裝在紐約街道上自信地昂首闊步，不但完全體現出婦女運動的自由和自信，更沒穿著鬆垮衣服或擺出晚娘臉孔。廣告歌曲的歌詞也在向潛在消費者強化這種解放很「歡樂」的印象：「有點年輕，有點時髦，查莉！／有點新潮，有點驚奇，查莉！」根據露華濃針對「查莉女孩」所列的二十點行銷剖繪指出，他們的顧客「不循規蹈矩也不做作」、「可以很強悍，認為規矩只是其次考量」、「可以很溫柔，但絕非被動消極」、「對性事不拘束」，有趣的是還有「不是猶太公主」*。[6]（我這時才發現我自己的猶太媽媽就在露華濃的產品開發部門工作，直到查莉上市前不久才離職。）

真要說起來，查莉女孩其實不太能反映年輕、解放的白人女性特質新想像，不如說是真實女性主義倡議的一種較優越的替代品。曾自稱是「不情願的女性主義者」的巴納德學院（Barnard College）院長黛博拉‧史帕（Debora Spar），便在其二〇一三年的著作《神力女超人：性、權力與追尋完美之路》（暫譯）（*Wonder Women: Sex, Power, and the Quest for Perfection*）中證明了查莉那套去脈絡化解放的力量：「女性主義者本來很張揚、咄咄逼人、嗓音尖厲又沒女人味；但，查莉美麗動人、優雅端莊，還是個成功的職業婦女和母親。可以像查莉女孩的話，誰還需要女性主義？」對史帕這類女性來說，雪莉‧哈克所體現的解放遠比在現實生活中成就這種形象的煽動者更有魅力。而且由產品所

＊ 譯註：猶太公主所指的刻板印象是家境富有、被寵壞的猶太裔美國女孩或女人，多為貶意。

推動的那種態度不僅受到消費者接納，更幫助奠定了當代市場女性主義的基礎，在這樣的框架下形象便脫離理論，「歡樂」的解放才是最有價值的。

露華濃乘勝追擊，在一九七八年又推出安喬莉（Enjoli），進一步強化新女性的意象。若說查莉象徵的是嗆辣、無憂無慮又開放的美國女性，那麼安喬莉便是用廣告標語提及維持那般自由的必要產品：「專為全天候女人設計的八小時持久香氛」。查莉女孩是活潑有趣的少女，安喬莉女孩是貨真價實的女人──改編自佩吉・李（Peggy Lee）歌曲的廣告歌將這種形象描繪地十分清晰：「我可以賺錢養家／在廚房大展身手／而且永遠永遠不會讓你忘記自己是個男人／因為我是女人／安喬莉！」它的平面廣告印著一位金髮女郎正要走路去上班、手上抱著孩子、接電話談公事，還有慢跑；這一大堆拼貼照片光用看的就讓人感到筋疲力盡，但其實廣告的本意是要恭維現代神力女超人在各方面的才能。如果你好奇當代大眾媒體為何認為「盡擁一切」（having it all）是女性生存的終極目標，只要回頭參考那份平面廣告就知道了──「你可以餵飽孩子和寵物沙鼠、給老公送出飛吻，接著再準時去上班。」這是第一個不仰賴女人一成不變的形象的美妝產品，也是第一支承認對許多女人來說生活絕大部分都很平淡沉悶的香水。更是第一個也是最後一個，拿「沙鼠」這個詞彙來宣傳香水的產品。

一九七〇年代末期，祕密牌（Secret）止汗劑也上市了；它如同之前的維珍妮香菸（Virginia Slims），運用兩性之爭（battle-of-the-sexes）的廣告活動來販賣一種本質上來說不分性別的產品，並強調儘管祕密牌止汗劑「對男人來說已經夠強效」，但它

其實是「女士專用」的商品。在它的平面廣告裡，有好幾對男男女女彼此調情──每一對皆同為黑人或白人，但絕對沒有跨種族──而其中一人會受惠於止汗劑威猛的男子力量。「聽很多人說祕密牌止汗劑對男人來說夠強效了。」壯碩的健身男子對頂著時髦髮型的美女說道，「沒錯，但這是女士專用的。抱歉囉，猛男。」她回答。

收編女性主義語言的廣告文宣不會把焦點放在男性角色身上，但絕大部分還是會以某種方式將男人囊括在內，不是試圖達到俏皮的較勁效果──祕密牌廣告到一九八〇年代仍延續這種方式──就是作為點綴。他們的角色是用來擔保查莉女孩、安喬莉女人及素顏粉底廣告裡的女孩等等，不會將剛尋獲的自由施展得太過火。雪莉・哈克演繹的查莉會在光天化日下拍她男人的屁股，但吃晚餐時一定會點沙拉；安喬莉所代表的全天候女人，在餵飽孩子和小沙鼠之後會換上絲質睡袍，方便她在勉強睡個兩、三小時前給她的男人一點關愛。說到底，廣告裡的解放女性對現狀可說是毫無威脅。直到一九九〇年代或更之後的後女性主義時期，男人才靜悄悄地從女性主義消費環境裡消失，而女人可以「為了我自己而做」和「為了我自己而買」的想法也逐漸抬頭。

弦外之音與那位單身女郎

數十年來，廣告商絕大部分都在向女人強調她們在人際關係中的角色。李斯德霖（Listerine）早期的廣告就警告女人，糟糕的衛生狀況──惡臭的口氣，或更糟的是惡臭的生殖器──會害她們婚姻破裂，還會酸溜溜地譴責媽媽們沒有只用最好的屁屁霜

和拋棄式尿布呵護寶寶的屁股。一九九〇年代則是出現了大相逕庭的廣告，不只清楚明白地認可女人可以快樂單身，還承認其實有很多女人主動選擇那樣的生活狀態，並且以消費者的身分陶醉其中。一九九九年，在《村聲》（*Village Voice*）雜誌某篇標題為〈女人好應付：為何電視廣告商不重視女性客群〉的文章中，記者馬克‧波爾（Mark Boal）思忖：「當今的行銷者或媒體購買者很可能是穿普拉達的職業女性，反映出同樣在電視劇上演、意義深遠的性別角色轉換。《神仙家庭》（*Bewitched*）裡的家庭主婦，已經被《魔法奇兵》（*Buffy*）中揮舞著武器追殺吸血鬼的鬥士取代了。」然而他接著在文章中推測，就算是這種大膽的廣告新風貌也是從鎖定女性客群的過時劇本汲取而來，女人的認同依然建立於愛情與浪漫情懷的基礎上。

對任何熟悉流行文化的人來說，這不是新鮮事了。就連討好單身女子的消費訴求這回事，都可以拿來強調她們身為異類的狀態。在一九九九年某支健怡可樂的廣告裡，有一名女子正在錄製視訊約會的自我介紹影片，她向媒人說自己「有很棒的朋友」還有一份「很棒的工作」，媒人回她：「聽起來你過得很不錯呢。」這位單身女郎在大喝一口低卡可樂的同時思忖著這番話，接著她便立刻離開會場，不再浪費自己一丁點充裕的單身時光。有了這種添加人工甜味劑又含咖啡因的汽水，誰還需要男人啊？這就是眾多強調「賦權」（empowerment）的廣告之一，靠著一句廣告標語（「好好過你的生活」），外界就認為健怡可樂的訴求有了一百八十度的轉變，它之前那句得意洋洋的標語（「人如其飲」）看重的可是外表呢。

同時，戴比爾斯（De Beers）二〇〇〇年推出的單鑽項鍊的

廣告，則是將單身女郎塑造成正在尋找閃耀版顧巴先生的女教師。* 廣告文案援引酒吧搭訕的語言寫道：「我經過商店櫥窗時看到它向我招手……我們凝望著彼此。雖然我通常不是那種女生，但我還是帶它回家了。」無論是健怡可樂還是戴比爾斯的廣告，好像都無法完全自在地呈現單身女郎的風采；兩則廣告的發想者彷彿都因為不能再仰賴妻子及母親等過時角色而受到牽制，於是他們必須闡明這些女人非屬何者才能定義她們。但隨著越來越多品牌都開始向單身女郎行銷，它們發現那些舊典範裡的解放語言才是正確的話術。

> 你的左手代表「我們」，你的右手代表「我」；你的左手眷戀燭光，你的右手熱愛鎂光燈；你的左手推動搖籃，你的右手統御世界。全世界的女人們，高舉你的右手吧。

戴比爾斯靠著一九四七年的廣告「鑽石恆久遠，一顆永留傳」（A Diamond is Forever）獨力打造出訂婚戒指的市場，把鑽石變成幸福婚姻的重要象徵，地位就和白色婚紗或捧花一樣重要。但到了二○○○年代初期，該公司打算擴張市場，三十歲至五十歲之間、人數漸增的未婚女性消費者就是它的目標客群。於

---

* 譯註：《尋找顧巴先生》（*Looking for Mr. Goodbar*）為一部一九七七年的電影，由黛安・基頓（Diane Keaton）及李察・基爾（Richard Gere）主演，劇情描述一名女教師在晚上前往酒吧尋覓性愛對象，卻意外惹禍上身。

是右手戒指就此誕生了：該品牌為原本較次要的右手無名指推出一系列樣式奇特的鑽戒款式，並且開始進行一場討好潛在客群的廣告活動。在右手鑽戒的行銷語言中，缺乏想像力、甜美又傳統的「應聲蟲女人」（yes-women）才想要婚姻，而且大家就承認吧，婚姻的確挺無聊的。你明明可以自己挑個更奢華的款式，何必戴上某個傻蛋送你的無趣單鑽戒指？

這項廣告活動轟動一時：「非婚用」戒指的銷售額在二〇〇四年成長 15%，該活動還因為遠遠超越了「拉抬戒指與整體鑽石首飾銷售一同成長」的業績目標而贏得二〇〇五年紐約美國行銷協會（New York American Marketing Association）的艾菲獎（EFFIE）金獎。[7] 消費者行為追蹤組織美國研究集團（America's Research Group）創辦人於二〇〇四年一月向美國國家廣播公司（NBC）表示，這款戒指熱銷的成功關鍵就在於女性消費者感覺獲得授權。「取得准許的年代確實結束了，這就是女人在過去十年來購買力大幅提升的原因。」[8]

結果這熱潮只是曇花一現。右手戒指熱銷的情況放緩，有一部分是因為各界對安哥拉共和國、獅子山共和國、辛巴威和剛果共和國的血鑽石磨難逐漸提升意識，這些國家為了賺錢打內戰，竟迫使最小年僅五歲的孩童加入開採工作；但以美國來說，局勢也已經改變了：九一一事件過後，社會的新焦點放在穩定民心與家庭生活，這些因素多使得傳統的性別角色再次獲得重視。許多雜誌推論，恐怖攻擊對於被美國文化削弱男子氣概的男人來說是一記當頭棒喝，並宣布牛仔精神再次成為萬人迷特質；小布希（George W. Bush）更以漫畫般的剛毅口吻，面紅耳赤地向「作惡之人」（evildoers）搥胸放話「放馬過來！」出版社和女性雜

誌突然全都開始討論起「家庭生活的藝術」，優雅的刷洗工具和香氛地板清潔劑亦成為消費品中新一類打掃用品的暢銷明星。舉國上下全心牽掛著婚姻議題：被保守基督教倡議團體煽動的小布希政府砸下一百五十萬美元鼓勵低收入情侶結婚，但很快又指出這項獎勵只針對異性戀情侶。而在光譜的另一端，多不勝數的婚慶產業新媒體著魔似地詳細報導珍妮佛·羅培茲（Jennifer Lopez）與馬克·安東尼（Marc Anthony）、大衛及維多利亞貝克漢夫妻（David and Victoria Beckham）還有班·艾佛列克（Ben Affleck）與珍妮佛·嘉納（Jennifer Garner）等人耀眼奪目的名人婚禮，甚至有人將整體結婚率提升歸功於此。儘管小布希強力「捍衛」異性戀婚姻，整個婚慶產業仍張開雙臂歡迎同性婚姻，推出了一大堆彩虹主題的產品。到了二〇一四年，根據《時尚》（*Vogue*）雜誌報導，「非婚戒」戒指的新潮流就是單身女郎會在左手無名指戴上類似婚戒款式的小首飾，尋求一種心理上的歸屬感。所謂顛覆傳統不過爾爾。

我很堅強，我所向披靡，我有助盈利

「如果你讓我玩運動，」小女孩說道，「我會更喜歡自己。」「我會更有自信。」「我得乳癌的機率會降低六成。」「我比較不會意外懷孕。」「我比較有機會離開會毆打我的男人。」「我會學著變堅強。」

當時是一九九五年，耐吉（Nike）帶著扣人心弦的〈如果你讓我玩運動〉廣告活動向女性消費者伸出強大臂膀，將少女參與團體運動後經研究證實的益處化為提振女孩力量的行動第一炮。

耐吉透過女子運動基金會（Women's Sports Foundation）蒐集而成的研究，把數十年來對「運動是男孩子玩意兒」的駁斥全濃縮在三十秒的廣告時間裡。廣告找來一大群文化多元、十歲出頭的女孩，一個接一個對著鏡頭說出這些主張，彷彿在控訴閱聽人共謀邊緣化女孩運動。這是耐吉史上最成功的廣告活動，與女性主義、教育及進步主義陣營結盟的同時還無損盈利。

　　當時主導耐吉這場廣告活動的文案主撰稿人珍奈特・錢普（Janet Champ）說：「這不是廣告，這可是事實。」[9]無論如何，這都是一個時髦品牌的新創舉；該品牌另一支找來史派克・李（Spike Lee）飾演火星人（Mars Blackmon）的前衛廣告當然很酷（經典廣告台詞：「肯定是鞋子的功勞」），但通常沒有這麼誠摯，而且那種哀怨且突破第四面牆的對話，效果甚至比耐吉預期的更好。報導這項廣告活動的《堪薩斯城明星報》（Kansas City Star）記者瑪莉・施密特（Mary Schmitt）指出：

> 這支廣告目前已經在電視上播了約一個月，耐吉總部的電話從來沒停過⋯⋯許多來電者都是為人母親，她們說著說著嗓音就變了調，表示希望女兒們能擁有她們從未有過的機會；有些來電者則是家有女兒的爸爸，她們都踏入了原本僅限男孩參與的那些運動領域；還有一些人是曾經見過運動確實改變少女生活的教練或老師，有些更是從來沒有機會發現這件事的女性。[10]

　　然而儘管錢普形容得如此誠摯，這依然是廣告，而且是非常成功的廣告。除非你是沒靈魂的外星生物或根本是個機器人，不

然應該都曾因為一、兩支廣告感動流淚。〔我才不管是什麼產品，如果電視廣告的配樂用了佛利伍麥克（Fleetwood Mac）的〈土石流〉（Landslide），我看完一定會哭成淚人兒。〕但是，無論看個廣告會用掉多少條手帕，還是沒改變廣告的目標——吸引你買東西。[11]

　　一年後，耐吉接著推出與〈如果你讓我玩運動〉略有不同的廣告，叫做〈有個女孩誕生在美國〉。這支廣告運用一段類似的蒙太奇，有好幾位多元文化的女孩看著鏡頭做鬼臉，直截了當的文案再次號召讓運動成為女孩在這世界成長茁壯的方法：「有個女孩誕生在美國／有人會送她一個娃娃／有人會給她一顆球／接著就有人會給她一次機會。」某種程度而言，這支廣告的力量來自於將真正賦予女孩機會參與運動（但很多時候都只能算勉強）的原因去政治化——即一九七二年訂定的《教育修正案第九條》（Title IX Act）。別的先不說，但該法案的重點就是強制接受聯邦經費的學校必須為男子及女子運動提供同等支持。在耐吉這兩支廣告裡，文案將「請求」變成「要求」，向看不到的男人呼籲——文案提到「你」和「有人」——也成功模糊了女性主義的鼓動在女子運動崛起中所扮演的角色。女人和女孩或許掙得了玩運動的權利，但〈有個女孩誕生在美國〉明確點出了這種社會汙名仍時常涉及請求准許。

　　這兩支姊妹廣告不過是將女性運動經驗正常化，就釋出了耐吉推崇此事的訊號；這實在是個高明之舉，畢竟在當時的流行文化環境中，關於女人以及女孩的形象變幻莫測。（到一九九七年，耐吉重視女性運動人口所獲得的回報便是運動鞋履市場成長 43％。）如果一九七〇及一九八〇年代是利用婦女解放運

動進入女性特質自我實踐的市場，那接下來十年的焦點就來到了更年輕的消費者身上。一九九〇年代，眾多暢銷書使得媒體開始關注正醞釀爆發的「女孩危機」（girl crisis)，例如瑪莉・派佛（Mary Pipher）的《拯救奧菲莉亞》（*Reviving Ophelia*）、佩吉・歐倫史坦（Peggy Orenstein）的《校園中的女學生》（*Schoolgirls*）及琳・米克爾・布朗（Lyn Mikel Brown）與卡羅爾・吉利根（Carol Gilligan）合著的《何去何從》（*Meeting at the Crossroads*），這些書全都在警告女孩的自尊會在青春期驟降，並醞成諸多嚴重危害。多項研究接連發現，即使是聰明、擅長運動、有自信且擁有充裕家庭支持的女孩，進入青春期後也會遇上不安全感、自我懷疑和身體羞辱的隔閡。突然間，女孩解放變得和婦女解放同樣重要了──而且剛好行銷起來也一樣簡單。

從《齊娜武士公主》（*Xena the Warrior Princess*）裡的齊娜與小搭檔嘉柏麗（搞不好還是愛人？），到《魔法奇兵》裡的巴菲、嬌小的動畫角色《飛天小女警》（*The Power Puff Girls*），還有大膽的電玩探險家蘿拉・卡芙特（Lara Croft）及膽識過人的新生代龐德女郎，動作女英雄在一九九〇年代中期到末期持續增加。聰明自立又滿懷正義感的女英雄原本不是用來連接派佛、吉利根等人筆下所謂女孩之自信鴻溝的魔法橋梁，但確實填補了某種關鍵的匱乏狀態。年輕女性或許沒什麼興趣閱讀早就翻爛的女性主義理論，以及那些多少強化了她們母親及阿姨的意識和自尊的大眾心理學書籍，但她們可以也確實接觸到了電視劇、漫畫及電影裡的角色，看它們用司空見慣、沒啥大不了的態度展示男孩們長久以來都擁有的力量。

她們也看到陳舊的廣告訊息開始迭代。就拿芭比（Barbie）

那個肩負著對女人的文化定見及期待的粉紅色塑膠人來說吧，打從在一九六四年問世以來，她當過酒吧歌手、職業婦女、比基尼模特兒，甚至是媽媽。在一九九二年，會說話的少女芭比（Teen Talk Barbie）卻捲入爭議：每個會說話的少女芭比都設定成只會說出數量有限的句子，其中有好幾句還同時低估了小少女的才智和興趣。在女孩危機敘事與「暴女運動」（Riot Grrrl movement）盛行的時期，沒人有空理會把芭比設定成只會說些「數學課好難喔！」和「來計畫我們的夢幻婚禮吧！」的玩具商。全美大學女生學會（American Association of University Women）立刻向美泰兒公司（Mattel）發表聲明指出，「那些最可能喜歡玩『會說話的少女芭比』的十歲出頭女孩，很可能會對自己的數學能力失去信心」，並且要求把那句話從芭比的辭彙庫裡刪除。有個自稱「芭比解放組織」（Barbie Liberation Organization）的文化干擾游擊團體甚至做出了更棒的回應，他們把三到五百個會說話的少女芭比和特種部隊（G. I. Joe）「會說話的公爵」（Talking Duke）對調發聲器，所以芭比會怒吼「吃子彈吧，眼鏡蛇！」而公爵則會歡呼「我們去購物吧！」

到一九九九年芭比問世的四十週年，她會講的話全都不一樣了。這個胸部大得超不合理的時髦玩偶（靈感來自於某個性感的德國卡通角色）被重新定位為「女孩們的生活風格形象」，一系列新廣告也完成了不可能的任務——不用實體娃娃行銷芭比。該廣告活動端出人類女孩玩曲棍球和籃球的黑白照片，標語寫著「女孩說了算」和「成為你自己的英雄」等等，只有廣告角落裡低調的粉紅色芭比標誌才讓人看得出是美泰兒的作品。

芭比刻意擺脫先前數學風波的動作不只有這項廣告活動。美

泰兒在一九九九年亦正式與女孩協會（Girls Inc.）合夥，這個在當時新創辦的非營利組織之宗旨就是「啟發女孩們變得堅強、聰明和大膽。」換得美泰兒一百五十萬美元捐款的同時，女孩協會向該公司分享他們在幫助真實世界的女孩時，點滴蒐集而成的許多見解和專業經驗，這照理來說可以讓芭比不再是愚蠢的公關惡夢。女孩協會執行長伊莎貝爾‧卡特‧史都華（Isabel Carter Stewart）宣布，該組織「很開心能與對女孩們的生活擁有龐大影響力的公司美泰兒結盟，他們的產品有助女孩展望未來，我們的計畫也能幫助女孩為達成目標預作準備。」

　　但在美泰兒方面，他們起初還不願意讓協會言語中不言而喻的女性主義和該公司對芭比的銷售展望扯上關係；一位女發言人於一九九九年三月向《華盛頓郵報》（*Washington Post*）表示：「（美泰兒）公司裡有很多人都被『堅強、聰明又大膽』這句話惹毛，他們認為這番話對芭比來說太強硬了。」[12] 但曾任《*Hues*》雜誌及「再見芭比」（*Adios Barbie*）網站編輯的歐菲拉‧艾杜特（Ophira Edut）在當時指出，美泰兒近期已經發現在銷售萎靡的同時，把芭比視為女性自尊低落禍根的女性主義書寫正逐漸興起（部分該歸功於網路）。想辦法沾上邊看起來肯定是個致勝之舉，何況部分甜美的「女力財」（girl-power cash）在當下那個十年間也正在易主；但艾杜特也批評，「對女孩說她們可以成為『任何人物』或『當自己的英雄』的廣告，不過是用含糊不清、鼓勵女孩的話語包裝美泰兒的訊息──快買我們的產品！」[13]〔雙方合夥後的第一個產品就是芭比總統，除了金髮白人的版本以外，還有拉丁裔及非裔美籍的芭比總統，同時附帶一套藍色的權力套裝（power suit）和一襲紅色的正式禮服以強調

芭比兩黨兼容的特質。〕但在美國家庭協會（American Family Association，簡稱 AMA）中隨時保持警覺的基本教義派人士認定同樣由美泰兒出品的美國女孩娃娃（American Girl）受到該協會玷汙後，情況就開始變棘手了；AMA 要求美國女孩娃娃和女孩協會切割，還稱該組織是「支持墮胎和女同性戀的倡議團體」。雙方最後終止合夥關係，雖然總統候選人芭比曾在二〇〇八及二〇一二年短暫復活，但「成為自己的英雄」精神退居其次，芭比又變回了時裝模特兒、公主和「寵物美容師」。

你的身體，你的（消費）選擇

　　利用女性主義語言及理論銷售產品的歷程，一直以來都是受到「女性消費者會因其個人消費選擇獲得賦權」的想法所驅策 —— 此話確實不假，與其說選擇是達成目的手段，不如說它就是目的本身。有權利選擇比選擇了什麼更重要，正是「選擇女性主義」（choice feminism）的核心；該主義恰好也與一九八〇年代快速且幾乎銳不可擋的消費選擇擴張同時興起。總與地位息息相關的消費晉升為一項衡量解放的標準，並且會隨著缺乏安全感之優渥階級的自戀而膨脹。湯姆・沃爾夫（Tom Wolfe）＊用自身發明的詞語「我時代」（Me Decade）指稱這種變化，隨後亦在其一九八七年的小說《虛榮的篝火》（暫譯）（*The Bonfire of the Vanities*）中加以諷刺。一九七九年暢銷書《自戀文化》

＊譯註：湯姆・沃爾夫（Tom Wolfe）是美國作家兼記者，為「新新聞主義」之鼻祖。

（*The Culture of Narcissism: American Life in an Age of Diminishing Expectations*）的作者兼歷史學家克里斯多福·拉許（Christopher Lasch）將消費與貧困之必然循環歸罪於廣告和行銷產業，但他亦抨擊包含女性主義在內的左翼運動縱容這種現象發生。〔堅決反女性主義的拉許在他死後出版的文集《女人與公共生活》（暫譯）（*Women and the Common Life*）裡，針對蓬勃發展中的市場女性主義加以批判：「女性主義運動根本沒讓企業資本主義變得文明，反而遭其腐化墮落。它已吸收商業思維了。」〕舉例來說，女性主義文化歷史學家兼媒體評論家蘇珊·道格拉斯（Susan J. Douglas）早已指出，在一九八〇年代，向女性下廣告之所以會成功靠的就是有效以解放結合地位及權力。隨著新自由主義、貪婪是好事的論調成為菁英階級中的共通語言，奢華美容產品、設計師品牌和健身課表就變成了解放的成就，而不僅僅是消費品而已。「對雷根時代的女性來說，」道格拉斯寫道，「菁英主義和自戀完美地結合成一項訴求，呼籲大眾別管政治了，管好個人就好，這樣你或許還能想想辦法改善。」[14] 在隱晦不言的後女性主義時代，選擇的呈現更巧妙地轉化為所謂的「賦權廣告」（empowertising）── 一種在完全獨立自主的消費行為中稍稍援引女性主義的廣告手法。

就拿一九九四年聲名狼藉的神奇胸罩（Wonderbra）廣告看板來說吧。上頭的模特兒伊娃·赫茲戈瓦（Eva Herzigova）開心地低頭看著自己充了氣似的胸部從扇形黑色胸罩裡脹出來，旁邊還寫著：「你好，男孩們」。神奇胸罩從一九六〇年代中期就開始在英國銷售，但那些廣告看板讓銷售額一飛衝天。廣告效果實在太好了，部分原因是它們的文案都不太正經（同系列其他廣告

寫著「看著我的雙眼，跟我說你愛我」，還有「……見到我很開心吧？」），但也是因為它們多少呈現出女性主義理論家安吉拉·麥克羅比（Angela McRobbie）所謂「女性主義早已是天經地義」（feminism taken into account）的現象——即認為「女性主義運動十分成功，使其在塑造文化方面已無關緊要」的信念。你幾乎可以聽見審核神奇胸罩廣告看板的概念時，談話間會出現的邏輯依據：「若我們毫無概念的話，這廣告就是性別歧視了，但我們清楚得很，而且因為女人也知道我們很有概念，所以這其實是在賦權。」如果赫茲戈娃、凱特·摩絲（Kate Moss）及其他幾百萬在百貨公司購買神奇胸罩的女人都選擇穿上這種支撐裝束，而她們這麼做的同時又展現出性的能動性（sexual agency）*，照這個邏輯推論，還有比這更女性主義的行為嗎？

雖然沒有具體數據可以得知有多少消費者沉浸在那種後現代的廣告解讀，但根據赫茲戈娃自己二十年後的反思看來，或許沒有很多。回想起那些廣告時〔它們在二〇一一年獲英國戶外媒體中心（Outdoor Media Centre）票選為最經典的廣告看板〕，她起初對英國《每日郵報》網路版（Mail Online）表示：「我的神奇胸罩廣告是為女性賦權……它不像某些人說的是在貶低女人。」[15] 但就在同一篇報導裡頭，赫茲戈娃抱怨當她想從模特兒轉戰演員時，好萊塢高層人士竟想先瞧瞧她的「內在好料」：「我遇到有人說『沒問題，我們可以在晚餐時談談那部電影』我心想，什麼晚餐？我在這裡就可以讀劇本呀。」似乎沒人意識到據稱為女人賦權的廣告，其實根本無法剷除將女人性化的常規——甚至可能

---

* 譯註：能動性指的是個體能夠獨立行動，做出他們自由選擇的能力。

還更加刺激了這種行為。

　　到了二〇〇〇年代中期，消費即解放的思想似乎來到了超級荒誕的地步；最典型的例子，就是低卡冷凍餐品牌「瘦身美食」（Lean Cuisine）在二〇〇四年推出的冷凍披薩廣告：「選票／家庭主夫／集中型胸罩／瘦身美食披薩。」這支廣告暗示集中胸罩是一種可以和獲得政治選舉權相提並論的婦權進展，一份低卡冷凍披薩的重要性也和重新審視家庭性別角色相當，看到這種文案實在讓人感覺這類無恥的行銷話術已經無所不包。不過，好玩又能賺錢的點子還有很多；就在同一年，內衣品牌「近乎無感」（Barely There）提出一種假設，如果貝希・蘿絲（Betsy Ross）*曾經獲邀簽署《獨立宣言》（the Declaration of Independence），那她肯定會想穿著合身的內衣出席。在電視廣告中，飾演蘿絲的模特兒莎琳・夏露（Shalom Harlow）宣告著：「我要穿不會往上縮的內褲，這樣我簽完《獨立宣言》後才能去看煙火。其實沒人邀請我參加那些活動，我只能在家幫椅子縫座墊。但如果我可以去，一定要～**近乎無感**～。」這個主張顯然是夠強調品牌了，竟讓所有參與廣告發想的人都沒意識到這番話同時也荒唐到了極點。

　　還有在二〇〇六年，針對墮胎和避孕的州際禁令浪潮襲捲全美（包括南達科他州一項極富爭議性的全州禁令），「素食漢堡」（Gardenburger）決定推出新的品牌標語──「我的身體，我的素食漢堡。」這些廣告詞借用知名的進步口號〔「做素食漢堡，不要作戰」（Make Gardenburgers, Not War）「和平、愛、

---

* 譯註：據說是第一位縫製美國星條旗的女裁縫。

玉米粥」（Peace, Love, and Hominy）〕，但廣告公司裡肯定曾經有人意識到，在當時把消費選擇和身體自主權混為一談絕對是糟糕透頂吧。

賦權廣告的概念不只立基於「只要自稱女性主義者的人如此認定，那所有選擇皆符合女性主義」，還進一步暗示著，身為女性本身就是一件值得稱頌的事。這種自尊（ego）對有效廣告（effective advertising）來說已經極為關鍵，對賦權廣告而言更是不可或缺；強調「個人化銷售」更使得客觀價值失焦，還牢牢植入購買者的個人神話當中。

道格拉斯所針砭的解放自戀，如今換上了與一九八〇年代不同的偽裝 —— 當時較不在乎個人地位或財產，而是女性的狀態本身。

再來談談巧克力廣告吧，畢竟我們都知道女人對巧克力的愛，只有和買鞋子及香氛蠟燭時所懷抱的熱情可以相比。把女人描繪成不斷渴望、合理化甚至性化巧克力之模樣的廣告，正是一九六〇和一九七〇年代大賺婦女解放財的部分現象 —— 廣告裡暗示著，獨立新女性幾乎可以從巧克力獲得她需要的一切。但在性事上的雙重標準和女人應克制所有慾念的觀念已經根深蒂固，所以在一九九〇年代和二〇〇〇年代初期，巧克力的賦權潛能便仰賴於**踰矩**（transgression）—— 把巧克力和女性食用者描繪為「罪惡的」和「墮落的」形象，以及**寬恕**（absolution）。以前者來說，有些廣告會讓女人裹上一匹又一匹波紋蕩漾的棕色長絲綢，並且多次提到「融化」一詞；至於後者，有些巧克力會扮演浪漫喜劇裡鼓舞人心的摯友角色，向你保證一切都好極了。例如獨立包裝的德芙箴言巧克力（Dove Promises），裡面的箴言幾

乎是過分熱情的自我肯定：有一顆就建議「保持幹勁和沉著，或者屁股再翹高點」，另一顆則寫著「放水泡個澡吧」。（因為除了吃巧克力和買鞋以外，女人更愛的就是泡澡了。我說的沒錯吧？）第三顆更是只寫著「幹得好，女孩！你值得享用！」──因為在都快打開一小塊巧克力的時候，女人還是可能會深陷自我懷疑和焦慮，所以一定要在包裝紙上多寫一點鼓勵。

　　看起來實在無傷大雅──但這些訊息透露出的全貌是：鼓勵女性消費者將消費看作是在捍衛女性平等，而不只是因為肚子餓才吃點巧克力。優格的廣告和行銷策略也從頗為類似的角度切入，將這種理應是中性的點心定位成極富陰性氣質。女人在優格廣告裡對這些水果口味乳製品的狂熱，已經成為拿來嘲諷的絕佳素材，包括喜劇演員梅根・艾姆蘭（Megan Amram）紅翻天的諷刺作品〈避孕藥放優格下面〉（Birth Control on the Bottom），還有克莉絲汀・薇格（Kristen Wiig）在《週六夜現場》（SNL）的滑稽短劇裡飾演優格品牌「Activia」的真實發言人，而潔美・李寇蒂斯（Jamie Lee Curtis）則是扮演無法停止排便的狂熱優格信徒。這件事仍是眾人最愛加以嘲弄的目標，因為就連真實的優格廣告自己提起陰性迷思時──「優格以外的食物會帶來有罪惡感的愉悅，但優格是替代甜食的『好』東西」──他們也從未試著改變這件事。優沛蕾（Yoplait）在一九九〇年代中期有一支讓人難忘的廣告，兩位心懷不滿的伴娘靠吃優格尋求安慰，但馬上又大叫說「吃優格的感覺才不像接到捧花一樣美好」及「把伴娘服澈底燒毀吧」。這支廣告試圖顛覆性別化信念（gendered beliefs）（等等，不是都說女人最愛婚禮了嗎？），卻又同時巧妙地強化其他信念（「優格是女人天生就會想吃的東西，以及它

與減肥的關聯一點關係都沒有」）。

好好推銷，但別咆哮

　　針對女性主義者的廣告話術幾經更迭，從「解放版」的女性備品（個人清潔用品、集中型胸罩和低卡冷凍食品），演變為消費選擇本身即是解放。然而近年來，這種話術又變得更模稜兩可。二〇一四年，電信公司威瑞森（Verizon）以一支名為〈啟發她的心靈〉（Inspire Her Mind）的廣告帶來全新類型的賦權廣告。廣告裡，一位在不同年齡階段的女孩面對每個關鍵時刻，都會被一個未出鏡的嗓音潑冷水 —— 她涉水過溪時說「別把你的洋裝弄髒了！」看著潮水潭裡的海洋生物時說「你不會想招惹牠的。」在車庫裡做火箭模型時又說「讓哥哥用鑽頭。」廣告的最後一幕，女孩在學校走廊上的一張科展海報前駐足，接著沮喪地利用窗戶倒影，做出最符合刻板印象的女孩舉動：擦唇蜜。這時旁白說道：「我們的言語可以發揮巨大影響。現在該和她說她也非常聰明了吧？」女孩與 STEM 領域* 普遍有多疏遠的統計數據同時在螢幕上跳出來。

　　在另一支好自在（Always）的經期用品廣告裡，導演暨女孩文化長久以來的記錄者蘿倫・格林菲爾德（Lauren Greenfield）請成年人「像個女孩一樣」（like a girl）表演跑步、打架和丟球的動作。他們一邊傻笑一邊踏著誇張的步伐，動作起來彷彿身上

＊譯註：科學（Science）、技術（Technology）、工程（Engineering）和數學（Math）。

綁了橡皮繩。格林菲爾德接著請真正的女孩們表演一樣的活動，她們用完全不受刻板印象影響的強悍姿態做出指定動作——整個人全心全意地投入丟球、跑步和打鬥，表情也充滿企圖心。之後，格林菲爾德訪問了兩個孩子，他倆都對「像個女孩一樣做事情」是一種羞辱的說法感到十分困惑，另外也訪問了兩個對此說法頗有意識的成人。廣告裡的文字接著指出，女孩的自信會在青春期大幅下降，同時敦促觀眾重新定義「像個女孩一樣」的意義。

〈啟發她的心靈〉這支廣告的重點聚焦在吸引更多女孩投入STEM 領域，這個議題在過去十年獲得許多文化引力（cultural traction）和資金，各界亦加以推廣。威瑞森和展示全球女性故事的數位倡議平台「自造者」（MAKERS）共同拍攝這支廣告，旁白則是「程式女孩」（Girls Who Code）組織的創辦人雷什瑪・紹嘉妮（Reshma Saujani）。威瑞森的官網上還有一個區塊叫做「社會責任」，裡面詳述該公司對於提升女孩 STEM 教育意識所付出的心力，並列出和該公司結盟的女人及女孩倡議組織。看著網站上金西學院（GWC）畢業生們青春且廣納多元文化的照片和影片很難不打動人心——其中一位手上的手寫告示牌更寫著「偉大創意起源於多樣性」（Great ideas STEM from diversity）——而且不論是公司網站或廣告本身，都沒有明確向觀眾銷售產品的手段確實也很不錯。但心照不宣的訊息是：「嘿，我們才是關心你（或你女兒）潛能的電信商，所以選擇我們吧。」

同樣的，好自在的〈像個女孩一樣〉廣告並未推銷產品線裡的任何新產品，好像只是拍來將自己定位為具有意識的品

牌，證明該公司了解社會對女孩及女人的刻板印象如何影響她們的生活。好自在官網上，有個標題是「為賦權全球女孩奮鬥」（Fighting to empower girls everywhere）的區塊，內容聚焦在該品牌與眾多組織的夥伴關係，例如美國女童軍（Girl Scouts of America）〔偕同女童軍和 Lean In 基金會於二〇一四年一同推廣 # 拒用強勢 #BanBossy 的活動〕還有聯合國教科文組織（UNESCO），好自在負責前往奈及利亞或塞內加爾等偏遠地區發送衛生用品，當地女孩由於無法取得衛生棉導致她們有好幾天無法到校上課，學習機會也跟著減少。

　　針對女性的廣告都有以下特點：從家用清潔用品、化妝品到個人照護，這些產品的賣點都是可以用來解決某種問題，但很多時候消費者可能根本不知道那是個問題，直到有人提醒並且／或是以此羞辱她。（等等，我可不曉得我的腋下居然應該更性感！）這一派新廣告所傳達的訊息是，廣告業好像終於可以觸動女性，但又不會讓她們覺得自己非常糟糕。在婦女運動推行數十年後的二〇一四年，原來這就是廣告業的天大突破：不要貶低女人，她們才比較有可能購買你的產品。低得驚人下限如今提高了，大家便急著以此自我表揚一番。突然間，這個現象還有了名字：「女性主義廣告」（femvertising）。哦抱歉，應該寫 **# 女性主義廣告** 比較時髦。這不但是廣告業產業網站上的熱門話題，探討「如何不要羞辱女人」這個驚天動地新潮流的小組討論，也成為產業大會和研討會吸引人參加的誘因。二〇一五年，《廣告週刊》（*AdWeek*）刊出一則標題為〈獲封最佳 # 女性主義廣告的賦權廣告〉之綜合報導；當年的 BlogHer —— 生活型態及品牌友善的女性媒體年度集會 —— 也舉行了一場 # 女性主義廣告的頒獎

典禮。

　　威瑞森和好自在等公司的廣告策略為何突然訴諸賦權和女人及女孩的福祉實在值得琢磨，畢竟好自在多年來都自甘於以自家產品的翅膀行銷，廣告標語平淡但歡快——「祝你經期愉快，好自在！」文案也只著重在透氣織法以及便於包裹的包裝。在二○一四年前，威瑞森則是靠著廣告裡「聽到我說話了嗎？」的可愛眼鏡男而聲名大噪。質疑品牌的動機聽起來或許太憤世嫉俗，因為他們終究是推出了如〈啟發她的心靈〉和〈像個女孩一樣〉般真摯的廣告活動，但由於這些廣告都在強調品牌本身而非產品，難免讓人感覺他們的話術某種程度上來說就是為了推廣女性主義。

　　總之是稍微有一點樣子。賦權廣告就是會用這種方式讓你上鉤，再加上很少有廣告會讚揚十歲出頭女孩的運動技能，那它們當然會脫穎而出了。但仔細想想，它還是一樣的老套路——舉好自在的例子來說，就是盡其所能地將女孩缺乏自信的情況，與她們依然會從月經來潮及身體發育習得羞愧感分開。（「祝你經期愉快，好自在！」至少提到了「經期」。）近年來，女性用品市場已經成功藉由幽默和荒誕來對過往經期產品行銷那種一本正經的態度加以諷刺，而在這樣的脈絡之下，這支廣告似乎顯得特別含蓄：舉例來說，在靠得住（Kotex）行銷「U系列」（U by Kotex）的廣告裡，女人若有所思地說著：「月經來潮的時候……我想拿著很柔軟的東西，就像我的貓……有時候我想在沙灘上奔跑……我想轉圈圈……而且是慢動作。」到了最後，廣告便直說了：「為什麼棉條廣告都那麼蠢？」同時，瞬間爆紅的經期產品訂閱服務「HelloFlo」也已經成功讓經期產品變得無比

討喜：他們的長篇廣告不但對年輕女孩有關經期的真實感受（期待、恐懼、尷尬和驕傲）表達認同，更棒的是甚至敢直接使用「陰道」這個字眼來宣傳他們的服務。

網路、社群媒體和迅速回應媒體上的諸多批判無疑扮演著十分重要的角色，可以讓企業了解就算一個品牌的盈利狀況堅不可摧，它起碼也要表現出在乎顧客觀感的態度。在以前，一支羞辱女人的平面或電視廣告可能就會為品牌企業總部招來一大堆措辭嚴厲的信件〔想想最後淪落到《女士》（*Ms.*）雜誌〈不予置評〉（No Comment）專欄的那些廣告〕，但也無法阻止那種廣告繼續放送。但最近情況變得截然不同了：同樣的廣告很可能會成為部落格文章的發難基礎，登上《富比世》（*Forbes*）雜誌、《華爾街日報》和廣告設計討論網站「Copyranter」的顯眼版面，遭到「Feministing」、「Clutch」、「Autostraddle」等網站以及《婊子》雜誌點名抨擊，收到無數言辭尖銳的推特，網友還可能在「紫外線」（Ultra Violet）和「Change.org」等網站發動線上連署。社會必須不斷做出這類回應實在令人沮喪，但輿論抨擊已經成為一種異常有效的方法——而且以冒犯女人的廣告來說，或許也是**唯一**的方法——如此一來，才能讓品牌思考他們的訊息及意象所帶來的衝擊。

正當消費選擇快淹沒廣大受眾的時候，宗旨行銷便不再只是企業的某種附加價值，而是品牌認同的一項關鍵。二〇一四年九月，就在好自在的〈像個女孩一樣〉和威瑞森的〈啟發她的心靈〉廣告首播後幾個月，《廣告時代》（*Advertising Age*）雜誌報導了由廣告基準指標公司（Advertising Benchmark Index，簡稱 ABX）為這兩支廣告測得的廣告成效。ABX 總裁蓋瑞・蓋托

（Gary Getto）表示，結果顯示「不只多數消費者認為這兩支廣告對女人傳遞正面訊息，還為品牌聲譽帶來強烈且正面的影響。以這種主題來說，在行動呼籲（call-to-action）方面的分數比預期更高。」[16]

所謂廣告都有一種目的，但絕對不是反映社會運動的微妙變化。然而在過去二十年間，傳播媒介驚人的成長及擴散速度讓它的力量跟著水漲船高：例如緩慢滲透新的實體空間（購物車把手、運動選手排行榜看板、大眾運輸票券）、稱霸數位領域（贊助廣告推特及 Instagram 貼文、回應式臉書廣告），再到鬼鬼祟祟、如病毒般擴散的游擊式廣告表現（manifestations）。如果廣告就如媒體研究學者琴・基爾孟（Jean Kilbourne）和蘇・加利（Sut Jhally）數十年來所主張，其力量會在無意識之間日積月累，那它絕對也能持續在當前的性別平等課題上發揮重大影響。

不過，運用賦權語言來暗示可以選擇三種不同的低卡冷凍披薩，和幫助建立一個低卡冷凍披薩打從一開始就沒必要存在的世界，兩者之間還是有非常大的差別的。（或者說，至少不應該是只向女人行銷的商品。）女性主義和市場女性主義也同樣有著天壤之別，這也是為什麼所謂女性主義廣告的名稱非常好用，儘管內涵不一定是它應有的樣貌。賦權廣告和女性主義廣告都是向女人行銷的兩種門道，卻又不會把這種門道的範例與真正的女性主義混淆。它們是更深入了解影響女人及女孩之特定議題的途徑，或許也可以用來探索主流產品的替代品，但稱頌這些廣告，說穿了只是在讚揚廣告商收編婦運後又回頭向女人行銷、並獎勵我們購買商品的技巧罷了。

| 第二章 |

女主角成癮：女性主義與好萊塢

> 我和非常多男人談過。我走進一間又一間充滿男人的會議室，他們就這樣坐著逕自討論這部電影是否會吸引女性觀眾。
>
> ——吉兒·索洛威（Jill Soloway），二〇一四年
> 《娛樂週刊》（*Entertainment Weekly*）訪談

比死亡和稅金稍稍難以避免的事，就是夏季檔期的好萊塢票房大片了。這時候大製片廠都會推出他們的「當家台柱」（tentpole）系列電影，之所以有這種稱號，是因為這類電影的龐大獲利可以彌補當年其他票房較遜的作品。「蜘蛛人」（Spiderman）、「蝙蝠俠」（Batman）、「鋼鐵人」（Iron Man）和其他某某人或某某俠，這時全都會名正言順地進駐環繞音響戲院，而電影公司高層也會開著他們的特斯拉到處逍遙，眼裡還冒出美元符號。在這個檔期，你通常不會聽說有多廳影院正在播映另一部被形容為「一部驚人的女性主義電影」和「你期待已久的女性主義動作片」的熱門大片。但就在二〇一五年五月，它還真的出現了。這部電影就是《瘋狂麥斯：憤怒道》（*Mad Max: Fury Road*）——它是這套系列澳洲電影中的第四部曲（前三部為《迷霧追魂手》、《衝鋒飛車隊》、《衝鋒飛車隊

續集》），既非前傳也非續集，描述一位前警察在環境惡劣的未來荒地上馳騁於無法無天的國度。它的名聲幾乎是享譽全球：《憤怒道》在影評網站「爛番茄」（Rotten Tomatoes）上獲得令人欣羨的99%新鮮度，還讓《紐約郵報》（New York Post）——一家從未對女性主義展現任何興趣的報社——封它為「年度最佳女性主義電影」。

我和大家一樣喜歡毫無意義的大爆炸場面〔我可是付錢進戲院看了兩次《世界末日》（Armageddon）呢〕，但就像愛看電影的多數女性主義者一樣，我早就習慣在高預算的動作系列電影中看到女性角色出現某些特定行為了，《異形》（Alien）系列除外。她們一開始常以堅強、聰明又冷靜沉著的形象登場——直到被徵召來作為成就男性英雄旅途的觸發者為止，這時候她們可能會被綁架、嚇得花容失色或和炸彈綁在一起之類的。抱歉，我爆雷了一大堆超級英雄電影的劇情啦！

在我小的時候，梅爾・吉勃遜（Mel Gibson）*還沒變成大爛人，而「瘋狂麥斯」（Mad Max）三部曲又是後末日題材的顛峰之作，裡頭的反烏托邦是個由女人掌權的地方看起來好像就沒那麼荒唐了，何況蒂娜・透納（Tina Turner）在《衝鋒飛車隊續集》（Beyond Thunderdome）裡飾演腐敗的安特蒂姨娘（Aunty Entity）又是那麼經典的演出。

---

* 譯註：梅爾・吉勃遜為瘋狂麥斯前三部的男主角。梅爾在好萊塢打滾多年爭議不斷，最惡名昭彰的事蹟大概是二〇〇六年酒駕被捕時脫口辱罵猶太人，說道：「該死的猶太佬，他們該為全世界所有的戰爭負責。」這番反猶言論震驚美國社會，更從此遭好萊塢封殺數十載。

不過，大手筆的好萊塢動作系列電影很少像《憤怒道》這樣獲得廣大盛讚；更耐人尋味的是，由於該電影的預告和海報都把莎莉・賽隆（Charlize Theron）放在最顯眼的位置，竟引發一小群忿忿不平的男部落客號召抵制這部電影，宣稱此片是一隻光彩奪目的特洛伊木馬，裡頭包藏著女權納粹（feminazi）的政治宣傳。（某一位男性部落格抱怨說：「我很生氣好萊塢和《憤怒道》的導演竟使出千方百計，騙我和其他男人去看這部電影。」）《憤怒道》一直都不在我的夏日電影待看清單上，而我那個把先前每一部《衝鋒飛車隊》電影都看過約兩百五十次的老公，甚至不知道又出了一部新作。然而，聽說光是這部電影的存在就可以讓反女性主義者氣到臉紅脖子粗立刻刺激我直奔電影院，真是謝囉，各位。

　　《憤怒道》這部電影確實清楚呈現出無論男女都會遭受父權體制的傷害，以及為了逃離這種體制又會讓人變得多孤注一擲。麥斯〔如今由湯姆・哈迪（Tom Hardy）飾演〕因為在過去試圖為同胞伸張正義未果而崩潰，導致他如今放逐自我，憶起自己無力拯救的那些亡者時也變得沉默寡言又痛苦不堪；所以儘管他是這個故事裡的老面孔，但由賽隆飾演的芙莉歐莎指揮官（Imperator Furiosa）才是他的觸發者。芙莉歐莎是不死老喬（Immortan Joe）的武裝運輸車（War Rig）駕駛；他掌管著堡壘（The Citadel），控制飢餓的群眾，把女人當作生育和擠乳的「種母」，更把麥斯和其他人當作「血袋」。歷經無數次暴行凌虐但仍倖存的芙莉歐莎體態健美，裝了一隻機械手臂，心裡醞釀著一項救贖計畫要悄悄帶走不死老喬珍貴的眾多女眷，冒險在嚴酷地勢中跋涉千里回到她出生的「綠地」（green place）。患有

創傷後壓力症候群的麥斯如今遇到嚴肅且心無旁騖的芙莉歐莎，兩人之間的互動只有極少的情節說明，因此潛台詞便道盡了一切。男性對權力及控制資源的渴望已經榨乾這塊土地的生命力；軍閥訓練出上千名病懨懨的少年，並告訴他們戰死沙場是唯一得到榮耀的機會，就像那些維京人先烈一樣。同時，綠地原來早已消失，僅存的遺產是裝滿一整個背包的種子，由騎著重機、擁槍自重的一幫年邁母親保護。

　　我很愛這部電影，雖然這不重要。其他人不愛，但這也不重要。重要的是「年度最佳女性主義電影」這類盛讚為一場大哉辯設定了方向 —— 兩造的爭論點無關電影本身，而是女性主義是否為電影品質的一項客觀指標。許多評論和部落格文章都在頌揚《憤怒道》的女性主義元素誠意十足，但大量「其實不然……」之類的駁斥也隨之而來。（有一篇文章甚至在標題直接開嗆：〈《瘋狂麥斯：憤怒道》沒那麼符合女性主義，而且也沒多精采〉）只要有一個人對莎莉・賽隆詮釋堅忍不拔的芙莉歐莎津津樂道，就會出現另一個人批評她的外型過於完美、鼻子也小巧的太不真實。有人認為，片中有個噁心的族長（patriarch）為滿足私慾而擄走火辣女人藏匿似乎很符合這種後末日世界的情境，卻也有人駁斥說一部**真正的**女性主義電影，才不會出現一群彷彿在拍攝凱文・克萊（Calvin Klein）香水廣告的妻妾。

　　這類激辯沒什麼建樹，卻巧妙地呈現出市場女性主義某些令人擔憂的面向；其中一點是「女性主義」這個描述詞（descriptor），如今似乎已經濫用於讚揚所有沒有公然貶低、羞辱或剝削女性的東西；另一點就是有關一部電影「是否符合女性主義」的爭論 —— 尤其是該片從未自承隸屬任何一方的時候[1] ——

暗示的是女性主義並非一套價值觀、倫理道德或政治觀點，只是一種評估產品是否值得消費的標準。《憤怒道》無疑是市場女性主義的一大勝利。它讓喜歡看無腦大爆炸場面，但又不必有落難女子在劇中插花的觀眾大飽眼福；還可以藉機一窺沙文主義者的內心，了解他們有多懼怕一個女人和男人平起平坐的世界。然而目前還看不出這部電影是否有帶來任何影響，足以改變流行文化中最公然不平等將近一世紀的產業 —— 好萊塢。

女性主義謬誤

　　瑪喬莉・佛格森（Marjorie Ferguson）在一九九〇年出版的論文《權力意象及女性主義謬誤》（Images of Power and the Feminist Fallacy）中創造出「女性主義謬誤」（Feminist Fallacy）一詞，形容「再現於媒體的強勢女性會為真實婦女轉化為文化可見度及結構性賦權」的信念，質問「我們研究文學、電影、電視劇和印刷媒體對女性的描繪，是將它視為一種目的嗎？抑或我們是把那些描繪當作是一種達到目的的手段來研究？」

　　過了二十五年後，這個問題似乎比以往更能引起共鳴。縱觀影史，絲毫不缺乏大家現在偶爾會在言語上加以嘲諷或比出兔子手勢來特別強調的所謂「強勢的女性角色」（strong female roles），再加上有了主題影展、串流服務、Youtube 或 nist.tv 等女性主義影音入口網站，這類角色也比以往來得更常見。網路上有一份經常參考女性主義部落格和清單體文章來列舉女性主義經典電影的未完成片單，裡面就囊括了基本入門片《克莉絲汀女皇》（Queen Christina）、《紫色姐妹花》（The Color

Purple）、《末路狂花》（*Thelma and Louise*）、《烈火重生》（*Born in Flames*）、《朝九晚五》（*9 to 5*）、《異形》（*Alien*）全系列，還有《獨領風騷》（*Clueless*）、《等待夢醒時分》（*Waiting to Exhale*）、《鋼木蘭》（*Steel Magnolias*）、《油炸綠蕃茄》（*Fried Green Tomatoes*）、《辣姐妹》（*Set It Off*）、《控訴》（*The Accused*）以及《曲線窈窕非夢事》（*Real Women Have Curves*）。換句話說，成就一部女性主義電影的元素，就和觀影者的特性一樣千變萬化。

然而，儘管有無數專欄都可以詳盡說明《金髮尤物》（*Legally Blondes*）一、二集裡偷渡的女性主義概念，但電影圈本身一直以來確實都有顯而易見的女性主義謬誤仍令人十分挫敗。一部電影針對某個主題提供清晰的女性主義視角（一種將該片文本解讀為反映或受女性主義影響的觀影方式），與該電影本身符合女性主義，其實是兩回事。畢竟，電影裡的強勢女性──還有描述她們引人共鳴、細膩入微又強大的故事──早已不新奇，她們打從電影工業創建以來就存在了，不過這類角色的悠久歷史卻未改變這個產業的當代價值和臆斷。在好萊塢歷史上，女性於幕前幕後投身核心角色接著又銷聲匿跡的循環，並未反映當代的女性主義運動，反而點出了對電影市場的焦慮──久而久之，那種焦慮就越來越性別化了。

在默片年代，好萊塢電影業迅速成長以符合觀影需求，因此在實務上遠比後來的任何一段時期都還歡迎女性編劇、剪輯、導演和製片。桃樂絲・阿茲納（Dorothy Arzner）、露易絲・韋伯（Lois Weber）和艾麗絲・吉・布萊榭（Alice Guy-Blaché）*這類的導演，還有瑪莉・畢克馥（Mary Pickford）†以及克拉拉・

寶（Clara Bow）等演員兼製片，她們拍的電影並非好萊塢會重視的逃避現實綺想，而是蘊含複雜感情關係和前衛思想題材的人性故事：例如韋伯《推動搖籃的手》（*The Hand That Rocks the Cradle*, 1917）談的就是節育合法化的必要。女人一度掌管著數十間製片公司，但正如電影記者暨歷史學者梅莉莎・席維斯坦（Melissa Silverstein）指出，「隨著票房越來越重要，電影幕後的女性都消失了。」一九二〇年代開始，將默片變成有聲電影的昂貴技術使得電影圈必須引進華爾街資金，而這些錢投資在年輕製片公司身上後儼然成為導演及製作人的大老闆，在迅速壯大的企業片廠體制（studio system）裡採用男性化且性別隔離情況日益加劇的勞動力。掌握創意和決策大權的女性突然被視為外行又不專業；由於男性所主導的財務勢力緊掐著好萊塢的經濟命脈，再加上投資金額越來越龐大，對他們來說，此時採用女人實在太冒險了。[2]

　　銀幕上呈現的女性角色也遵循著類似軌跡。在如今稱為「前法典時代」（pre-Code era）的好萊塢電影裡，女人不僅聰明、專業、野心勃勃、直率、難以捉摸、狡猾，甚至還會犯罪。她們會敲詐老闆、婚外生子、勾引其他女人——在驚悚片裡還更火辣煽情。珍・哈露（Jean Harlow）在《紅髮女郎》（*RedHeaded Woman*）扮演想躋身上流的無恥之徒，願意勾引任何男人來換取她想要的東西；《娃娃臉》（*Baby Face*）裡的芭芭拉・斯坦威克（Barbara Stanwyck）是被剝削皮肉的年輕女子，利用性愛從

＊ 後世普遍尊她為第一位真正風格獨具的電影導演。

† 聯藝電影公司（United Artists studios）創辦人。

身無分文變得不愁花用（電影海報還畫出她盈盈媚笑的模樣，旁邊寫著「她就是有本錢」）。當然也別忘了梅‧惠絲（Mae West），這位身兼歌舞雜耍演員、劇作家及製片的金髮美女，還是影集《慾望城市》（*Sex and the City*）角色珊曼莎的原型人物，她那些挑逗意味十足的直白調情金句——「有空上來找我喔」或「女人一要壞，男人蜂擁而來」——長久以來都是好萊塢前法典時代諸多機智妙答的縮影。這不代表這些女人詮釋的女主角**就像男人一樣**，她們當然不是男人。她們不過是在銀幕上像男人般有血有肉，同樣有所欲求、幽默風趣、頑固倔強也會犯錯，但這就是《海斯法典》（the Hays Code）欲矯正的問題了。

前郵政總長威爾‧海斯（Will Hays）於一九三〇年頒布《電影製作守則》，規範好萊塢不得再拍攝可能會「腐化觀眾道德標準」的電影。這部法典對於電影情節該如何安排及撰寫都有詳細規定，以免誘導觀眾犯罪、報仇或在道德上有模糊空間，而且特別關注通姦議題、跨種族戀情和「不純潔的愛」（包括同性戀及跨性別人士的戀情），甚至還有跳舞。裸戲不准拍，嘲諷宗教當然也是禁忌。「藝術可能會帶來道德上的邪惡影響，」該法典告誡，「這類情事在不潔藝術、下流書籍和撩人戲劇裡都顯而易見。」

在一九三四至一九六八年施行期間，《海斯法典》認定的正派電影製作就是機會平等的掃興內容：催生出這部法典的始作俑者是默片演員「胖子」羅斯柯‧阿爾巴克（Roscoe "Fatty" Arbuckle）那起聳動的過失殺人案審判，他被控在旅館房間內殘殺一位正嶄露頭角的年輕女演員。隨著廣播及通訊社陸續傳出審判的新聞報導，好萊塢道德淪喪的風聲引發全國熱烈討論，電影

業發現必須著手進行自我規範，才能避免政府伸出更嚴苛的干預之手。

　　但法典所列出的守則——特別是這一條「不純潔的愛……絕不能以挑動觀眾情慾或撩撥病態好奇心的方式呈現」——對於呈現女性角色的影響肯定比男性更加廣泛。影評人米克・拉薩爾（Mick LaSalle）於二〇〇一年出版的著作《女人心海底針：前法典時代好萊塢的性與權力》（暫譯）（*Complicated Women: Sex and Power in Pre-Code Hollywood*）中提到，《海斯法典》對女性在大銀幕上的生活會特別放大檢視，認為演繹追求事業、滿足性渴望和不仰賴男人的生活有違常理，於是那個詞又來了——「不純潔」（impure）。害《海斯法典》起草人和行政官員焦躁難安的東西，根本不是傷風敗俗而是性別平等——或許這兩者根本難以區別。無論是哪一種，《法典》都著實剝奪了樂趣和自由；正如拉薩爾所寫，「該法典旨在把精靈塞回瓶中、讓妻子回歸廚房。」

　　施行法典確實牽制著女性角色的眾多可能，還落實了一種實際面及象徵意義上皆壁壘分明的男女觀點。首位最強力執法的行政官約瑟夫・布林（Joseph Breen）是虔誠的基督徒，他將職位結合信仰後，好萊塢電影便開始對生活中的未知數和生而為人難免犯的錯絕不寬貸。在布林的監管之下，沒有角色會節育或離婚。如果有部電影提到「一張加大雙人床」，布林就會來建議換成兩張單人床。〔話雖如此，他的指示還是有些優點；根據湯瑪斯・多爾第（Thomas Doherty）二〇〇七年的著作《好萊塢審查官：約瑟夫・布林與製片法典局》（暫譯）（*Hollywood's Censor: Joseph I. Breen and the Production Code Administration*）

指出，《亂世佳人》（*Gone With the Wind*）裡無數詆毀種族的內容也是布林負責刪除的。〕

這種對道德正義和人性無細膩差異的頑固信念，創造出一系列延續至今的虛構故事。例如「好的」婚姻總成就於白色籬笆之後，故事主人翁是白人男性和女性，他們的性愛十分文雅，次數僅剛好足以生下兩個小孩──這就是布林的信仰。還有願意隱藏自身抱負以成就丈夫及孩子夢想的女人，才是唯一「真正的賢妻」──這就是《海斯法典》的願景。但隱藏有色人種、同性戀、跨性別及身障族群的存在，並且默許加以輕蔑──這卻是好萊塢整齊劃一、單純又具同質性的現實。在《海斯法典》廢除前，逾三十年來的電影裡上演的全是這些套路，不但對好萊塢的創作想像有深遠影響，美國普羅大眾的想像亦同樣蒙受其害。長久以來，以「家庭價值」（family values）為號召的政客總愛挑動大眾對呈現標準白人家庭形象的童書《迪克與珍》（*Dick and Jane*）黯然絕版、影集《妙爸爸》（*Father Knows Best*）慘遭停播的惋惜之情，暗示唯有女人和其他弱勢族群謹守本分，國家才會更健全。當電視名嘴和專家道貌岸然地將離婚率、兒童肥胖甚至是騎士精神之死等所有問題全怪罪於女性主義時，他們正是在延續《海斯法典》的影響力。而當米特·羅姆尼（Mitt Romney）和保羅·萊恩（Paul Ryan）之流將美國大規模槍擊案氾濫問題怪罪於單親家長時──尤其是單親媽媽──他們也是在利用從布林的教戰手冊偷來的論據，宣揚婚姻才是抵禦無數惡行的道德庇護。

一九三〇年代及一九四〇年代末期，隨著所謂的女性電影（women's pictures）蓬勃發展，更鞏固了法典凌駕女性敘事可能

性的矯正視角。女性電影（women's pictures）其實就是最早的美眉電影（chick flicks），由於融合了愛情故事和通俗劇情節，因而獲得「催淚片」（weepies）的標籤，而且從頭到尾都是在迎合其創作者對女性觀眾的認知：女人愛挑好騙的傻蛋、欲求的不是性自主權（sexual autonomy）而是婚姻之愛（married love）的網羅；接著隨著二次世界大戰到來，兒子、丈夫和兄弟皆前往海外後，她們開始逃避現實。

《海斯法典》的黑手在女性電影的情節裡隨處可見：電影裡的女人原本可以構築自己的生活，如今卻全都成了受害者。電影主題大多圍繞在女人為了追求愛情或母職而遭到賤斥或犧牲自我，往往還會因此變得喪心病狂；蘊含道德主義的電影情節還會安排外表極為相似的角色出現，刺激女性互相敵對。在由威廉・惠勒（William Wyler）及道格拉斯・瑟克（Douglas Sirk）等男性編寫及執導的電影裡，聚焦女性苦難的情節點為往後數十年來的電影設定了方向，唯一值得同情的女性就是委屈的妻子或母親。

一九三七年的《慈母心》（*Stella Dallas*）、一九四二年的《揚帆》（*Now, Voyager*），還有一九四五年的《慾海情魔》（*Mildred Pierce*）依然是此類電影的三大經典，它們全都默許角色不計一切代價為他人抹滅自我。貝蒂・戴維斯（Bette Davis）在《揚帆》裡飾演受母親情緒虐待、個性壓抑的老處女夏洛特，最終靠著照顧不可得的戀人那位同樣心靈受創的女兒而得到滿足。該片最出名的台詞——「別奢求捉月了，我們已經擁有星辰。」（Don't let's ask for the moon. We have the stars）——說明了那位戀人不相信未婚無子的夏洛特竟願意安分守命。芭芭拉・

斯坦威克主演的《慈母心》及瓊・克勞馥（Joan Crawford）主演的《慾海情魔》，劇情也都圍繞在女人盡己所能想讓女兒過得比自己更好，但孩子養大後卻躲避自己老母親，性格頑劣、忘恩負義且趨炎附勢。

在許多女性電影裡，被電影歷史學者珍奈・貝辛格（Jeanine Basinger）形容為「瘋癲至極」的情節都是有教育意義的：待女人可以做出正確選擇前 —— 合乎體統且放棄自我的選擇 —— 她們必須先為做出錯誤選擇受足懲罰。這和當代美眉電影裡的女人所學到的教訓幾乎沒兩樣，倒楣的女主角非要犯下一連串難堪錯誤來娛樂觀眾才行。《BJ 單身日記》（*Bridget Jones's Diary*）裡的布莉姬在文學家薩爾曼・魯西迪（Salman Rushdie）面前大出洋相，還穿著兔女郎裝出席一場枯燥的花園派對；《先生你哪位？》（*What's Your Number?*）裡的艾莉為了躲避不同的前男友，假裝自己是英國人結果摔得屁股開花；《男女生了沒》（*The Ugly Truth*）的凱薩琳・海格（Katherine Heigl）無意間穿著震動內褲出席商務晚宴，遙控器卻掉到了某個小孩手上。於是在一部又一部的電影裡，每一個女人唯有被自己糟糕的決定恰如其分地羞辱一番後，才會被賞賜一位真命天子和從此幸福快樂的諾言。從古到今，女人總必須屢遭踐斥才能苦盡甘來。

然而，女性電影時代依舊是美國電影史上的異例。這類電影中的女人不是塑造來彰顯男主角故事的配角，這些女人自己就是電影主題。那麼影評人會對她們嗤之以鼻大概也是預料中的事了。儘管女性電影獲得了業界認可（戴維斯及斯坦威克皆獲得影藝學院的最佳女演員提名，克勞馥則以《慾海情魔》抱走小金人）而且票房開出紅盤，多數影評仍譏諷它們都是一些傷春

悲秋的通俗劇，最大的罪過就是……我想想……太「女人家」了。影評人抨擊，女人在生活中的枝微末節根本不重要；還說這類電影情節古怪、女性的擔憂過於「唯我論」、過分渲染情緒；長久以來，影評人總窮盡數百種字眼鋪天蓋地地嘲諷女性電影。這種評價早就不新鮮了，亦非針對這類電影；這些男影評只是在附和打從一八五〇年代以來便加諸女性導向媒體的汙名，當年的霍桑（Nathaniel Hawthorne）就曾向他的出版商抱怨書賣得比他更好的女人是「那群亂寫一通的臭婆娘」。那些對於女性化關注之價值的批判假設（critical assumptions）仍延續至今，兩性依然在用預設為男性的批判眼光抨擊整個文化現象 —— 妮姬・米娜（Nicki Minaj）、女子籃球及言情小說 —— 隨口便能詆毀它們「太娘」（too girly）的行為著實令人驚詫。

獨立電影裡的女人

正如默片及女性電影的年代，獨立電影（indie film）熱潮也是好萊塢歷史上少數以女性凝視（female gaze）視角製拍的電影達到關鍵多數的時期。如今已經很難想像還有哪個時期，女性在大銀幕上的角色會比一九八〇年代末期至一九九〇年代初期更多元的了；當年不在大片廠工作的電影工作者人數急速成長，他們的作品也可說是炙手可熱，而這全要感謝日舞影展（Sundance）的得獎大片《性、謊言、錄影帶》（*Sex, Lies, and Videotape*）。突然間，反賣座片（anti-blockbuster）的時代到來了。各類影展在全國遍地開花，關注好萊塢廣大男製片以外之製片人心聲及願景的小型電影開發暨發行團隊，也突然引起電影業界的注意。於

是，不僅是女性電影，還有關於女性當中各種多樣化群體的電影，都開始在全國小電影院和放映廳裡如雨後春筍般湧現。

《愛的甘露》（*Desert Hearts*）、《西瓜女郎》（*The Watermelon Woman*）、《我女朋友的女朋友》（*Go Fish*）、《雙姝奇戀》（*The Incredibly True Adventures of Two Girls in Love*）、《夢幻天堂》（*Heavenly Creatures*）及《愛情你我她》（*All Over Me*）演繹出女同志的愛戀、勞動和迷失。《逐夢女孩》（另譯《地鐵女孩》）（*Just Another Girl on the I.R.T.*）、《怪胎兄弟》（另譯《斑馬頭》）（*Zebrahead*）、《密西西比風情畫》（*Mississippi Masala*）和《仲夏夜玫瑰》（*Eve's Bayou*），描繪的是掙扎於種族、愛情及身分認同等問題的女性。強悍和脆弱的少女在《少女鎮》（*Girls Town*）、《魯比的天堂歲月》（*Ruby in Paradise*）、《信任》（*Trust*）、《我的瘋狂生活》（*Mi Vida Loca*）和《公路休息站》（另譯《旅店》）（*Gas Food Lodging*）中一起探索友情、暴力和自我。遙遠國度的女性則在《塵埃的女兒》（*Daughters of the Dust*）及《巴格達咖啡館》（*Baghdad Café*）中，開創女性情誼的奇蹟。龐克女孩更是在《我曾是未成年連續殺人犯》（*I Was a Teenage Serial Killer*）和《受詛的一代》（*The Doom Generation*）裡大肆造反，而《驚世狂花》（*Bound, 1996*）、《最後的誘惑》（*Last Seduction*）及《霹靂煞》（另譯《墮落花》）（*La Femme Nikita*）也有勾人心魄的蛇蠍美女。隨著《Sassy》、《Spin》、《BOMB》等獨立媒體興起，再加上有《Film Threat》雜誌指路，當年真是成為喜歡獨自坐在黑暗戲院裡看電影的女性主義者的好時機：一九九〇年到一九九四年之間，我泡在校園街口的藝術影院或紐約市安吉莉

卡電影中心看遍這些電影，有些還不只看一遍，除了感覺自己深受啟發又幸運，日常生活也幸福地對電影裡發生的情節毫無切身感觸。

然而，一九九〇年代的獨立電影真正保持獨立的時間並不長。正當主流唱片公司開始在一九九〇年代初期大肆收購發行超脫樂團（Nirvana）和聲導樂團（Guided by Voices）的小發行商之際，大片廠也想透過獨立資產找到專屬自己的潮流認證。靠著媒體集團和垂直整合，獨立電影被收編的速度幾乎就和它竄紅時一樣快。時代華納（Time / Warner）、二十世紀福斯影業（Twentieth Century Fox）、迪士尼（Disney）、環球影業（Universal）還有派拉蒙（Paramount）收購了米拉麥斯（Miramax）這類獨立電影公司，協調發行協議或開始建立自己內部的業務。到了一九九〇年代後半，多數大片廠都有了獨立分支，例如福斯有探照燈影業（Searchlight Pictures）、NBC／環球有焦點影業（Focus Features）；精采電視台（Bravo）推出獨立電影頻道（Independent Film Channel）、Showtime 電視網也帶來日舞頻道（Sundance Channel），為全國影迷帶來另類的優秀作品。雖然別名「獨立奧斯卡」的獨立精神獎（Independent Spirit Awards）於一九八四年就已成立〔原名為獨立電影之友獎（Friends of Independents Awards）〕，展示正如一九九〇年頒獎主講人馬丁・史柯西斯（Martin Scorsese）所謂「基於靈感及需要而創新」的電影，但直到一九九六年，IFC 美國電視網才開始轉播這項低調的另類頒獎典禮。

隨著獨立電影聲勢漸起並成為好萊塢體系的一部分，片廠體制的經濟模式又重蹈二十世紀初的覆轍，開始榨乾讓獨立電影真

正成為另類作品要素 —— 也就是那些與多數紅牌電影製作者不相像的創作者。

　　就拿一九九二年的《逐夢女孩》來說吧，該片講述的是香黛兒的故事，她是個聰明又臭屁的高二生，卻因為懷孕導致上大學並成為醫生的夢想充滿未知數。這故事值得注意的地方不只是有個年輕的黑人女性主角，還包括以很快就變得過時的坦率態度探討墮胎和生育選擇議題。此片由萊絲利‧哈里斯（Leslie Harris）自編自導自製，特意為電影裡的黑人女性及女孩提供一種新穎視角。〔「一般描繪黑人女性的方式真是讓我看得厭煩，全是妻子、母親、女朋友或附屬品。」哈里斯於一九九三年向《紐約時報》表示，「她（香黛兒）就是主角，片中沒有用來認可她的男性角色。」〕《逐夢女孩》在一九九三年的日舞影展脫穎而出：它由獨立電影製片商米拉麥斯發行，哈里斯抱回了評審團特別獎，《滾石》（Rolling Stone）雜誌影評人彼得‧崔維斯（Peter Travers）也對此片讚不絕口，稱它「獨具藝術風格，而且爆笑無比」，更認定哈里斯是「令人振奮的新觀點」。這部電影甚至還大賺了一筆。導演原本可以順理成章地和《性、謊言、錄影帶》的獨立電影導演史蒂芬‧索德柏（Steven Soderbergh）一樣展開相似的發跡之路，偏偏她沒有。到了二○○二年，哈里斯為《沙龍》（Salon）雜誌一篇探討缺乏女性導演的文章接受採訪時，她已經為了拍第二部電影籌錢十年了，卻依舊徒勞無功：「有人跟我說過 —— 非常多次 —— 黑人女性拍不出電影的。」[3] 直到二○一三年，哈里斯才靠群眾募資拍出新劇情長片《我愛電影》（暫譯）（I Love Cinema）。

　　二○一三年，一項由日舞協會（Sundance Institute）和非營

利組織女性電影人（Women in Film）共同委託的研究證實，哈里斯的經歷也和女性導演幕後發展停滯的模式吻合。研究顯示，儘管畢業於電影學院的男女人數幾乎相當，但從二〇〇二年至二〇一二年間，曾在影展播映作品的逾一萬一千名編劇、導演、製片及攝影師中，女性占比竟不到三分之一，十年來的人數變化也不大。然而，在日舞影展曇花一現的女性導演人數卻多得不得了——像《逐夢女孩》這樣在影展廣獲好評的電影發行後卻只會銷聲匿跡。拍出《史蒂夫之道》（*The Tao of Steve*）、《錯行人生路》（*The Woodsman*）、《藍色蘿莉塔》（*Blue Car*）、《女生出拳》（*Girlfight*）、《冰封之心》（*Winter's Bone*）等影展獲獎片的女性導演雖然受到日舞影展歡迎〔導演黛博拉‧格拉尼克（Debra Granik）的《冰封之心》，二〇一〇年還曾獲奧斯卡提名最佳影片〕，卻無法獲得想大展鴻圖所需的直接支持和業界指導——連第二部電影都拍不出來。

　　她們的事業及知名度很值得拿來與同樣在日舞影展首度亮相，並從此在好萊塢製片圈內變得赫赫有名的男性導演比較——這些人包括史蒂芬‧索德柏、凱文‧史密斯（Kevin Smith）、柯恩兄弟（the Coen brothers）、大衛‧歐‧羅素（David O. Russell），以及魏斯‧安德森（Wes Andersons）和保羅‧湯瑪斯‧安德森（Paul Thomas Anderson）。瞧瞧日舞影展任一次「最佳突破導演獎」的名單，肯定多少會看到一個接一個都是白人男性。這些傢伙都恰好拍出更優秀的電影、寫出人人都更有共鳴的故事、相中更迷人的演員嗎？很多人可能會說沒錯呀，但同樣可能的是，他們電影裡那種胸有成竹的魅力無疑是性別化權力結構下的產物，資金打從一開始就投注在男性導演的潛力，因為

製片公司高層早就認同他們了。〔正如導演瑪莉・哈倫（Mary Harron）所說：「男性主管都在尋找幻想版的年輕自我。」〕[4]

　　日舞協會與女性電影人在二〇一三年做的那項研究，向五十一位女性獨立製片人詢問性別對她們的電影事業有何影響。她們的答覆浮現出五項關鍵挑戰：性別化的財務障礙、男性稱霸人脈網絡、片廠的性別刻板印象、工作與家庭之平衡，還有排外的聘僱決策。第一個答案是最多人認為對女性職涯影響甚深的挑戰，逾43％的作答者都回覆曾經歷性別化的財務障礙，包括製作預算較低、製作人及投資方不願相信女性導演能執導高預算的劇情長片、認為「女人家」的主題無法大賣等等。討論此研究結果時，日舞協會執行總監凱莉・浦特南（Keri Putnam）向《娛樂週刊》表示，「女導演在日舞影展的表現確實比她們待在主流製片業來得更好」，更直指影業普遍缺乏多樣性的情況令製片公司高層和金主老是把女人當作局外人——進而不太可能打從一開始就聘僱女性，特別是高預算的製片計畫。簡單來說，「隨著預算提高，女性的存在感就隨之降低」。[5]

　　愛莉森・安德絲（Allison Anders）簡短說出了重點：「我看過根本沒有執導才華的男導演不過拍了一部爆炸片，就拿下一部大製片公司的電影……但我們的電影失敗時，可就沒機會拍第二部了。」[6]〔愛莉森和包括莉莎・蔻洛丹柯（Lisa Cholodenko）、蕾絲莉・林卡・格拉特（Lesli Linka Glatter）、瑪莎・柯莉姬（Martha Coolidge）在內等隨著一九九〇年代獨立電影熱潮興起的許多導演同業一樣，目前以執導電視劇為主。〕最近，年紀輕輕就以二〇一四年處女作《不當好女孩》（Appropriate Behavior）獲得各界讚揚的伊朗裔美籍新人女導演戴絲瑞・阿卡

文（Desiree Akhavan）在播客頻道「死亡、性與金錢」（*Death, Sex & Money*）上坦言，有關性別的普遍認知從一開始就影響了她對創作潛力的領悟。「今年就有兩個男製片跟我說，『你就先拍個 B⁻ 水準的第二部電影吧』……若我還想工作的話，我可不認為我有餘裕能拍一部 B⁻ 水準的第二支作品，誰會在我拍出 B⁻ 水準的電影後還來投資我啊？」

　　這種分歧的根源來自對女性觀點的理解這項根本差異，社會視它為一種獨立於男性故事及視野的單獨實體。由於文學、電影、音樂等諸多範疇的準則都已經根深蒂固地將（白人）男性故事理解為放諸四海皆準，而女性故事就只是特別興趣，於是這種觀點歷來都遭到貶低輕視。〔回首一九九六年，大衛・福斯特・華萊士（David Foster Wallace）提到任何不是白人男性的作家時，就都稱之為「非我族類」（tribal）。〕因此當有人抱怨──還真的有──日舞協會那種調查是在「計較雞毛蒜皮之事」時，他們顯然是沒抓到重點。人數的確很重要，但更重要的是這些數量的意義，它事關對「男性故事」和「女性故事」的價值信念，更是對於這兩類故事並不互斥的一種認可（正如《憤怒道》已充分展現）。女性經驗也有潛力和男性故事一樣放諸四海皆準並且引起廣泛共鳴不應該是一種激進的概念；然而，有兩項主要信念在好萊塢尤難撼動──那就是「女性只能夠訴說女性的故事」，以及「對男人來說，女性故事依然是一種特別興趣，既是『非我族類』也難以信服，甚至是極為陌生」。

　　有鑑於多數賣座強片都把重心放在國際觀眾身上，女性導演想跨越獨立電影及賣座強片之間鴻溝的機會，可能也越來越渺茫了。為影評網站 IndieWire 旗下部落格「好萊塢女性」（Women in Hollywood）撰文的姜寅求（Inkoo Kang）就指出，大片廠「十分清楚」性別和種族失衡的情況，但從財務角度來看，他們寧願冒險服務國際市場而非國內的女性觀眾。她表示：「他們現在仰賴的正是早就存在當今大眾心中的種族歧視和性別歧視，可惜國際觀眾懷抱種族及性別歧視的情況比主流美國文化更嚴重，所以我認為不會有太大改變。」

女人看什麼

好萊塢長久以來的女性問題之所以積習成常，一部分是因為這一直都像是個家族祕密：藉此得利的人和投資者視之為常態；可能想反抗的人若真付諸行動，又得拿自己的職涯冒險。強制電影業實行更能反映電影觀眾人口比例的聘僱慣例也不是新對策了。一九六〇年代關於聘僱慣例充滿種族與性別歧視模式的證據促使平等就業機會委員會（Equal Employment Opportunity Commission）召開一連串的聽證會，調查結果發現——聘僱慣例確實有歧視情事。這還需要調查嗎！一九七八年，一份由加州諮詢委員會（California Advisory Committee）向美國民權委員會（U. S. Commission on Civil Rights）提交的報告指出，「儘管業界強力否認，但在電影工作室身處決策層職位的少數族群和女性少得可憐」，而且值得注意的是，聘僱慣例鮮少提供正式的職務描述，反而更清楚證明了「業界過度仰賴口頭引薦進行招募」的狀況。

紐約電影學院（New York Film Academy）及南加大新聞與傳播學院（USC Annenberg School for Communication & Journalism）

等學術機構，曾出資進行不平等例證的量化研究，從有台詞角色（speaking roles）到如何描繪電影中的女性皆有實例。（一項南加大研究發現，在二〇〇九年前一百部票房最高的電影裡，只有三成有台詞角色是女性；另一項調查則指出，在二〇〇七年至二〇一二年間的前五百大票房電影中，紐約電影學院發現有28.8％的女性角色穿著暴露的服裝，反觀男性角色只有 7％有此類情況。）這類調查在網路時代到來前早就存在——舉例來說，唐娜・艾倫（Donna Allen）的《致女性之媒體報告》（*Media Report to Women*）從一九七二年就開始逐年記載女性參與及創辦媒體的歷程；聖地牙哥州立大學影視界女性研究中心（Center for the Study of Women in Television and Film）的執行主任瑪莎・洛思恩（Martha Lauzen）亦連年出版《賽璐珞天花板報告》（*Celluloid Ceiling Report*）將近廿載。但這類組織定期發布的部落格文章、署名評論及搞弄數據的圖表資訊，已經將這種調查無限放大。Upworthy 這類爆紅式傳播育成網站也會發出類似警方詳情通報的極短篇小趣聞、圖表和影片，方便群眾動動手就能輕易分享。「好萊塢女性」及「影子與行動」（Shadow and Act）這類部落格，還會針對該產業每一個與性別及種族相關的面向詳加報導。二〇一五年春季，名為「對女電影導演及其他女影業從業人員講的垃圾話」（Shit People Say to Women Directors & Other Women in Film）的匿名 Tumblr 帳號才剛上線不過幾小時，馬上成為眾矢之的。然而，正當公然歧視的證據堆疊如山宛如不請自來的劇本時——而且公民自由聯盟（American Civil Liberties Union）在二〇一五年初也宣布將針對好萊塢大製片廠展開聘僱慣例的新調查——電影業從業人員卻仍時常告訴我們，無論在幕

前或幕後，我們都活在一個電影的女性特質含量空前絕後的時代。

　　就拿全國戲院公會（National Association of Theatre Owners）執行長約翰‧費希安（John Fithian）來說吧，他曾在一場電影產業大會上預言二〇一五年將是電影業的「婦女年」（The Year of the Woman），點名《格雷的五十道陰影》（50 Shades of Gray）、《分歧者2：叛亂者》（Divergent Series:Insurgent）及《仙履奇緣》（Cinderella）這類女性友善的電影在票房上，性別認同為女性之觀影者占比已經高達六成。費希安繼續補充說道，「真高興我女兒可以看到比以往更多由女性擔綱主角的電影」。[7]（他身為戲院老闆和電影業之間的關鍵中間人，這番話理所當然會讓人納悶，若讓費希安的女兒看到更多女性主角是如此重要，那他之前為何從未主動向業界提出建言呢，不過咱們先不管這些。）幾個月後，聲名顯赫的坎城影展（Cannes Film Festival）也傳來更多「婦女年」的盛讚；不只阿涅絲‧瓦達（Agnes Varda）導演獲頒該影展的終身成就獎——六十九年來首度頒給女性——還有另一項創舉是獲選為影展開幕片的《烈焰青春》（Standing Tall）亦由女性導演執導。

　　根據《綜藝》週刊（Variety）報導費希安演說的文章指出，他的預測和社會普遍看法略有出入。該文章寫道，雖然多數分析師預期國內票房將首度突破一百一十億美元，但他們的信心主要是看準龐大的迷弟票房將接力灌注於《復仇者聯盟2：奧創紀元》（Avengers: Age of Ultron）和《星際大戰七部曲：原力覺醒》（Star Wars: The Force Awakens）。此外，《烈焰青春》成為坎城影展開幕片所帶來的欣喜之情，其實是影展總監提埃里‧弗雷莫（Thierry Frémaux）刻意為之的公關動作，想藉此淡化該

影展雖可說是全球優質電影的標竿，但歷來展示女性執導之電影的紀錄卻慘淡無光的事實。（在十九部試片電影中，《烈焰青春》是唯二由女性執導的其中一部，而前三年的數量分別為兩部、一部和零部。）

過去十多年以來，為好萊塢冊封各種變形「婦女年」的封號已經成為媒體持續降低社會期待的一種奇怪方式。若說票房前一百大的好萊塢電影裡只有 12％由女性擔綱主角──二○一四年正是如此──那下一年只要增加幾個百分點，就足以成為因情況看似漸入佳境而過分樂觀的理由。二○一二年，縱使影評人 A・O・史考特（A. O. Scott）在《紐約時報雜誌》（*New York Times Magazine*）探討女性角色的文章〈好萊塢的女英雄崇拜年〉內指出，「僅根據少數幾個角色就宣告某種重大的角色翻轉已經出現非常愚蠢」，但該文章偏偏又下了那樣的標題。

儘管有多項數據指證歷歷，社會卻對電影界從業女性抱持著近乎病態的樂觀態度，不斷堅稱女性在好萊塢的權力早就超過歷來各個時期；我向年度《賽璐珞天花板報告》撰稿人瑪莎・洛思恩詢問她對這個現象的看法，她也同意這是一種錯誤觀念，主要由兩項關鍵因素助長：「首先，觀眾看到像是凱薩琳・畢格羅（Kathryn Bigelow）等高知名度的女人如此成功，就會認定女性已經出人頭地。只要少數幾個例子就可以大幅改變大眾對現實的認知，所以每年實際計算在幕前和幕後擔綱重要角色的女性人數才這麼重要。」

洛斯恩繼續補充，第二個因素則是其實細想這數十年來的影業光景就會發現，這個情況根本毫無進展，著實讓人心寒無比，但如果好萊塢無法讓人強烈感受到美好的氛圍，那這個產業便什

麼也不是。「社會大眾想要相信情況會逐年改善的慾望非常強烈，」她在電郵內指出，「而且投資這般現狀的各界組織代表們也都竭盡所能地在鼓吹這種信念。」回顧二〇一五年的奧斯卡提名名單，所有演員類入圍名單上竟然沒有出現半個非白人演員的名字，更沒有任何女性獲提名編劇或導演獎項；美國影藝學院主席雪柔·布恩·艾薩克斯（Cheryl Boone Isaacs）（布恩是第一位擔任此職位的非裔美籍人士，而且也只是歷來第三位女性）更為此發表一份聲明，她強調，「影藝學院致力於尋求多元聲音與觀點」，但洛思恩可不買單，認為這番話不過是想打壓＃奧斯卡好白（#OscarsSoWhite）這個標籤在推特上迅速引發燎原之火所帶來的群體嘲諷。

電影裡一直都有精妙絕倫、面向多元、發人深省又有趣的女性角色（雖然無可否認的是多數都是白人）。同樣地，女性觀眾也始終是堅實的客群，更別說那些會欣然花錢支持更多由女性執導、製作或關注女性電影的所有性別的觀眾了。但這些事至今都沒有改變電影公司對女明星或女性觀眾的整體態度：高層間反而往往認為若這類電影票房開紅盤，不過只是某種瘋狂且破天荒的僥倖勝利。多數角色皆非白人的電影也面臨著相同的情況；非白人的導演早就針對這一點強調過無數次，顯然高層大頭們總是對此置若罔聞，因此近期看到《夢想越野隊》（*McFarland, USA*）及《伴郎假期》（*The Best Man Holiday*）等電影的票房優於預期時，才會一個個化身丈二金剛直發楞。〔《白宮第一管家》（*The Butler*）及《珍愛人生》（*Precious*）導演李·丹尼爾斯（Lee Daniels）的抨擊尤其尖銳：「到底要怎麼做才能讓好萊塢的人知道黑人也會出門看電影？」〕

《伴娘我最大》（*Bridesmaids*）在二〇一一年廣受好評並開出強勁票房時，好萊塢影評和分析師也表現得彷彿電影業界從來沒人有過下列想法：第一、全女角演出的喜劇可以很好笑。第二、女人的確會湧進戲院看這類電影，而且不是在約會夜。綜觀產業報紙到電影部落格，每個地方的標題所提出的疑問都萬變不離其宗：這是哪門子妖術？該片的淫穢風光確實是全女角電影的新穎轉變——裡面有漂白肛門的玩笑話、粗鄙髒話，別忘了她們還在婚紗工作室集體鬧肚子。但全女角電影難道是一種全新的概念嗎？當然不應是如此，你最近應該聽過下列幾部電影吧：《慾望城市》（*Sex and the City*）（票房一・五三億美元）、《媽媽咪呀！》（*Mamma Mia!*）（票房一・四四億美元）、《穿著Prada的惡魔》（*The Devil Wears Prada*）（票房一・二五億美元），更不用說賣座老片《朝九晚五》（*9 to 5*）、《等待夢醒時分》（*Waiting to Exhale*）、《鋼木蘭》（*Steel Magnolias*）、《霹靂嬌娃》（*Charlie's Angels*）及《上班女郎》（*Working Girl*）了。

　　儘管《伴娘我最大》的票房超乎預期（全球票房高達二・八八億美元）確實激起片廠和媒體一陣興趣，這照理來說是個好消息，卻也突出電影業究竟有多落伍。《財經內幕》（*Business Insider*）報導指出，「片廠正密切留意⋯⋯先觀察該如何反應後才會點頭放行其他女影計畫。」[8]製片大衛・弗蘭德利（David T. Friendly）那篇投稿《好萊塢報導》（*Hollywood Reporter*）的文章，更是通篇都在讚揚自己主動致電一位女編劇討論製片計畫。正如前述那些聚焦女性的賣座強片，《伴娘我最大》果真引來一連串評論，記者們〔都是（但不限於）男的！〕紛紛試著精準揪

出「女人會去看電影」這個怪異新潮流究竟是在何時興起；而這些文章又會釣出一群稱讚自己支持這種現象的人，人數還多得令人發毛。

認為女性以及非白人族群不會去看電影的觀念，一直都是好萊塢根深蒂固且最令人煩躁的幻想。編劇諾拉·艾芙蓉（Nora Ephron）於二〇一二年過世前不久就曾指出，「女人會去看電影這件事總讓片廠的人非常震驚」；演出並監製史上最成功獨立電影《我的希臘婚禮》（*My Big Fat Greek Wedding*）的妮雅·瓦達蘿絲（Nia Vardalos），在二〇〇九年也曾向《赫芬頓郵報》（*Huffington Post*）透露，有一位片廠高層一直要求她把下一部電影的主角從女性改成男性，因為「女人才不去看電影」。〔同一個人也說《慾望城市》和《鬼迷心竅》（*Obsessed*）等女性當主角的電影票房強勁只是僥倖，這人顯然都用屁眼看世界。〕

此外，女人一直以來都默默看著男人在大銀幕上演各種兄弟胡鬧情節、槍戰、太空旅行、浪漫試煉、存在困境、飛車追逐和老二笑話，但期待男性觀眾可能會回報女性同等關注的想法在好萊塢看來簡直可笑。《伴娘我最大》上映前不久，《紐約客》（*The New Yorker*）撰稿人泰德·弗蘭德（Tad Friend）才在一篇嚴厲揭示女性喜劇演員在電影業缺乏前景的評論中寫道，「片廠高層認為男觀影者寧願為大腸鏡檢查做好心理準備，也不願體驗那麼一次女性視角，尤其是那女人會喝酒、罵髒話、有一份優秀工作或享受高潮的時候。」該文章〈像男人一樣好笑：安娜·法瑞絲與好萊塢的女性問題〉裡頭充斥著匿名片廠高層麻木不仁的言論（「我們就打開天窗說亮話吧，拍片決策大多是由男人作主的，若男人不必拍關於女人的電影，他們就不可能拍」），某些

內容涉及長期節食，據說還有女人出面反映曾被訓斥「去把奶子整大一點」。即使他們都知道不該如此，但文章裡引述過的每個人都稀鬆平常地談論這些事。

　　不過我們倒帶一下：《伴娘我最大》是開啟電影聚焦於女性的濫觴之作嗎？這個嘛，是也不是：幾位女性製片指出──包括編導《伴娘 HOLD 不住》（*Bachelorette*）的萊絲麗・海德蘭（Leslye Headland）和撰寫《歌喉讚》（*Pitch Perfect*）及其續集劇本的凱・卡儂（Kay Cannon）──《伴娘我最大》票房大賣的成就，確實有助她們拍出自己的電影。[9] 而且《伴娘我最大》裡令人倒胃的元素，或許也促成好萊塢更願意拍出類似瑪姬・凱瑞（Maggie Carey）二〇一三年編導的淫穢性愛喜劇《大學生「做」了沒？》（*The To Do List*）。〔尤其是該片還重新演繹了《瘋狂高爾夫》（*Caddyshack*）在泳池裡拉屎的知名橋段。〕但缺點是上述的每一部電影，全都難逃和前作相比後反應不盡如人意的命運，其他《伴娘我最大》之後的嘗試之作更是慘烈。《伴娘我最大》導演保羅・費格（Paul Feig）曾表達過的恐懼──「準備拍這部電影時，我一直都感到非常焦慮，如果我搞砸了，好萊塢又多一個藉口可以說『看吧，電影裡就是不能有這麼多女人。』」──這下轉移到其他電影工作者身上，他們如今都得擔心自己所有女性友善的製片計畫會遭到負面比較抨擊。正如二〇一五年由賈德・阿帕托（Judd Apatow）執導的暑期大片《姐姐愛最大》（*Trainwreck*）宣傳海報清楚呈現的一樣，為電影掛上一個男人的名號並援引《伴娘我最大》就像某種非爛片保障。雖然此片由艾米・舒默（Amy Schumer）自編自演，海報上卻抹去了她的名字：上面反而寫著「《伴娘我最大》的推手最新力

作」──嚴格來說這句雖不算杜撰，但背後用意就是想讓觀眾放心。〔《伴娘我最大》的製片確實是阿帕托，但導演為保羅・費格，編劇則是克莉絲汀・薇格（Kristen Wiig）及安妮・瑪莫羅（Annie Mumolo）。〕（意思是：「男人們別怕，本片就像你們勉強承認「以美眉電影來說挺好笑」的那一部電影。）

說到由女人執導或女人擔綱主角的動作片，文化上的執念就又更多了。如果它們像緊張刺激的戰爭電影《危機倒數》（*The Hurt Locker*, 2008）（導演是凱薩琳・畢格羅）和拳擊片《登峰造擊》（*Million Dollar Baby*）〔希拉蕊・史旺（Hilary Swank）主演〕這兩部一樣成功，大眾只會以「僥倖成功」加以打發，或評為「成功打破女人與勇氣實難相融的規矩」。然而，若這類電影不賣座，票房表現更會被拿來佐證「女人才不看動作片」、「女導演就是拍不了戰爭電影」的信念，抑或其他許許多多的業界格言。二〇〇九年，從華納兄弟（Warner Brothers）製片總裁傑夫・羅賓諾夫（Jeff Robinov）桌上流出的一份內部備忘錄登上了好萊塢記者妮基・芬克（Nikki Finke）的部落格：華納製片廠不會再拍攝任何由女性主演的電影。看來在茱蒂・福斯特（Jodie Foster）的動作片《勇敢復仇人》（*The Brave One*）還有妮可・基嫚（Nicole Kidman）的驚悚片《恐怖拜訪》（*The Invasion*）票房回報雙雙令人失望後，羅賓諾夫決定把自家電影表現遜色的責任直接歸咎於女人──芬克直言，此舉實在將原因簡化到一種離奇的程度。（「我聽說他甚至不想瞧瞧有女性擔任要角的劇本。」）畢竟真要說起來，許多和《勇敢復仇人》約同期上映並且由男性擔綱主角的華納兄弟電影票房一樣慘遭滑鐵盧，包括喬治・克隆尼（George Clooney）主演、史蒂芬・索德

柏執導的《柏林迷宮》（*The Good German*）、洋溢濃濃兄弟情懷的西部片《刺殺傑西》（*The Assassination of Jesse James by the Coward Robert Ford*）、重拍轟動一時的沉船災難片《海神號》（*The Poseidon Adventure*），以及重開機的超級英雄電影《超人再起》（*Superman Returns*）。

　　二〇〇六年十月，就連《紐約時報》一篇標題為〈大片票房慘遭滑鐵盧，華納指望意外賣座的小片立大功〉的報導也提到了這些爛片。但我們還是可以推測，上述這些失利之作仍無法促使羅賓諾夫和他的高層同僚認定，或許電影由男性主演才是問題所在。然而他倒是能心安理得地裁定，由女人主演的電影才是好萊塢長久以來某種赤裸裸的性別歧視。華納兄弟發布一份聲明指出，「與近期部落格圈報導相反的是，華納兄弟依然致力於女性培力……傑夫・羅賓諾夫堅執他將繼續推動數部由女性主演的電影。真要說起來，關於他在電影製作上抱持仇女心態謠言才令他深感冒犯。」但瞧瞧從備忘錄外流到二〇一三年羅賓諾夫辭職這段期間上映的華納兄弟電影清單，再再暗示著他可是十分忠於自己的原話呢。

　　在這個產業裡 —— 有51％的觀眾人口仍被視為難搞的小眾觀眾，不值得花錢或精力投資 —— 製拍有望封為暑假檔期、當年或十年來最符合女性主義精神的電影，很多時候不過只是拍出一部認可女人存在的電影罷了。

貝克德爾基準

　　「好萊塢女性」創辦人梅莉莎・席維斯坦說道：「我實在受

夠了。」她和其他幾位女性將自己對好萊塢現狀的沮喪之情化為實際行動，年年舉辦影展加以抗衡；由她一手策劃的雅典娜電影節（Athena Film Festival），帶來了許許多多彰顯女性領導才能的電影（但不一定要由女人執導）。就在她從二○一五年的坎城影展返國後不久，我們通了電話，她前面在抱怨的正是年復一年都會出現的「婦女年」盛讚。雖然這般讚辭當然是出於好意，但她強調這根本是在混淆情況明明毫無改變的事實，讓進步思維的影評人沉浸在這種感覺當中，以為看個《麻辣賤諜》（Spy）或《姐姐愛最大》（Trainwreck）就已經是在捍衛女性主義。巧合的是，就在我們通話前幾天，《紐約時報》刊登了法蘭克·布魯尼（Frank Bruni）和羅斯·度查特（Ross Douthat）兩位男專欄作家的社論，這兩位竟用有餘裕偶爾把婦女平等拿來轉移話題的人那般排外的自大嘴臉，大言不慚地暢談女性角色。席維斯坦嘆氣說道：「我甚至提不起勁讀那些文章，我不想再讚揚別人為了支持多元電影而做該做的事了。」

市場女性主義正是靠這種狡詐的誇示修辭續命，而且坦白說，落入這種陷阱其實非常簡單——尤其是你不過是想對前景有望改變抱持樂觀態度的時候。假如你最近和我們許多人一樣都讀到了一篇報導，有人告知三十七歲的瑪姬·葛倫霍（Maggie Gyllenhaal）說她已經是個醜老太婆了，無法飾演大她二十歲的男人的戀愛對象；但就在這篇報導出現後又有一篇報導寫道，《伴娘我最大》的導演保羅·費格將把畢生精力奉獻於執導及製作由女人演出的喜劇。你會想在社群媒體上轉發的報導極有可能是後者，還會配上跳舞女士的 emoji 和一排驚嘆號。多數人厭倦的不只是壞消息本身，還有那種被迫只能聚焦在負

面消息的感覺，卻忽略全女性主演、重開機版《捉鬼特攻隊》（*Ghostbusters*）即將上映這樣的大好消息。（這部電影我一定會去看個究竟！）我得承認自己一直都在思考，當我們一起參與這種障眼法般的展演，是否就是電影業變革走得如此緩慢的部分原因。

席維斯坦倒不這麼認為，反而點明是因為由於女性製作以及／或關於女人的電影，從未同時以關鍵多數（critical mass）之姿湧現，才無法讓一幫女孩藉由票房對這個產業發出怒吼。就像《逐夢大道》（*Selma*）導演艾娃・杜韋奈（Ava DuVernay）說的，「我們在數量上寡不敵眾」，她指出，「一部由女性製作或關於女性的電影永遠會受到輕視，但如果有六部同時出現就沒辦法了。關鍵多數在政治領域是一項重要因素，商場上也有人在談。一定要有夠多這樣的電影甫上映就旗開得勝，社會才無法視之為僥倖。」

若真要說這其中有一絲希望曙光的話，那就是如今有更多人把好萊塢的女性問題當作行為模式討論，而非個別電影中出現的缺陷了。長久以來，女性主義視角的電影賞析都是一種小眾興趣，有蘿拉・莫薇（Laura Mulvey）、茉莉・海斯科（Molly Haskell）、B・魯比・瑞奇（B. Ruby Rich）和貝爾・胡克斯（bell hooks）等人在主流媒體外的地方，為學術類或其他出於自主選擇的讀者書寫。但就在過去二十年間，多虧網路時代降臨，大量女性主義影評都透過席維斯坦的「好萊塢女性」這類部落格浮現，還有網路雜誌、影迷社群及其他參與式媒體。《婊子》雜誌創刊號就分析了兩部當時的新片——《衝擊年代》（*Kids*, 1995）及《被單遊戲》（*Sleep with Me*, 1994），因為我

們知道主流影評肯定會粉飾這兩部電影對女人及性愛主題的再現；經過了二十年，很多時候鑽研女性主義主題本身即為主流。

這表示電影觀眾，尤其是白人及男性以外的族群，從各方面來說都和製作電影的人雞同鴨講無法溝通。好萊塢所認知的「女性主義內容」，往往讓人感覺就像拿著一本幼兒的觸覺認知繪本對一位研究生說「聽說你喜歡看書呀！」於是市場女性主義便以女人在其中得以大顯神威的主流電影形式，漸漸成為連接那道鴻溝的橋梁。但對於一個僅是看似符合女性主義的內容都能形成觀影潮流的時代來說，這座橋梁可能比好萊塢想像得更不穩固。

貝克德爾測驗（The Bechdel Test）之所以能夠快速融入影評術語庫，其實就是市場女性主義某種迷人、偶爾又令人沮喪的層面。先為沒聽過這東西的人解釋一下，這項測驗是依漫畫家艾利森・貝克德爾（Alison Bechdel）命名，她以名為《當心臭歹客》（暫譯）（Dykes to Watch Out For）的連載漫畫發跡，內容描繪的是一群多元文化、關係緊密的蕾絲邊倡議者的生活。在一九八五年的連載〈規則〉（The Rule）中，講話尖酸刻薄的 T 金潔和她的伴侶正在思考要看哪部電影；金潔解釋道，這部電影必須通過以下三項基本準則：一、片中至少有兩位女性；二、這兩個角色會與彼此對話；三、其談話內容須與男人無關。這篇漫畫的笑點——「**上一部我能看的電影已經是《異形》了**」——強調的正是符合這三項基本要求的電影究竟有多罕見。自二〇〇〇年代末期開始，部落格和線上影評圈都開始用這項測驗來審視電影〔儘管貝克德爾將想法歸功於朋友莉茲・華莉絲（Liz Wallace），但這測驗仍以她命名〕，而且到了二〇一〇年，它還靠著網路的力量成為一個成熟的迷因（meme），「bechdeltest.

com」網站更開始登錄所有通過測驗的電影作品。

隨著貝克德爾測驗開始悄悄竄進主流影評視野，有個值得留意的現象出現了，某些男影評這下驚訝地發現自己的愛片直接死當——例如《飛越杜鵑窩》（*One Flew Over the Cuckoo's Nest*）、《四海好傢伙》（*Good Fellas*）、《公主新娘》（*The Princess Bride*）、《瘋狂店員》（*Clerks*）、《星際大戰》（*Star Wars*）最早的三部曲、整套《魔戒》（*Lord of the Rings*）三部曲，就連《窈窕淑男》（*Tootsie*）也沒通過考驗。但許多女人的反應大多是聳聳肩不以為意，同時也慶幸終於有一種簡單的方法能幫助編劇及導演跨越那道低得令人羞愧的基準。搞清楚，檢視這些規則的意義並不是要剝奪《蠻牛》（*Raging Bull*）、《教父》（*The Godfather*）及《搖滾萬萬歲》（*This Is Spinal Tap*）應得的地位。正如「女性主義頻率」網站（Feminist Frequency）創辦人安妮塔・薩琪西（Anita Sarkeesian）在二〇〇九年一支談論該測驗的影片中所說，「它根本稱不上是判斷電影是否為女性主義電影的標記，只是用來判定有無女性角色的存在罷了。」

向人解釋為何他們最愛的電影未通過測驗時，很多人都難以理解後者的論點（「但蝙蝠俠是電影裡的英雄耶！女性角色當然會討論他啊！」）：貝克德爾測驗並非電影品質或細微差異的評斷標準。畢竟就連優美動人的《地心引力》（*Gravity*）也沒通過，但《二十七件禮服的祕密》（*27 Dresses*）這種俗套的浪漫喜劇卻輕而易舉地過關了。不過這測驗本身就是一種簡單粗暴的評估，藉此衡量女性角色對故事本身來說是否重要——而在多數情況下，答案都是否定的。

如此單純的測驗，依然遭人譴責是在政治正確上吹毛求疵，

更難聽的是還有人說它是企圖讓所有電影都遵奉女性主義教條的歹毒陰謀。二〇一三年，瑞典一個小型的影院聯盟宣布推動一項以貝克德爾測驗為電影評分的試行計畫，通過的電影將獲頒A的成績。其中一位策劃人艾倫·泰烈（Ellen Tejle）向美聯社（Associated Press）表示，看見更多銀幕上的女性角色可以為女人開拓更多想像的可能：「這計畫的目標就是挖掘更多銀幕上的女性故事及觀點。」這番宣言自然引來電影業其他有力人士的怒火，他們抗議該測試優先以一種狹隘視角評判電影的意義何在，重視量化結果更勝角色發展與情節妙不可言的特質；瑞典英格瑪柏格曼基金會（Ingmar Bergman Foundation）的執行長更說，這種新評分標準是「有意義的文化批評在名為愚蠢榮耀的祭壇上的最後獻祭。」[10]

不過女性主義及反種族主義的影評和影迷，早就注意到貝克德爾測驗的侷限性，因此進一步提出類似措施：就在機器人大戰電影《環太平洋》（*Pacific Rim*）於二〇一三年上映後不久，有位 Tumblr 使用者便提出以該片少數備受喜愛的角色為名的森真子測驗（Mako Mori Test）。它將貝克德爾測驗以特定方式加以微調，提出過關電影的特點如下：一、至少有一位女性角色；二、該角色擁有她自己的敘事弧（narrative arc）；三、存在意義並非用於襯托某個男性的故事。[11]另一項以電視評論家艾瑞克·德甘斯（Eric Deggans）為名的規則亦提議，當電視節目／電影的主要卡司涵蓋至少兩位非白人角色時，該作品才無關種族議題。此外，《婊子》雜誌前主編琪耶斯汀·強森（Kjerstin Johnson）看完二〇一五年的《人造意識》（*Ex Machina*）後則提出，評估女性在電影裡的裸露程度也是個不錯的衡量標準。

（「（她）裸露了多久？那些鏡頭是為了取悅誰？她是一具屍體嗎？」）

　　貝克德爾測驗一部分麻煩之處，在於它的效用已經遠遠超越最初的用意。貝克德爾與華莉絲當初形容它只是一種指出主流電影老套、不假思索且情節公式化的方法，如今通過這項測驗卻莫名地與「符合女性主義」畫上了等號；但它從來就不是一種衡量女性主義的工具，更像是一種文化晴雨表。畢竟就連講述一位年輕女子和吸血鬼發展出半受虐關係，另一方面又和狼人維繫稍具自主性的感情的《暮光之城》（*The Twilight*）都勉強通過了那些基準。在二〇一〇年的《新娘大作戰》（*Bride Wars*）裡，凱特・哈德森（Kate Hudson）與安・海瑟薇（Anne Hathaway）飾演一對手帕交，兩人因為誤把婚禮訂於同一天而鬧得不可開交，不僅這部電影通過測驗，《萬惡城市》（*Sin City*）也過關了，但片中幾乎每一位女性角色不是遭性化為脫衣舞孃或妓女，再不然就是可怕男性暴力的受害者。另外，《與安德烈晚餐》（*My Dinner with Andre*）（其實就只有兩個男人不斷對話的電影）或《蘿拉快跑》（*Run, Lola, Run*）（與片名同名的角色確實現身於銀幕，但大多沒台詞，幾乎每一秒都沒講話）這樣美妙的電影，卻在貝克德爾測驗中慘敗。還有還有，某些導演會公然對女性表露出令人擔憂的態度，怎麼說都與女性主義者沾不上邊〔說你呢，伍迪・艾倫（Woody Allen），我最討厭他了〕，但那些人的作品卻無疑是貝克德爾測驗友善的電影。

　　身處在一個市場女性主義大行其道的世界，不難想像根本就在背後玩弄體制的編劇和導演，在對於推翻全面性別歧視毫無作為的同時，只會編寫出數量僅足以通過基準的具名女性角色

及無關男人的對話。以某些電影來說，這情況似乎早就發生：二〇一四年漫威的超級強片《星際異攻隊》（*Guardians of the Galaxy*）誇口說團隊裡有一位女編劇，片中還有三個強勢女性角色（Strong Female Characters），卻也瀰漫著記者蓋維亞·貝克懷勞（Gavia Baker-Whitelaw）所謂「混帳散發的惡臭氣息」，例如柔伊·莎達娜（Zoe Saldan）飾演的綠皮殺手葛摩菈竟被一位異攻隊夥伴說是「賤貨」（whore），另一位還建議她利用性愛帶大家逃出監獄。[12] 就如社會以特別興趣看待女導演的態度一樣，為了不要讓電影顯得公式化，於是零散地分配一些強勢女性角色以確保其中蘊含賦權元素非常簡單，但確實致力於澈底改變製片人和觀眾的態度可就困難多了。

不過，這項測驗對席維斯坦的電影平等運動（Film Equality Movement）來說確實非常有用——但它並非終點，而是讓製片、編劇及導演跳出框架的起點。它是用來指出好萊塢產物的模式皆千篇一律的語言，為劇本編審和製片賦予一種進行修正的架構和脈絡，不然他們向老闆指出劇本和主要情節之缺失時總是被當耳邊風。儘管製作電影的人尚未認真看待，但貝克德爾測驗的確已經發展成一項影評人會參考的標準。

這又讓我們得再回頭稍微談談《瘋狂麥斯：憤怒道》的女性主義謬誤，還有文化產物（cultural product）之所以符合女性主義的元素。重點絕非擁有一位女性編劇以及／或導演，看看南西·梅爾斯（Nancy Meyers）和諾拉·艾芙倫（Nora Ephron）＊的全套作品就知道，像《愛 找麻煩》（*It's Complicated*）及《美

＊ 譯註：某些中文媒體甚至封諾拉·艾芙倫為「美國瓊瑤」。

味關係》（*Julie & Julia*）這類電影也可能和居家裝潢雜誌一樣
賞心悅目。這種電影可能會描繪某個強勢女性角色去做通常是男
人才會做的事，但也極有可能不是這種風貌。好萊塢的責任在於
坦誠地為多元觀影者努力變得更好──如果這還須勞煩美國公民
自由聯盟啟動調查，那就查吧──但花錢看電影的觀眾也應該協
助改變社會對話和標準。想超脫市場女性主義，我們就必須改寫
「《瘋狂麥斯》（或《姐姐愛最大》之類的作品）是女性主義電
影嗎？」這種問題，否則等於是在暗示一部電影最重要的意義就
在於自認女性主義者的人可否問心無愧地享受觀影。

　　把女性主義當成一種僵化的衡量標準，會壓制最初引人觀影
的敘事潛力。觀賞不符合女性主義的電影，並不會妨礙任何人以
女性主義視角觀影。無論是否通過貝克德爾測驗，《憤怒道》都
是一部精采刺激又張狂的好片，主要是因為它就像其他更早出現
的反烏托邦電影一樣，只要仔細審視電影敘事，就能看出它赤裸
裸地譴責父權體制是如何傷害每一個人。僅僅因為它有別於平常
好萊塢會在暑假熱門檔期推出的那些將女人邊緣化的電影，就急
著為它鼓掌叫好，其實一點價值都沒有──因為如此一來最終得
出的結論便是，我們應當期待的作品也不過爾爾。

| 第三章 |

這些內褲讓我看起來像女性主義者嗎？

> 世人將我當作髮型銘記。我深感受辱，因為這儼然是把解放政治降格為時尚政治。
>
> ——安吉拉・戴維斯（Angela Davis, 1994）

　　阿嬤大內褲是女性主義的新體現。這不是我說的喔，是《紐約時報》。二〇一五年六月初，該報在風尚版頭版刊登了一篇文章，探討本應老派又中性的白色棉質內褲。看來這種內褲能風光復出是多虧有一群年輕的女企業家開始設計獨立品牌內褲，其中一種款式還在屁股上寫著「女性主義者」。該文章〈年輕女性拒穿丁字褲〉（Young Women Say No to Thongs）提出了丁字褲市場衰退的銷售數據，並同時指出寬大內褲銷量正在提升，藉此證明我們正處於某種女性主義內衣崛起的趨勢當中。根據一位內褲賣家表示，「多數內衣都是設計來吸引男人的……但我們根本沒想過這種事。這完全是讓你為了自己而穿的內衣。」（除非像內文寫的，你主動在 Insragram 上展示你的 #belfie 屁股自拍，真抱歉要強迫你看見這個字眼。）記得我們之前還以為女性主義的下一個範疇是同工同酬或全民健保嗎？沒想到居然是內褲。

《紐約時報》的這篇文章旋即引發許多網路媒體如鸚鵡學舌般地複誦其主張：時尚網站「Refinery 29」——〈阿嬤大內褲為何又變潮了〉、《財經內幕》——〈維多利亞的祕密當心了：女人正拋棄性感內衣〉、《赫芬頓郵報》——〈阿嬤大內褲正當紅或能導正審美觀〉，紐約時報自己旗下的「全球女性」部落格（Women in the World）更刊出一篇正經八百地出奇的報導——〈據報年輕女性正放棄丁字褲改穿阿嬤大內褲〉，以上標題全都在吹捧這場阿嬤大內褲革命。

　　關於這篇文章有幾件事可以談。首先這並非一篇「報導」（report），比較像是一篇潮流專欄。再者，以一篇潮流專欄來說，它完全符合紐約時報時尚版的作風：吸引讀者關注一小群生活優渥的人都在做什麼（認定某種過時的東西如今又變酷了，再拿那東西來大作文章），接著將它寫得彷彿反映出全國美學更迭的樣子。首先淡化該產品本身曲高和寡的特性（文中提到的內褲一件要價二十五、三十四或四十五美元），接著誇大事實（丁字褲銷量下滑 7％ 真有這麼大不了？），而且生產這些產品的人絕對夠年輕可愛，可以穿上他們的自家產品拍照（像這篇文章就登了一張把粉紅色「女性主義者」字樣印在內褲上的照片），最後再為任何想推銷的商品鼓吹它與身體政治（body politics）或美貌政治（beauty politics）的關聯，進而創造大量關注。

　　但我們先假設這篇談論阿嬤大內褲的文章並非想投機地搭上時下「女性主義就是酷」的媒體熱潮，並順便找機會用年輕女子半裸的照片來吸引讀者好了，因為若真是如此，以下論點也依然正確——**女性主義和你的內衣毫無關係**；任何灌輸你這種想法的人，大概都只是想賣你東西（很可能就是那一件四十五美元的內

褲）。然而，阿嬤大內褲的報導霸占新聞週期，把它說得彷彿是某種女性主義的實質突破，就和社會難以抵擋市場女性主義滲透時尚大有關係了。

歷史上當然有某些時期會將解放和內衣緊密連結。十九世紀末的理性服裝（the Rational Dress）改革者所追求的就是將女人從裙底層層疊疊又限制行動的羊毛襯裙、硬裡襯和鯨魚骨馬甲解救出來；例如倫敦理性服裝協會（London's Rational Dress Society）的女會員，便明智地提議女人不該穿上超過七磅重的內衣。這些激進婆娘不但崇尚自由，更熱愛艾蜜莉亞‧布盧默（Amelia Bloomer）在一八五〇年代掀起風潮的內衣，這位維多利亞時代的女性主義者因為熱衷於騎自行車，於是把「燈籠褲」（bloomer）當作一種類似土耳其女性所穿的寬版長褲。

數十年後，就在一九六八年亞特蘭大市抗議美利堅小姐（Miss America）選美比賽的現場，束腰也成了被丟進自由垃圾桶（Freedom Trash Can）裡的內衣。潔玫‧葛瑞爾（Germaine Greer）更在她精采的處女作《女太監》（*The Female Eunuch*）裡，稱胸罩是一種愚蠢可笑的發明。而且別忘了，丁字褲也曾用「可提供獨特形式的解放」來行銷，但說穿了頂多是可以擺脫明顯的內褲痕，也不用擔心內褲卡屁股會很尷尬。

相較之下，所有報導具女性主義精神的阿嬤大內褲正席捲全國的新聞媒體，都無法對它到底有何意義達成共識。這是在向逐漸興起的身體自愛（body positivity）理念致意嗎？還是針對維多利亞的祕密之類品牌那樣的俗豔風格和血汗文化做出回應？抑或是想導正暗示只有年輕纖瘦才值得穿好內褲的大眾媒體文化？《紐約時報》報導的那些「內褲企業家」只能認同以下兩點：大

內褲很舒服，也不在乎男人如何看待。（但這又會引發另一串問題：難道這些女人認為只有異性戀和順性別人士才會穿內褲？而且難道她們沒聽說過喬奇牌就有出基本款的女用內褲三件包嗎？）

隨著市場女性主義已經澈底興起，女性主義內褲會成為流行或許也不令人意外。（《NYLON》雜誌網路版的圖輯特別提到，有好幾間宣稱自家商品具有女性主義精神的小公司紛紛熱情地宣告「內衣採購變得更具賦權意義了」。）為內褲這種零售商品貼上女性主義標籤打的就是一種安全牌：每個人都要穿、大多時候都隱藏得好好的、背後蘊含的聯想符合社會規範令人安心。女性主義內褲的興起是馬克思（Karl Marx）商品拜物教（commodity fetishism）理論的一種詭異變形，在這種情況下，曾經脫離固有使用價值的消費品都被灌輸了各種意義。為某種東西貼上女性主義標籤並不牽涉意識形態、勞動、政策或明確行動及演進過程，不過是開口說說「這東西符合女性主義精神，因為我們說了算」罷了。

這就是女性主義者的模樣

長久以來，「女性主義時尚」（Feminist fashion）都是一種矛盾修辭（oxymoron），大眾總認為它以兩者的角度看來都極不到位。對於風格是女性主義某種特色的認可，更進一步延伸成認可知名人物的商標服飾和配件──例如安德莉雅・德沃金（Andrea Dworkin）麻袋般的連衣褲、貝拉・艾布札格（Bella Abzug）的大帽子、葛洛莉亞・史坦能（Gloria Steinem）的飛行

員墨鏡和民族風皮帶。不過，卻鮮少有人認定女性主義者會把喜愛抑或參與時尚當作一種興趣或嗜好。畢竟自古以來，不同女性主義流派的關鍵思想都是反資本主義的：質疑廣告訊息、消費趨力，還有商業化且以白人為標準的性魅力。何況女性主義者理當關注更重要的事吧 —— 承認自己喜歡時尚、或甚至看似在乎這回事，就會冒險讓自己的政治理念受到審查。史坦能在一九七〇年代常穿的迷你裙和高筒靴正是令她遭受許多運動戰友側目的根源；多年後，女性主義文學評論家伊蘭・修華特（Elaine Showalter）為《時尚》雜誌撰稿，她在文章裡「出櫃」自承是個時尚迷，更說她的興趣「有時就像個可恥的私生活」，許多她在學術界及女性主義運動的同僚也彷彿為了證明這一點似地立刻對她嗤之以鼻。一九九〇年代的流行詞語「唇膏女性主義者」（lipstick feminist）在使用上更似乎總帶著一絲懷疑的挖苦意味：彷彿任何真心接納典型陰柔服裝的人都是虛假的騙徒。而且值得注意的是，服飾作品會引人聯想到「女性主義」這個描述詞的那一小群時尚設計師 —— 包括繆西亞・普拉達（Miuccia Prada）、川久保玲（Rei Kawakubo）及瑪麗亞・科內霍（Maria Cornejo）等人 —— 也會被形容為「書卷氣」（intellectual）。據我所知，這個字眼通常是用來形容顏色極深或極淡、垂墜地十分詭異或充滿稜稜角角的服裝，並且刻意顯露最少量的皮膚。

然而在過去數十年間，女性主義和時尚的關係已經變得更加多元又微妙。現在有主張身體自愛（body-positive）的獨立設計師和零售商，皆致力於販賣品質良好且精準剪裁的大尺寸服飾，他們總能為尺寸和身形常被多數設計師及零售商忽略的女性帶來福音。還有鑽研一系列議題的女性主義時尚雜誌和部落格，研究

範圍更是從性別認同、性慾符碼，再跨足到織品的歷史及結構。同時，教導「升級再造」（upcycling）方法的部落格也很多，多餘的衣服因此逃過被棄置垃圾掩埋場的命運。社會對於生產時尚產物的女性勞動力（往往不受規範、不道德又危險）的意識也逐漸提升，並且開啟關於道德及外表的社會對話。舉例來說，為沃爾瑪（Walmart）和喬弗萊什（Joe Fresh）生產服飾的孟加拉成衣廠於二〇一三年突然倒塌，就是向逐漸仰賴 H&M 和 Forever 21 等快時尚的西方人算總帳的時刻，這類品牌生產的衣物都是廉價的時裝山寨貨，只經得起穿一季就得丟棄再買新衣。在工廠倒塌事件身亡的近一千三百多名工人中，絕大部分都是只能在工廠工作的女人。這起事件是劍指消費解放的警世指謫：說到底，實際製作這些服飾的女人根本無法擁有自我表達的餘裕，時尚圈大力鼓吹這種行為才具女性主義精神實在太過自以為是。

身兼作家、編輯和演員的姐薇・蓋文森（Tavi Gevinson）從十一歲起開始撰寫時尚部落格「時尚菜鳥」（Style Rookie）後，立刻成為一位媒體新寵，屢屢獲邀出席時裝週和受訪，追蹤她的成年人粉絲就和與她同齡的粉絲一樣多。時尚菜鳥〔該部落格後來演變為線上雜誌《菜鳥》（Rookie）〕將高級時尚當成藝術探討的方式非常早熟，但更令人驚豔的是蓋文森對於女性主義的解讀：在十多歲的孩子大多對退休基金及性別政治都沒太大興趣的年紀，她就遠比許多成年人更能清楚指出大眾對於以時尚作為一種解放場域感到鄙夷的態度。我在二〇一三年訪問了蓋文森，她當時正就讀高二，除了要編輯《菜鳥》雜誌的年刊，也剛在妮可・哈羅芬瑟（Nicole Holofcener）的電影《無須多言》（Enough Said）中初次亮相，還說自己對時尚圈的興趣比以前

少了很多（她說「我想穿得自在。」），不過當我們聊到時尚和女性主義長久以來互相對抗的情況時，她一回想起有多少人對她這兩項興趣嗤之以鼻，頓時又燃起了滿腔怒火。「大家好像在說『拜託她別再鬼扯那些關於時尚的狗屁言論，快變聰明一點』，但我只記得自己當時覺得『什麼啊，只有寫時尚的人很愚蠢嗎？』」

雖然蓋文森承認「具有重大瑕疵」的時尚業沉迷於青春和苗條的概念，種族歧視的情況亦沉痾已久，但她也討厭「對時尚本身的興趣會與聰明才智及女性主義潛質互相衝突」這樣的觀點。「在我八年級的時候，《衛報》（Guardian）有一篇叫作〈為何我討厭時尚〉的社論真是蠢斃了，」她回憶道，「整篇文章大概是說『我討厭對我灌輸購物很美好的商店廣告、討厭模特兒骨瘦如柴』這類的話，但我覺得『好吧，但……這就好像是在說你討厭食物，因為這世上有麥當勞』太空泛了吧。」

近年來，社會開始認為由服飾呈現的自我表達或許能和自視甚高又麻木不仁的時尚業本身脫鉤。（這或許能解釋為何香奈兒二〇一四年的「女性主義時裝秀」看起來就是厚著臉皮想追隨潮流。）那麼如今在服裝上最清晰可見的女性主義宣言都是以文字表述，或許也就沒那麼令人意外了。類似「女性主義掃興鬼」（Feminist killjoy）、「輾壓父權體制」（Crush the Patriarchy）這樣的口號，甚至只是個簡單的「女性主義者」（FEMINIST）都成了線上零售商和獨立 T 恤品牌的基本款。我自己從來不是個會穿口號 T 恤的人，但當我看到某篇新聞報導說有一名俄亥俄州的少女發現校方把她拍班級合照時的 T 恤上的「女性主義者」字樣修圖抹去，因此對學校提出嚴厲批評時，我忍不住在心中和

她擊掌。大家透過衣服宣傳的東西多如牛毛（品牌、設計師、母校、運動隊伍、宗教信仰），光是因為「女性主義者」一詞就感到冒犯看起來實在很無腦。〔尤其是如果你夠老，還記得一九九○年代那段時期的話，當時街上可是有大半年輕人都得意洋洋地穿著宛如縮水的超緊身 T 恤，胸前寫著「色情片明星」（Porn Star）和「性感尤物」（Sexxxy）咧。〕

不消說，口號 T 恤一直以來都是每場當代社會運動的門面。但近年來，開啟以服飾作為告示牌濫觴的鼻祖其實是女性主義主流基金會（Feminist Majority）網站上從二○○三年起開始販賣的樸素白 T 恤，上頭文字宣告著「這就是女性主義者的模樣」（This is What a Feminist Looks Like）。當艾希莉・賈德（Ashley Judd）穿著她的 T 恤拍攝《魅力》（*Glamour*）雜誌後，《女士》雜誌內部也眼睛為之一亮；過了不久，賈德就與趙牡丹（Margaret Cho）、琥碧・戈柏（Whoopi Goldberg）和卡穆琳・曼罕（Camryn Manheim）一同登上該雜誌封面，驕傲地為女性主義陣營代言。在二○○五至二○○六年間，這款 T 恤成了女性主義主流基金會最暢銷的商品；網站賣出逾六百五十種不同款式的口號 T 恤，占據大部分銷售額的大宗訂單更是為了在校園裡大量發送或販賣的。這個口號的訴求詮釋起來很簡單：畢竟有太多人認為擁抱女性主義最大的阻礙，就是它歷年來令人不敢恭維的視覺形象。老太婆、臭歹客*、醜女、不除毛、憤怒、愛指責、怒髮衝冠的女人──這類形容詞和形象早已偷偷轉譯成「女性主

---

* 譯註：歹客形容的是較男性化的女同性戀，通常為恐同人士使用的貶稱。

義」所代表的真理，更悲哀的是還開始讓人習以為常了。穿上這件 T 恤的男男女女所擁抱的理念，其實是「鬆動社會對於誰可能驕傲地自稱女性主義者的古老印象」。

不喜歡這件 T 恤的女性主義者則批評那句口號過於懷柔，實際上就是為了在向他人保證女人身為女性主義者的同時，依然在乎能否維持正規的漂亮樣貌和魅力。他們認為這件 T 恤版型十分貼身，好似縮水的兒童服飾，而且還明確地針對年輕女性行銷，等於暗示著與其說這件上衣是要宣告女性主義者的刻板印象毫無意義，不如說就是在向女性主義想要廢除的同一種審美標準投降。其中一位反對者是記者潘蜜拉・保羅（Pamela Paul）〔現為《紐約時報書評雜誌》（*New York Times Book Review*）編輯〕，她向《女性電子報》（*Women's eNews*）表示，她認為這種緊身 T 恤尤其「餵養著『為自身權利起身奮鬥的女人都不怎麼有魅力、不性感、不幽默，也沒市場⋯⋯』這樣的反女性主義論調，我認為用這種方法展現力量有點悲哀。」但年輕女性並不在乎，瞧瞧打電話到《婊子》雜誌辦公室詢問我們是否也有販賣那件 T 恤的人數就知道，她們很多人顯然是打算把簡單的宣言當作小小的抵抗。[1]

「這就是女性主義者的模樣」背後所蘊含的力量，絕大部分要歸因於醞釀出這個口號的政治脈絡。小布希政府打從執政初期開始，就逐步對幾乎所有與生育選擇及管道有關的事物發動全面打壓。從二〇〇一至二〇〇四年間，這些宛如《使女的故事》（*Handmaid's Tale*）情節所述、由小布希「**牧者**」主導或簽署的**任務**如下：大砍計畫生育服務的經費，卻增援補助獨尊禁慾的性教育課程；提出向胎兒提供健保的法案，卻忽視正在孕育他們的

成人；訂定「人類生命神聖主日」（National Sanctity of Human Life Day）（若你猜不出這是在做什麼的話，簡單來說其實就是個完全與活人無關的節日）；削減幹細胞研究的聯邦基金；再來是我個人的最愛──指派一位大衛‧黑格醫師（Dr. David Hager）出任食品暨藥物管理局（FDA）轄下的生殖健康藥物諮詢委員會（Reproductive Health Drugs Advisory Committee），此人可是狂熱家長主義的福音派婦科醫師，曾拒絕向女患者開避孕藥，更不可能協助讓 FDA 批准使用「B 計畫」事後避孕藥。

儘管許多人都看得出來女人及其身體的處境已宛若一片焦土，但這依然是某種不該討論的禁忌議題，尤其九一一恐怖攻擊仍歷歷在目、令人傷形費神。當我請美國計畫生育協會（Planned Parenthood Association of America）前主席暨《選擇之戰》（暫譯）（*The War on Choice*）的作者葛羅麗亞‧費爾特（Gloria Feldt）憶當年時，她似乎仍對強制式愛國主義如何掩飾廣泛拆解生育權之作為略感愕然。「我之所以撰寫《選擇之戰》，是因為當年無法在一般政治領域裡公然點破婦女權益的處境。」她解釋道，嗓音明亮卻充滿著憤怒，「因為輿論會將你澈底擊潰，民眾會認為你不可信賴，甚至**圖謀造反**。但我只是想平心靜氣地將小布希政府及其黨羽所做的每一件事都記錄下來，當你全部彙整起來審視就會發現這絕非隨機打壓，而是一套模式（pattern）。」[2]

「這就是女性主義者的模樣」T 恤在二〇一四年又流行了起來。這一次，它就只是消費市場上千款商品裡的一種選擇，懂門路的人都知道該去哪裡尋找年輕、由暴女（Riot Grrrl）* 啟發的女性主義美學產品：例如在可以買到任何東西的網購平台 Etsy

上，有繡著「問問我的女性主義理念」的十字繡樣本，還有縫著笑臉的絨毛子宮玩偶，以及奧黛·洛德（Audre Lorde）圖像的木製耳環；或是《半身像》（BUST）及《衣著風尚》（暫譯）（Worn）這樣的雜誌也會報導服飾改造教學、尺寸友善的獨立服飾品牌，以及諸如芙蓉仙子（Jem and the Holograms）†這類復古的女孩文化（girl-culture）偶像。《女士》雜誌則是早就登過巴拉克·歐巴馬（Barack Obama）的封面照片了，他像超人一樣扯開自己的襯衫，露出裡面經過修圖的「這就是女性主義者的模樣」T 恤。當然了，小布希政府時代的捍衛者也仍在盡其所能地想讓女性的身體自由開倒車。但和費爾特口中二〇〇〇年初期的情況相比，社群媒體在此時串連起更多人挺身而出，他們似乎都願意強力抨擊那種懼怕又保守的態度，支持女人擁有自主權並且在性事方面保有自信。

然而，二〇一四年版的「這就是女性主義者的模樣」T 恤和以往略有不同。在由英國佛西特協會（Fawcett Society）‡、英國版《ELLE》雜誌及女裝連鎖大眾品牌惠索（Whistles）攜手打造的產品線中，品項不僅包含 T 恤，還有印著口號的毛衣、手拿包及手機殼。這次的口號不再以碩大的粗體字呈現，而是纖細的手寫藝術字體——這種形象建構的轉變不只讓文字沒那麼咄咄逼人，美感上也更吸引人。「這就是能終結所有復古口號 T 恤的

＊ 譯註：地下龐克女性主義運動，於一九九〇年代初期盛行於美國西北部。

† 譯註：一九八五至一九八八年在美國播出的動畫影集。

‡ 譯註：促進婦女權利的慈善機構，組織歷史可回溯至一八六六年，創辦人畢生致力於爭取婦女選舉權。

正宗復古口號 T 恤！」二〇一四年九月號的《ELLE》雜誌如此斷言，「最早穿上它的人有知名女性主義者翠西・艾敏（Tracey Emin）、克斯蒂・沃爾克（Kirsty Wark）和莎米・查克拉巴蒂（Shami Chakrabarti），我們已經和思想前衛的惠索團隊攜手合作，為當代女性主義者重新打造這件經典 T 恤。想要一件嗎？那是當然！」* 愛穿勃肯鞋與大寬褲的邊邊女孩在歷經社會數十年來的無情嘲笑後，女性主義總算時尚起來了。如今它確實是以時髦的女性消費品形式出現，而不是攸關人權的一套倫理道德，但至少大家開始討論了，對吧？

「成為女性主義者，或者穿得像就好」

作家兼人權倡議者安吉拉・戴維斯（Angela Davis）不是第一位頂著爆炸頭的黑人女性。這位激進的共產黨領袖、黑豹黨黨員暨監獄改革煽動者當年因為涉嫌暗殺一名法官而遭到聯邦調查局（FBI）列入首要通緝犯名單，她的名字也在一九七〇年代以逃犯身分變得家喻戶曉。她的髮型和許多運動同志、同僚一樣帶有與生俱來的政治意味——即一種黑人自豪運動（Black Pride）的表現，將天生髮型納入格局更大的「黑色即為美」（black-is-beautiful）美學——但這實難算是她最值得注意的特點。戴維斯在一九九四年的一篇論文中回憶起某次遭遇，「有一名女子把我介紹給她的兄弟，他最初聽到我的名字時還一臉茫然。那名女子

---

* 譯註：翠西・艾敏是英國藝術家，克斯蒂・沃爾克為蘇格蘭電視節目主持人，莎米・查克拉巴蒂則是英國上議院工黨議員。

斥責他說：『你居然不知道安吉拉‧戴維斯是誰？你真該感到羞愧。』突然間，他認出我了。『噢，』他說，『安吉拉‧戴維斯啊，那個爆炸頭。』」[3] 這件事令她震驚無比地寫道，「得知讓我成為公眾人物的那些事件不過才歷經一個世代，我就被世人當成一種髮型銘記，實在是令人深感受辱又卑微。」

十二年後，戴維斯成了其中一位登上《半身像》雜誌接受盛讚的偶像，封面文字宣告如斯：「成為女性主義者，或者穿得像就好。」雜誌內頁的標題寫著〈我們的服裝我們自己〉（Our Outfits, Ourselves）——這是對婦女保健經典《我們的身體我們自己》（*Our Bodies, Ourselves*）的一個小小致意——內文的模特兒全打扮成當代版葛洛莉亞‧史坦能、貝拉‧艾布札格、伊莉莎白‧史坦頓（Elizabeth Cady Stanton）、凱瑟琳‧漢娜（Kathleen Hanna）和卡米爾‧帕格莉雅（Camille Paglia），還安插了幾張真正「時尚的女性主義者」的照片。《半身像》無疑是一本女性主義雜誌，這篇報導亦出於良善立意；熟知該雜誌文風往往放肆且意有所指的讀者，就會知道這篇文案其實不是在提倡不假思索地延攬收編。（「成為女性主義者……」這句封面文字影射的是紐約巴比松（Barbizon）模特兒學院那句俗氣地出名的廣告，保證學員都可以「成為模特兒，或是看起來像就好」。）這也不是《半身像》第一次向極富時尚品味的女性主義者致敬；在之前某一期當中，就有兩頁內文在介紹真實及虛構的「蛇蠍女性主義者」（feminists fatale），包括墨西哥畫家芙烈達‧卡蘿（Frida Kahlo）、劇作家兼小說家娜塔莉‧巴尼（Natalie Barney）、舞者暨演員約瑟芬‧貝克（Josephine Baker），還有你應該猜到了——安吉拉‧戴維斯。

不過我當時還是對這組時尚大片感到莫名地不悅。也許原因不過就這麼簡單：欣賞女性主義者前輩的迷人風格（但說實在的，卡米爾・帕格莉雅也行？），與在報導中列入贊助品及商店詳情可不是同一回事；這形同在將這些女人商品化，彷彿她們的服裝是最值得我們效仿的顯著特點，好像模仿她們的風格就和倡議行動擁有同等價值。在我最近看到線上奢侈品電商 Net-A-Porter 所發行的那厚厚一本、以高級亮光紙印刷的二〇一五年春季號店刊《波特》（PORTER）一篇內頁後，那種懷疑的感覺又更強烈了。「《波特》雜誌響應美國女性主義者葛洛莉亞・史坦能對女性的號召，她的解放理念和經典的一九七〇年代風格，時至今日依然啟迪人心並擁有極大迴響。」在這番引言之後緊接著出現的是十四頁色彩飽和的照片，有一位年輕的假史坦能正在做貌似與政治相關的事情，像是講電話、在講堂裡放鬆休息，還有站在寫著斗大「宣言」（MANIFESTO）二字的傳單前扶著牆壁、張著嘴巴，一旁還有個長髮的男性追隨者仰望著她。所有服飾和配件都可以在 Net-A-Porter 網站上買到：從兩千八百一十五美元的菲拉格慕（Salvatore Ferragamo）皮質披風，到一萬零六百一十美元的湯姆・福特（Tom Ford）套裝，也別忘了一千三百美元的卡地亞飛行墨鏡，絕對讓你成為如假包換的史坦能。

　　這組時尚大片和《半身像》的內頁有些實質差異；這就好像網路上另一篇將戴維斯囊括在內、標題名為〈髮型史上十九個改變世界的時刻〉的圖輯，雖然它仍是在報導全球最知名的爆炸頭人物，但也形同預先認可為何該髮型的主人是如此傳奇。此外，《波特》那組時尚大片的標題是〈往日情懷〉（The Way We Were），但它用前述所提的引言介紹完史坦能後，就再也沒提到

她的其他事蹟了。裡面的文案不是介紹服飾或條列造型名單，就是從老掉牙的時尚聖經直接抄來指教讀者的陳腐鬼扯淡。（「以及膝靴搭配鈕扣裙會帶來新意，還露得恰到好處。」；「單色披肩與短裙的搭配既實穿又柔美。」）

然而，正是「往日情懷」的言外之意在在流露出它的市場女性主義意圖：這份時尚雜誌想重新搶回一種時尚業從來不想沾上邊的東西，因為直到如今它終於夠主流、是社會可以接受的顯學，也復古到足以定義為酷。這組大片把一場旨在將婦女從社會表徵（societal representations）之束縛解放出來的運動，重塑成一段復古時髦的閃亮長髮與俐落褲裝當道的魔幻時刻。無論《半身像》的大片有多令人坐立難安，至少他們承認女性主義是一種持續進行的集體運動，含蓋眾多人物、意見及議題；反觀《波特》，卻將婦女解放的奮戰呈現為單獨一人之功績。後者尤其具有切身意義，因為主流媒體單獨挑出史坦能作為運動代言人的行為讓她當年獨自承受了大量抨擊，她從此也常常坦言對於社會愛把當代女性主義全然拘囿於討喜偶像的傾向感到挫折。（二〇一二年《紐約時報》問道：「未來是否可能出現『另一位葛洛莉亞·史坦能』？」她回答：「我認為當初就不該有第一個。」）

我喜歡看時尚雜誌，也會購買及訂閱時尚雜誌。搭乘大清早的航班時，我看起來就是剛遇上家裡失火就衝去機場，但無論如何也要先埋首《美麗佳人》（Marie Claire）了解新款大衣剪裁的那種人。我要說的是，我對時尚雜誌的內容沒有任何錯誤幻想。我知道它們的創作者身處一個創造憧憬幻想的產業，宗旨絕非推動社會正義，更不期待《波特》這樣的雜誌（就這點而言，

連《半身像》也一樣）會說出：「若你想穿得像葛洛莉亞・史坦能，試試衣櫃裡早就有的牛仔褲配黑色高領毛衣吧。」話雖如此，〈往日情懷〉最惱人的地方在於它所展示的既非聰明才智，也非女性的領導才能，而是當前遠比上述任何特點更強大的東西——符合女性主義的品牌建構。

品牌建構（Branding）——與一間公司及其產品相關的一系列故事、形象和詞彙——這個概念的重要性隨著新自由主義（neoliberalism）抬頭日益漸增，可說是風靡全球的成功圭臬。我們漸漸不再談論及書寫成功人士或其所屬公司的故事，而是他們在品牌建構上的豐功偉業。萬物皆品牌：歐普拉（Oprah）（不用多說了吧）、卡戴珊家族（Kardashians）（不想看都不行）、蘋果（Apple）與微軟（Microsoft）、希拉蕊・柯林頓（Hillary Clinton）與卡莉・費奧莉娜（Carly Fiorina），就連你乃至任何人，都是一九九七年《快公司》（*Fast Company*）雜誌一篇名為〈個人即品牌〉（The Brand Called You）文章裡所指涉的品牌。「如今該認真思考並且更努力地想像將自己發展為一個品牌了。」品牌建構專家湯姆・彼得斯（Tom Peters）在當時如此寫著，於是我們便這麼照做。

學者妮基・麗莎・柯爾（Nicki Lisa Cole）目前正著手撰寫關於蘋果稱霸全球的書，她指出隨著實際製作產品的勞動力越來越常外包，品牌建構的重要性也隨之提升了。「企業原本該立足於他們的產品，」她解釋道，「你生產的產品就代表著聲譽，但當你不用親自生產產品時，就得創造出某種東西來行銷。」品牌形象開始受到珍視。

直到最近，為社會運動建構品牌的想法可能都還顯得極為冷

血。包括民權和同志驕傲在內的政治及社會抗爭固然有其附隨的故事、形象及語彙，但以往皆未被視為產品；因為如此一來便是在暗示某種動機唯利是圖，而非攸關人道與正義。但品牌建構的語言不再源自於企業：建構你的個人品牌、為自己建構品牌以吸引雇主和戀愛對象，還有以社群媒體為「槓桿」（leveraging）擴大你的品牌影響力，如今都是許多人面不改色地持續討論的真實話題。而且綜觀巴拉克‧歐巴馬（Barack Obama）的總統選戰全貌，乃至鞋履品牌 TOMS 的「你買我捐」（one-for-one）活動再到＃黑人的命也是命（#BlackLivesMatter），以社會運動作為品牌化企業開始變得遠不如以往負面。

因此，儘管先前抵制女性主義的反挫（backlashes）浪潮一直都有其評價——即懼怕某種意識形態會對造福既得利益者之現狀帶來威脅——但在過去幾年間，那樣的敘事已經改變。那不算是反挫，而是「品牌建構出了問題」。二〇一三年，英國版《ELLE》雜誌聯手三間廣告公司和三個女性主義組織為女性主義「重塑品牌」（rebrand），欲將它打造成某種比年輕女性以往所認定更酷又切身的議題——正如《ELLE》所說，算是為「許多人認為背負著複雜情況與負面情緒的一個專有名詞」進行大改造。而在美國方面，關注女性在廣告中形象的團體 3% 計畫（3% Project）不久後也聯手「維她命 W 媒體」（Vitamin W Media）及「被誤解的女性」（Miss Representation）團隊贊助一場類似的競賽，尋求重塑品牌的創意視覺，更呼籲「給女性主義一點關愛吧，幫它引起所有人共鳴」。《ELLE》的結盟行動催生出三張搶眼又鮮明的海報：有兩張專門談驗證自己認同女性主義的行為，另一張則敦促女性藉由詢問男同事的薪資來吸引大眾關注

薪資差距的議題。而在3%計畫聯名維她命W媒體競賽得獎的作品，則是一組宣告「女性主義是人權」（Feminism is Human Rights.）的海報。然後……就沒有然後了。各界為重塑女性主義品牌所做的努力宛如蜻蜓點水。這些倡議鼓勵對這次重塑品牌早有知悉的人分享行動催生出來的圖像，但對於為如今堪稱「改頭換面、簡單又清新」的女性主義宣揚好名聲，似乎沒有更遠大的計畫。

先不論這些倡議想把女性主義重塑成一種新的通用語，光是認為靠單一團體或一場倡議行動就能使一種多元的社會暨政治運動不專屬任何人，並獨力為其「重塑品牌」的想法就相當引人擔憂。重塑品牌是一種求之於外的招攬行動，藉由將女性主義淬鍊至一張圖像和幾句話來盡可能地廣泛吸引受眾，和加強女性主義之內涵（重申核心價值、強化古今對女性主義運動有所貢獻的多樣論述）截然不同。

這在女性主義如此多元的時代根本不可能達成 —— 嚴格來說，現在不再可能指涉單獨一種女性主義了。不過，蓄意塑造的品牌就好像某種藉由傳達獨特價值來吸引理想顧客的一種團體。〔就像賓士（Mercedes-Benz）不會想和吉普（Jeep）擁有同樣的客群。〕以《ELLE》的品牌重塑計畫為例，那些海報將女性主義呈現為專屬主流產業之中產階級白人女性的範疇，希冀所有人都加入她們的陣營 —— 但就連大概稱得上是中產階級白人女性的我，都知道這樣的描寫對女性主義的現實來說簡直匱乏地令人悲哀。那樣的女性主義品牌早已充分再現（represented）。這些假稱重塑品牌所造就的一切結果，都只是將早就在主流文化裡存在數十年的議題和形象具體化，只想靠繼續抹除女性主義不性感又

令人不自在的複雜性來讓它變得更誘人。

恐怖谷理論

美學中有一種現象稱為「恐怖谷理論」（the uncanny valley），形容的是由幾乎就像（但又不太像）人類般移動的非人身體及特徵所引起的焦慮感、憎惡甚至是恐懼。想像一下《七夜怪談西洋篇》（*The Ring*）或《鬼影》（*Shutter*）這些恐怖電影裡全身溼透又踉蹌狂奔的長髮女鬼，或是類似《綠巨人浩克》（*The Hulk*）中用電腦動畫製作的超人類吧。它既沒有怪異到被辨識為非人（inhuman），但又不夠像人，依舊會讓你看得心裡發毛。〔或者就像影集《超級製作人》（*30 ROCK*）的其中一角法蘭克・羅斯塔諾曾解釋的：「我們喜歡 R2-D2 和 C-3PO⋯⋯但陷進這裡時（指恐怖谷谷底），那裡盡是 CGI 製作出來的風暴兵和《北極特快車》（*The Polar Express*）裡的湯姆・漢克斯（Tom Hanks）」〕《波特》雜誌的葛洛莉亞・史坦能大片就是女性主義本身的恐怖谷例證；雖然形象依然認得出來，畢竟我們知道是在扮誰，但經過仔細檢視後卻會讓人深深感到不安，這個冒牌的女性主義者不但不是史坦能，雜誌還敦促我們把她視為整段女性主義歷史的代表。

從許多方面看來，市場女性主義都只是把女性主義建構成一種人人都可以也應當消費的身分認同。理論上來說這不是壞事，但實務上而言，這樣往往只會強調多元面向的運動裡最吸引人的特點。市場女性主義把最不聳動卻最複雜費解的議題踢去一旁，並保證等所有人都加入運動後一定會回頭處理。最後只得迎合那

些**可能**加入運動的人（還要等女性主義見效才或許、大概會加入），卻沒有解決許多的未竟沉痾。

女性主義恐怖谷裡充滿著對熟悉的思想、目標和敘事之臨摹，但仔細檢視後就會發現全都攸關個人認同和消費。雪柔・桑德伯格（Sheryl Sandberg）的《挺身而進》一書暢銷全球，因為它從各方面來看都天衣無縫地帶領女人沉浸在看似是女性主義的思維，然而它卻要求那些女人該自己融入不平等的現有企業文化，而不是號召共同努力使其改變。同時，就在二○一五年《格言》（Maxim）雜誌新上任的女編輯不過是讓自稱女性主義者的人〔泰勒絲（Taylor Swift）〕連比基尼都沒有穿就登上雜誌封面後，無數新聞媒體便不加思索地報導該雜誌的品牌已重塑成女性主義雜誌，亦是落入了這樣的恐怖谷當中。在恐怖谷裡，那些阿嬤大內褲全都符合女性主義精神，因為屁股上就這麼寫啊。

女性主義恐怖谷是新自由主義龐大結構下產生的結果；這種框架在過去五十年來，結合了政治、經濟和文化，交織出一個獨尊個人主義（individualism）、民營化（privatization），並且漸不重視群體與同理心的現象。以理論而言，新自由主義尊崇自由貿易、解除企業管制和民營化；實務上來說，在羅納德・雷根（Ronald Reagan）與瑪格麗特・柴契爾（Margaret Thatcher）連袂制訂把政府之經濟大權轉移至私部門的法律後，新自由主義便在一九八○年代明顯站穩了腳步。新自由主義主張由於我們擁有自由市場，因此無需政府監管，理論上來說所有人在市場裡地位皆平等，所以可以區別出價值之有無。同時，它所傳遞的社會訊息則是下層階級（貧窮與經濟權遭剝奪之人）不是受到壓迫，只是不夠積極上進，或者更不寬厚地說就是不願意靠一己之力來出

頭。美國文化重視個人主義的程度大概更勝所有文化。我們在藝術、政治與商業中的敘事都崇拜那些克服重重困難的人，他／她本人只能靠自己突破難關。「獨行俠」、「鎮上的陌生人」、「怪咖」、「勇敢小子」、「最後的女孩」等等封號都代表著——你終究只能靠自己，一切操之在你。

新自由主義在許多方面來說對當代女性主義相當重要，但最值得注意的是兩者都強調消費選擇（consumer choice）和個人力量（individual power），以至於視野可能會變得狹隘。正如涓滴經濟學（trickle-down economics）為雷根經濟學之中樞，「涓滴女性主義」（trickle-down feminism）——由社會學家崔西·麥克米蘭·卡頓（Tressie McMillan Cottom）創造的名詞——亦為主流女性主義的核心思想：兩者皆提倡應得權利（entitlements）及福利（benefits）會從掌握最多那些資源的公民向下滲流，最終造福每一個人。然而，除了早就十分富有的人以外，涓滴經濟學幾乎對所有人來說都是澈底的失敗，涓滴女性主義也沒產生多大幫助。卡頓更寫道：「享有權勢的人會基於權力利益行動，而非性別利益（就此而言也不會是種族）。」[4]

舉例來說，新自由主義與女性主義恐怖谷交會後，便會毫不猶豫地讚頌大權在握的女人，即使她們運用自身權位的方法對多數女人都全無幫助。前國務卿康多莉札·萊斯（Condoleezza Rice）就曾是大權在握的權勢女性，但她卻沒有運用那個權力令其他女人受益。跟著參議院裡每一位男同僚投票反對平等薪資法（Equal Pay Act）的女共和黨員也一樣，還反對兩次。雅虎的瑪莉莎·梅爾（Marissa Mayer）掌舵這間科技巨頭後，甚至隨即終止對家庭影響尤其顯著的居家辦公政策。至於莎拉·裴琳

（Sarah Palin）＊，我看還是少提她為妙吧。在下降到恐怖谷底部的過程中，我們抽象地認定，權勢女性的形象就和不分性別、實際付出努力為廣大世人促成平等的人一樣重要。

對於消費女性主義主流化有一種常見的回應是：「這豈不是美事一樁嗎？」「難道我們不該對讓大眾擁抱這種概念的任何東西蔚為主流感到興奮嗎？」「如果女性主義必須成為一種品牌才能促成改變，我絕對全力支持。」演員麗娜・鄧罕（Lena Dunham）亦在二〇一四年十一月與英國《衛報》的訪談中如此主張。但話又說回來，就如新自由主義女性主義（neoliberal feminism）一樣，想處理遠比從最高階層涓流而下之益處更具深遠意義的議題，某種品牌的宗旨就會與運動之必要演變產生矛盾。促使女性主義成為具包容性的社會運動需要多元的意見、議題、手段與過程，而正是這種棘手又不受控制的反叛實在無法粉飾成一種整齊有序的形象。

強大的女人穿強大的內褲

如此一來，令人有些氣餒的是這下我們又得回頭討論內衣了。在時尚與產品行銷的範疇裡，最適合拿來說明漸漸由隱晦轉為外顯的女性主義品牌建構例證，大概就是稱霸市場的塑身衣 Spanx 了；縱使那一包包以鮮豔卡通圖案包裝的塑身衣勒腸束腹，它卻在一夜之間就成為流行文化的奇蹟。創辦人莎拉・

＊ 譯註：莎拉・裴琳為共和黨籍政治人物，曾擔任阿拉斯加州州長，美國社會對她的評價十分兩極。

布蕾克莉（Sara Blakely）於二〇〇〇年從她喬治亞州的公寓裡起家，開始銷售這種彈性十足的塑身產品〔說「打底內衣」（foundation garment）就太一九五〇年代了〕，但她在短短幾年之內就稱霸了正興盛的束臀衣產業。歐普拉推廣的溜溜球飲食法（yo-yo dieting）一直是她自身品牌中一項引人共鳴的特色，她在自己的《歐普拉的愛用清單》（Favorite Things）專題節目上幫 Spanx 廣傳福音後，也使得該品牌的地位就此鞏固；到了二〇一二年，布蕾克莉已經成為世上少數的女性億萬富翁之一，年收預估達二·五億美元。Spanx 旗下那些「收束小腹」、「修飾大腿」和「強力提臀」的產品，的確比數十年前那些緊縮壓迫的腰腹帶友善許多，我自己也嘗試穿過，可以作證各種地獄體驗，從輕微的擠捏感到下肢大爆汗都有。它們彷彿成為當代文化的 OK 繃，效仿的商品百家爭鳴；雖然模仿它的 Yummie Tummie 悄悄地吞下了一小塊塑身衣市場，但 Spanx 才是當今女性衣著必需品的統稱。

　　儘管布蕾克莉在二〇一二年《衛報》的一篇人物報導裡表示，她是因為發現男人（尤其在好萊塢）也會穿她的產品，才不得不開始生產特大號的塑身衣，但女人依然是該品牌的主要客群。（就我所知，布蕾克莉還沒有提過跨性別女性或變裝皇后是第三市場，但 Spanx 對這兩種群體來說肯定都是必要裝束。）該公司的座右銘是「改變世界就從一副副翹臀開始」，其品牌地位部分也是來自於女性名人公開坦承自己有多需要它們的產品。在某集《超級製作人》（30 Rock）裡，主角麗茲·雷蒙哀嘆著一天要參加三場婚禮，「那我就得穿十二小時的 Spanx 了。」然而，萊蒙這個角色的創作者蒂娜·費（Tina Fey）卻曾向一位紅

毯記者表示「塑身衣讓我美夢成真」，雖然她可能是在反諷，但媒體還是報導了這句引言。英國超級巨星愛黛兒（Adele）也承認，她出席二〇一二年的葛萊美獎時，可是層層疊疊地共穿了四件 Spanx 塑身衣。她當天靠著《21》專輯抱回六項大獎，但隔天的新聞對她穿著多件塑身衣著墨的程度和她的音樂成就堪稱不相上下。

蒂娜‧費、愛黛兒、泰拉‧班克斯（Tyra Banks）以及其他身材遭受嚴格檢視的知名女性都坦率談論塑身衣的舉動，和過去數十年來公然壓抑的氛圍明顯非常不同；束腰以往都是心照不宣的必要裝束，直到參與第二波婦女運動的女性開始拒用並丟棄這些東西才令它們攤在大眾面前。（最近它們又在戀物癖時尚圈中崛起了。）促使現今女性對內衣直言不諱的部分原因，正是 Spanx 所杜撰的女性主義自陳：它們絕非束縛，而是為女性賦權。靠著「內在力量內褲」（In-Power Panties）這樣的產品名稱和「強大的女人穿強大的內褲」品牌標語，Spanx 已經重新定義了整姿內衣過去的弦外之音（即女人的身體與行動自由必須想盡辦法加以限制），轉變為清晰可見的自主權及進步之標竿（你可以藉由對不受控制的身材感到泰然來讓自己過得更好）。二〇一五年，Spanx 在一篇《紐約時報》的報導裡明言，該公司的行銷宣傳就是想打動那些堅持不想被自己的內褲虐待的消費者。那篇報導以一位紐約服裝造型師的抱怨作為開頭（「加壓早就過時十五年了。」），接著指出塑身衣的流行趨勢已經明顯受到運動休閒的風格影響（主要是瑜珈褲），具有修飾和提臀纖維結構的同時，又可以讓穿衣人不用冒著拉斷神經的風險綁鞋帶。

若問 Spanx 的新執行長他們是如何重塑品牌（《紐約時報》

確實問了），那就是要打造一個全新的女性主義世界，可以接納各式各樣的身材，而負面的身材討論則會公開遭到更多駁斥。因此，該公司的新包裝便以類似女人間相互打氣的話語宣揚「女性主義之啟發」，例如「別太認真看待規矩。」如果他們真是為了改變規矩那就太好了，但 Spanx 可是一門生意，它們擁抱女性主義才不是因為在乎女性的平等呢。這一切其實都是為了提振營收，因為競爭者賣的是更不讓人受罪的內衣及健身服飾，使得該公司營收已然落後。如果強調材質「無勒痕」和「觸感柔軟」就可以生財，那 Spanx 就會朝這方向邁進。畢竟類似「重塑你著裝的方式，你才能塑造世界！」這樣「符合女性主義精神」的廣告詞，其實只是用稍微有彈性的布料纖維包裝某種古老的審美標準，彷彿唯一妨礙女人突破粉領貧民窟（pink-ghetto）＊城牆和玻璃天花板（glass ceilings）的東西不是社會期待或制度性不平等，而是讓大腿不夠舒服的內褲。

　　如果 Spanx 早在一九八〇年代就存在的話，當時的行銷概念可能會類似「如同掌握自己命運般的控制力」，再搭配一張女人穿著巨大墊肩套裝面對整間會議室的男人的照片。要是在一九九〇年代，該品牌可能會使出更歐普拉作風的自我實現暗示，例如「和你的夢想同樣強大的塑身衣。」當前關於打破規矩和重塑世界云云的廣告口號，之所以呼應女性主義的地方在於它暗示著女人要為人類做更重要的事，沒耐心理會她們早就加以內化的「規矩」。Spanx 想要兩邊通吃，雖然在口頭上支持離經叛道，但光是它的存在就是在鼓勵購買者要遵從規範，否則可能就會有缺

────────────────

＊ 譯註：許多女人因為生理性別只能從事特定工作，而且通常薪資極低。

陷。（女士們，這內衣或許具有女性主義精神，但你的屁股還是太大喔。）

這是一種行之有年的行銷手段了，藉由訴求自尊來誘騙潛在消費者購買低卡奶昔、車子或科技小配件，根本不值得多加評論。穿上一套 Spanx 當然可能會覺得自己變得更強大，就像穿上集中胸罩、超火辣的性感洋裝或足球隊球衣也會覺得自己氣勢十足，只要是可以展露自己喜愛部位的服飾都有這種效果。但這樣就使得該產品本身符合女性主義精神嗎？或者說得更明確一點，如果答案是肯定的，那麼還有哪種服飾商品不符合女性主義？

所以儘管買那些女性主義內衣吧。沒想到這個市場強勁得令人驚訝，不只有阿嬤大內褲，還有內附吸血墊片的內褲、無需會戳死人的鋼圈就具備拉提及支撐功能的胸罩等等，隨你列舉。因為事實是縱使女性主義服飾是當紅炸子雞，女性主義者的模樣卻不只有一種。然而，將女性主義重新刻劃成某種可以穿上身或消費的東西，而非你做的事，這樣根本毫無建樹 —— 不但對你個人沒幫助，對於這個文化如何看待、評價與認可女人這整個群體也沒意義。別去管屁股上面寫了什麼才是最重要的。

第四章

（女性主義）電視劇的黃金時代

蘇珊娜：「我是女人，聽聽我的怒吼。」
　　　　　── 影集《女孩我最大》（*GIRLS*）
　　　　〔柔夏‧瑪美德（Zosia Mamet）飾〕

　　美國公民自由聯盟（American Civil Liberties Union，簡稱
ACLU）裡的聰明人非常懂得把握機會。二〇一五年春天的某個
週一上午，他們用一則穿越古今、混合戲劇及現實的推特，向
影集《廣告狂人》（*Mad Men*）裡廣受喜愛的角色瓊‧霍洛威‧
哈利斯致意，因為她在前一晚播出的新集數中以堅定意志狠狠
洗臉了新公司的大老。瓊以前待在斯特林庫柏（Sterling Cooper
and Partners）這間小廣告公司的時候可是呼風喚雨，如今卻要
和沙豬同事共處儡人又充滿性別歧視的諾大職場，所以她向公
司大老投訴時，不得不搬出一九七〇年代爭取婦女權利的三大
神聖利器：平等就業機會委員會（Equal Employment Opportunity
Commission，EEOC）、公民自由聯盟（ACLU）和貝蒂‧傅瑞
丹（Betty Friedan）＊。隔天一大清早，公民自由聯盟的推特帳

＊譯註：貝蒂‧傅瑞丹（Betty Friedan）為自由主義女性主義的代表人
　物，其著作《女性迷思》（*The Feminine Mystique*）與《第二性》並列
　啟發第二波女性主義的經典。

號就對咱們的頭號婊子這麼說：「瓊，職場性騷擾天理難容！快聯絡我們吧。」儘管有許多《廣告狂人》的劇迷（很多都是年輕男性）紛紛跳上推特質疑一九七〇年代的職場對女性來說怎可能如此糟糕，但公民自由聯盟的意思顯然是當年的情況不僅就是這麼惡劣，在很多時候，現在也好不到哪裡去。

就在那一集《廣告狂人》播出前不到兩個月，矽谷創投家鮑康如（Ellen Pao）輸掉了一起控告前雇主創投公司凱鵬華盈（Kleiner Perkins Caufield & Byers，KPCB）的重大歧視官司。這起訴訟早已成為「性別歧視在理應唯才是用的矽谷究竟有多嚴重」的激辯引爆點：正如許多女性、跨性別和非白人的科技業人士，鮑康如認為壓倒性比例的白人男性建構的辦公室文化將自己排除在外。她指稱，公司的滑雪旅行、私下聚餐還有其他同事聯誼活動根本不開放辦公室內的少數族群參加，更抨擊公司是因為自己指控一名資深同僚對她性騷擾才遭到開除。儘管有針對推特（Twitter）、谷歌（Google）、蘋果（Apple）等明顯同質性極高之科技公司所做的大規模數據可參考，較不多元的創投企業的操行紀錄亦表明鮑康如的訴訟或許有所本，但男女各半的十二人陪審團仍認為公司沒有歧視鮑康如的理由，她聲稱是因為提出性騷擾指控才遭到開除的說法也無立論基礎可言。（然而，鮑康如下一份工作的情況就確實和科技圈性別失衡的事實有關了：在擔任臭名遠播的網路男人窩「Reddit」之代理執行長時，她關閉了站上某些最惡劣下流的仇恨言論論壇，種族歧視和性別歧視的威脅及辱罵立刻排山倒海而來，她最終亦辭去該職位。）

同樣那一集《廣告狂人》播出前的一年多，《紐約時報》刊

出了一篇為女性所寫的薪資協商指引，內文還特別強調女性談薪水可能遭遇的險境。〈擺脫性別角色談加薪〉的標題其實非常誤導，因為那篇文章通篇都在說職場女性欲爭取更優渥的薪資時，方法應該和男人有所不同；它敦促女性運用為男人所寫的協商戰術祕訣，但要「軟化」態度，因為雇主遇到女性暢談自身功勳時往往會感到「這行為不得體，雖然是無意識的。」文中其他地方還建議自我認同為女性的員工應透過「對話」來談加薪，別用協商的形式，因為要求她們應得的薪水（正如社會對男性之預期）肯定會嚇壞所有人。卡內基美隆大學（Carnegie Mellon University）性別平等計畫創辦人對此表示：「我們等於是要女性在繃緊的鋼索上耍雜技……這樣根本不公平，因為社會對男人可沒有同樣的要求。」事實上，幾乎所有文中引述的專家都承認，歧視情事確實是職場文化（workplace culture）和個別職場（individual workplaces）屢見不鮮的情況。但這篇指引繼續誇誇其談，彷彿除了要求女性屈服於牢固的性別期待，並且將它們具體化以利未來的職場女性之外，女人就沒有其他辦法可以談加薪了。

依然是那一集《廣告狂人》播出不到一年前，有關餐飲業性騷擾事件的調查報告《玻璃地板》（The Glass Floor）問世，這個產業甚至被平等就業機會委員會認證為提出性騷擾申訴的最大宗產業。這份報告的調查結果讓人滿肚子火，但其實也沒那麼令人震驚：儘管所有性別的餐廳員工都會遇上冒昧且與性相關的質問、觸摸、霸凌和施壓，但女性及跨性別員工最不堪其擾，會遭遇來自管理層、同事和顧客的性騷擾；而施行次基本工資制（sub-minimum wage）的州的小費員工，則最可能經常遇上不受

歡迎的性關注（unwanted sexual attention）。[1] 綜觀全篇報告之數據後可以斷言，性騷擾在該產業普遍存在，情況更猖獗到多數員工單純把它視為工作的一部分。

同樣那一集《廣告狂人》播出前不到兩年，最高法院才在萬斯訴波爾州立大學案（Vance vs. Ball State）作出裁定，限縮管理職在性騷擾申訴案裡的定義。由於將「主管」（supervisor）之定義限縮為「對僱用、開除或拔擢員工有直接權力之人物」，萬斯案因此創下判例，明顯影響到原告在職場騷擾案中尋求正義的可能。在這些案例當中，遭到身為其上級的資深員工（換句話說就是主管職的人物）不斷騷擾的零售、餐飲和醫院員工就算後來提出申訴也不會成立，但並不是因為事情沒發生，而是因為「主管」的特定定義（限指對員工具有直接僱用／權力之人）讓雇主得以逃避責任。此外，平等就業機會委員會法務長向新聞網站「進步思考」（ThinkProgress）指出，萬斯案也降低了律師接手恐遭質疑枝微末節之案件的意願──由此可推論出這形同是暗示性騷擾案的受害者，若訴訟條件並非無懈可擊，就別費神討公道了。[2]

是的，推特上的眾多質疑者，當年的職場就是如此糟糕，如今有太多時候也同樣惡劣。但在某個尤其關鍵的層面情況卻改善許多了：現在有一個平行世界，真實生活中每一件令人氣餒的不平等事件在這裡都有不同的結尾，而且咱們很多人都能隨時沉浸於那個世界。在電視劇裡，我們會不斷看見和聽到女人的怒吼。我們可以欣賞聆聽她們的觀點。她們為我們帶來影響的同時，也鼓勵我們向她們看齊。「你不可能擁有自己沒見識過的模樣」（You can't be what you can't see.）這句格言，不再適用於公眾生

活裡數量令人為之振奮的女性，因為幾乎所有我們可能企求的身分，在你的電視或電腦裡都已經有位女士正好是出色的榜樣。瞧瞧她，是個幹練堅毅的政界喬事王，或是脾氣糟糕的外科神醫。她是地區檢察官、助理檢察官，更是審判長。媽呀，她還是美國總統。她是特務、失戀的寡居貴婦，還是一群嗆辣女巫當中的至尊。她是複製人、賽博格和外星人。她是放不開的黑人女孩、一無所知的白人女孩、懷孕的處女、性成癮者。她是跨性別女性、陽剛的 T、還在摸索自己的女人。她在意想不到之處找到真愛，拋棄陷入死胡同的戀情以找尋自我。她陷害仇敵、用藥過量，經營著一整個犯罪集團。她靠武術訓練來抵禦一狗票的殭屍。她精神恍惚到無法自己離開沙發。

天曉得原來大家多年來討論的盡擁一切（having it all）這回事，指的竟然是電視劇？

電視裡的女人

作為一種存續大多得看廣告商臉色的媒介，電視圈其實不是第一個搭上婦女解放列車的產業。電視圈高層很清楚該如何把女人塑造成負責照顧嬰兒、買洗衣粉以及加熱冷凍晚餐這般廣泛且無差別的人類；但面臨到可能有真實女性對客廳電視裡上演的戲劇毫無共鳴時，電視圈高層（通常是一群白人男性）就不知所措了。搞清楚女性主義是女性觀眾有興趣的議題後，這些高層人士便面臨必須不經意流露其核心理念，但又不能嚇跑贊助商的任務。到了一九七一年，電視劇裡已經出現少數幾位單身獨立的職業婦女角色，例如《茱莉亞》（*Julia*, 1968-1971）裡的茱莉亞·

貝克、《瑪莉泰勒摩爾秀》（*The Mary Tyler Moore Show*, 1970-1977）的瑪莉・理察茲與羅達・摩根斯坦，但這類女性最初的形象都很扁平。《瑪莉泰勒摩爾秀》的女性編劇們（這也是第一次有電視台願意聘僱逾一位女性編劇）知道，即使是經過精心塑造且正向善良的瑪莉，也必須循序漸進地流露出女性的各種面向：她們就是無法像撰寫男性角色般坦率地嘗試展現單身女性角色的自由。不斷約會的瑪莉直到第三季才和一名男子初次過夜（而且還沒演出來），後來又在季末才因提到避孕藥而創下該劇的重大里程碑。[3]

一九七二年，《紅皮書》（*Redbook*）雜誌曾進行一次調查，認同「媒體將女人貶低為愚蠢又空洞的娃娃」這項論點並且想看更勁爆內容的女性，正是情境喜劇《一家子》（*All in the Family*, 1971-1979）之外傳劇集——《莫德》（*Maude*, 1972-1978）的最佳觀眾，此劇主角是《一家子》的伊蒂斯・邦克那位尖酸刻薄的表親莫德・芬德莉。她是個三度離婚的女性主義者，頂著一頭合理的灰白髮、會服用抗焦慮症藥物煩寧（Valium），酷愛穿超長背心裙；莫德這角色既是婦女運動的產物，也是對其加以嘲諷的模仿。她老是想當現場最佳自由派人士的無厘頭舉動，雖是出於好意卻讓人不敢恭維，但你可能也會對她抱有好感，這一點尤其重要，畢竟她可是第一個得以合法墮胎的黃金時段影集角色。

一九七〇年代探討女性主義議題的電視劇之所以出現，多少是因為社會環境正快速且即時地演進：離婚、單親家庭、失業、揭發制度性種族歧視與性別歧視、貧窮及男性沙文主義等諸多議題，都是那十年間許多電影、情境喜劇、戲劇和脫口秀的部分題

材。而且，電視圈起碼有一位畢生致力於為當時的社會議題發聲的製片，作品風格不迎合觀眾，亦不會試圖牽強草率地了結每集半小時的劇情——這位製片就是諾曼·李爾（Norman Lear），作品包括《莫德》、《一家子》、《好時光》（*Good Times*, 1974-1979）、《傑佛遜一家》（*The Jeffersons*, 1975-1985）、《踏實新人生》（*One Day at a Time*, 1975-1984）及《瑪莉哈特曼》（*Mary Hartman Mary Hartman*, 1976-1977）。自稱是個「感性自由派」的李爾，其實對於自己帶進電視圈的開創性題材極為實事求是，作品內容更常常令電視台繃緊神經。例如李爾二〇一四年在廣播節目《Fresh Air》的訪談中就曾向主持人泰芮·葛羅斯（Terry Gross）表示，《莫德》劇中關於墮胎的討論「是我在家庭生活中早就聽過上百次的對話，早就存在於我的國家和文化當中，所以我認為電視劇的家庭理當可以開誠布公地討論此事。」〔李爾後來偕同國會議員芭芭拉·喬丹（Barbara Jordan）共同創辦對抗宗教右派（the Religious Right）文化影響力日益漸長的公民倡議組織——「美國方式」（People For the American Way, PFAW）〕

但到了一九八〇年，社會認為婦女解放已成定局，沒有人想再聽關於這項運動的事了——尤其是電視台。女警搭檔片《警花拍檔》（*Cagney & Lacey*, 1981-1988）主角克莉絲汀·卡格尼所面臨的墮胎困境，與莫德的遭遇便形成了強烈對比。該劇的編劇打從一開始，就為了女性角色的各個面向和哥倫比亞廣播公司（CBS）高層起過爭執：電視台的大頭們批評她們太強悍、太老、不夠有「女人味」，也不夠脆弱。沒想到讓卡格尼在意外懷孕後以流產收尾竟然還不夠好；劇本因此重新改寫，好讓懷孕一

事只是虛驚一場，搭檔萊希更為此說教了一番，此舉顯然就是要迴避墮胎的話題。[4]

到了一九八〇年代中期，女性主義簡直在電視劇裡成了天大禁忌。電視圈最常運用的一種權宜之計就是直接避寫成年女性角色，情境喜劇廣受歡迎的次類型因而誕生——劇中的母親不是死了，就是被拋棄了：例如《小淘氣》（*Diff'rent Strokes*, 1978-1986）、《饒了我吧》（暫譯）（*Gimme a Break!*, 1981-1987）、《龐姬布魯斯特》（*Punky Brewster*, 1984-1988）、《富家子》（暫譯）（*Silver Spoons*, 1982-1987）、《兩個老爸》（*My Two Dads*, 1987-1990）、《瘋狂奶爸》（*Full House*, 1987-1995）（另譯：《俏皮老爸天才娃》）、《皆大歡喜》（*Blossom*, 1990-1995）（另譯：《少女心》）、《天才保母》（*The Nanny*, 1993-1999）、《吾家有女米蘭達》（暫譯）（*Raising Miranda*, 1998-）。這些影集為消失的母親建立完死亡或失職的狀態之後，通常就不會再提到那個角色，而是直接介紹總是瘋癲古怪的家長替代人物出場，這個角色不是被那位糊塗老爸臨時找來顧家，不然就是爸爸自己。母親在情境喜劇裡消失的一項可能解釋是隨著離婚漸成常態後——到了一九八三年，全美各州皆通過了無過失離婚法（no-fault divorce laws），僅剩二州例外——這些故事成為一種令人寬慰的解套，可以和「一個家庭若沒了母親就不像家了」的信念相互抗衡；一個爸爸最需要的其實就是一位管家，或一個女朋友，不然至少也可以另外找一、兩個傢伙幫忙。〔參見一九八七年熱門電影《三個奶爸一個娃》（*Three Men and a Baby*）〕

一九八〇年代電視劇全面封殺女性主義者的情況有兩個值

得注意的例外：一是《我愛羅珊》（*Roseanne*, 1988-2018），這部講述藍領家庭生活的情境喜劇以李爾的風格融合幽默和社會議題，單口喜劇演員蘿珊妮·巴爾（Roseanne Barr）不廢話的魯莽言行更是全劇亮點；二是《風雲女郎》（*Murphy Brown*, 1988-2018），主角墨菲是個曾酗酒的控制狂電視新聞記者，可說是情境喜劇曾經最接近女性反英雄（antihero）的角色。這兩部影集皆脫胎於不斷複製的電視喜劇原型，接下來十年亦開啟了情境喜劇的某種濫觴，題材全聚焦於話匣子永遠大開的工人階級婦女〔例如《優雅從容》（*Grace Under Fire*, 1993-1998）及《辣快媽媽瑞芭秀》（*Reba*, 2001-2007）〕，以及優渥度日但糾結於約會、衰老及子女等問題的單身女郎。〔《多情俏媽咪》（*Cybill*, 1995-1998）、《我愛蘇珊寶寶》（*Suddenly Susan*, 1996-2000）及《內衣皇后》（*Veronica's Closet*, 1997-2000）〕

比較特別的影集則是《單身生活》（*Living Single*, 1993-1998），這部和以往四位女主角的情境喜劇〔例如《鑽石女郎》（*Designing Women*, 1986-1993）及《黃金女郎》（*The Golden Girls*, 1985-1992）〕不同之處在於主角換成四位黑人職業婦女，她們一起住在時髦潮人蜂擁而至之前的布魯克林，共同面對及同理彼此的事業困境、審美標準、性生活和性別角色。女性主義的電視形象鮮少如《單身生活》般廣受歡迎，而且也和女性主義的公共形象一樣漸趨單一。不過它確實和更慘淡的電視形象都有一項關鍵特點，那就是對選擇抱持堅定的個人主義態度。這些女人全都心照不宣地過著解放的生活：她們凡事自己作主、靠一己之力賺錢，在各自的人生裡犯錯；她們也絲毫不為自己的獨立自主、性生活和個人觀點感到罪惡或羞愧。這是去中心化、去脈絡

化又遺世獨立的安全牌女性主義。不過最重要的是，這確實賣座。

雄偉的電視巨獸

電視劇如今似乎已經越來越不可能成為一種特別頻繁探究、挑戰與重新展望女性主義的媒介了，不只是因為其發展歷史，還因為這種媒介的經濟情況和過去幾十年來已然不同。

一九九〇年代的美國有一位民主黨的總統、聯邦預算盈餘、科技革命正在興起、社會關注多元文化主義、青年行動主義（youth activism）亦東山再起，而受到迂腐的反挫浪潮掣肘的女性主義也常透過音樂、獨立電影和其他大眾文化重新出現在社會及政治論述當中。反時尚（Anti-fashion）時髦了起來，新一代的企業獵酷族（cool hunters）到處偵查獨立及另類的青年文化，《紐約時報》為了籠絡年輕族群還糊里糊塗地把杜撰的「垃圾搖滾俚語」（grunge slang）彙編表當成一回事刊登。〔例如：真衰，遜咖！（Harsh realm, lamestains!）〕

隨著地下文化蔚為主流，電視台也開始對觀眾進行更精確的目標行銷。數十年來，電視產業的主要財源都來自家庭收視（family viewing），家家戶戶每晚都會聚在電視機前觀賞《華頓家族》（*The Waltons*, 1972-1981）、《利卡多家族》（暫譯）（*Ricardo*）、《天才老爹》（*The Cosby Show*, 1984-1992）的科斯比一家或《天才家庭》（*Family Ties*, 1982-1989）基頓家的日常生活。但從一九八〇年代開始，像 HBO 或 Showtime 這類有線頻道以及尼克電視台（Nickelodeon）等獨立頻道的出現代表

著就算只有最低程度的改變，電視節目也終於有機會脫離歷來維持三大電視網收視強勁的「可接受內容」（least objectionable content）模式。（可接受內容理論認為，觀眾不一定喜愛他們觀賞的所有內容，但會忠實地觀賞最不令其感到冒犯的節目。）此外，利基行銷（niche marketing）——以年齡、種族、性別、家庭收入等因素劃分潛在觀眾——亦取代了大眾行銷（mass marketing）成為培養觀眾的主要策略。

為了吸引最具價值的十八至四十九歲收視族群，娛樂集團紛紛追隨媒體大亨魯柏·梅鐸（Rupert Murdoch）的腳步推出眾多「新電視網」。他的新聞集團（News Corp）在一九八六年推出福斯（Fox）頻道，熱門節目包括《天才老爹》（*The Cosby Show*）及外傳影集《不同的世界》（暫譯）（*A Different World*, 1987-1993），其他還有《飛越比佛利》（*Beverly Hills 90210*, 1990-2000）和《飛越情海》（*Melrose Place*, 1992-1999）。隨著華納兄弟（Warner Bros）推出 WB 電視網（鎖定青少年及前青少年族群），派拉蒙（Paramount）也推出了 UPN 聯合派拉蒙電視網（針對年輕男性和所謂的「都會觀眾」），Lifetime 和 WE 則是鎖定女性觀眾（客群接近的 Oxygen 頻道亦在二〇〇〇年誕生）；只要這些小眾觀眾的口袋夠深，實踐窄播（narrowcasting）之道對廣告商來說就愈發重要。向廣告商行銷女性觀眾時，鎖定女性觀眾的電視網都會小心翼翼地避免提及「女性主義者」一詞，生怕引人聯想到一群討厭美容產品、家用清潔劑和嬰兒用品的觀眾——不過 Lifetime 後來倒是形容該頻道的目標觀眾是「四十歲出頭的女性，可能是一位在職母親……忙碌且肩負多重任務的婦女，對許多不同的事物都很有興趣，諸如

健康、育兒、社會議題、婦女受暴問題以及如何打破這種惡性循環，所以她是個多面向的人。」同時，Oxygen 的節目總監則向廣告商舉例一位觀眾，此人＊「對她自身非常有興趣——會推動自己成長，感覺自己『不是越來越老，而是越來越好』；這就是她對自己的目標、欲達到的成就。」[5]

然而，電視產業最重大的轉變源自於比爾・柯林頓（Bill Clinton）於一九九六年簽署的《電訊傳播法》（Telecommunications Act of 1996）；這份重大法案旨在藉由鬆綁包含廣播、電視及剛問世的網路在內等通訊產業之法規，來提振媒體公司之間的經濟成長及競爭。《電訊傳播法》確實有其益處，例如強制新電視生產時必須具備可由家長控管節目內容的 V 晶片技術，同時保障美國所有學校、圖書館和其他學習機構都有網路可用，不過該法案著重解除電訊管制亦釀成了史上規模最大、毀滅性最強的媒體併購浪潮。舉例來說，提高單一公司可持有之廣播及電視台的數量限制便形同是為清晰頻道通信公司（Clear Channel）及康卡斯特（Comcast）等媒體巨獸壟斷消費者權利鋪路。獨立、在地且由少數族群持有的企業體遭到吞噬，併購它們的大企業進而取得更長久的廣播電台執照；別的惡果暫且不提，光是這一點大眾就更難向它們究責了。

若說有一部電影拍的是《電訊傳播法》所釀成的後果，實際拍出來的內容可能會是翻版《哥吉拉》（Godzilla），由眾多跨

＊ 譯註：作者在此處所指的人是媒體學者暨產業顧問艾曼達・洛茲（Amanda D. Lotz），研究專長包括媒體產業、數位發行、電視未來發展、媒體業務及網路中立。

國企業組成的哥吉拉媒體集團全來美國大暴走,大量收購上千間國人持有的媒體公司並擊潰它們。社會對這些併購案隱含的期待是希望原本獨立的廣播企業依然可以堅守「符合大眾利益之電視內容」的標準——這種措辭就和「符合資訊與教育需求」一樣充滿解釋空間,以兒童節目來說更是如此。[6] 但實際情況是,對如今持有這些公司的國際娛樂集團來說——到了二〇〇〇年代中期,逾七成五的黃金時段電視收視都由五大跨國企業拿下——唯一的考量就是錢。製作更多電視節目會吸引更多廣告商,也會帶來更多利潤;生產更多電視亦會讓它的價格變低,連帶使得工會和原創劇本都越來越少,置入行銷也會更猖狂。於是今日才會充斥著一堆《鑽石求千金》(*The Bachelor*)、《千金求鑽石》(*The Bachelorette*)、《我要活下去》(*Survivors*)、《天鵝選美》(暫譯)(*Swans*)、《超級名模生死鬥》(*Top Models*)、《倉庫淘寶大戰》(*Storage Wars*)、《嬌妻》系列(*Real Housewives*)、《舞蹈明星夢》(*Dance Moms*)、《鴨子王朝》(*Duck Dynasty*)這類的節目,此外還有大約五百萬支節目都是關於翻修房屋、捉鬼、等待大腳怪、經營助曬沙龍等等,世人也太晚才發現乳房植入物實在不該放進屁股蛋。

不消說,電視實境秀(Reality TV)早在《電訊傳播法》問世前就存在了。音樂電視網(MTV)的《真實世界》(*The Real World*)於一九九二年上映,該節目模仿一九七三年指標性電視迷你影集《美國家庭》(*An American Family*)的一場社會實驗——到處都有攝影機、沒有旁白敘事,直接讓大家瞧瞧會發生什麼事。就《真實世界》來說,這個節目實驗的是七個毫無關聯的陌生人將如何協調彼此歧異並向他人學習。每一季都圍繞著一群

能引發觀眾共鳴、討喜且多元的平凡年輕人發展；該節目想打造出寶貴教訓（愛滋病、遊民議題）與必然衝突（種族歧視、挖花生醬的習慣不衛生）次數皆相當的環境，這種企圖不是立意良善就是憤世嫉俗，端看你問的人是誰。但該節目最大的突破絕對是這一刻：在西雅圖版的第七季某集中，同為室友的史蒂芬與艾琳爆發口角，史蒂芬後來更打了艾琳一巴掌。這一記巴掌成為當季剩餘集數的核心焦點，更改變了往後每一季節目的格調。時事和社會議題遭擱置一旁，按摩浴缸和數加侖的酒水紛至沓來；這節目如今更不可能進行機會教育了，反而還會利用糟糕行為來拍出生猛內容。在這樣缺乏脈絡的真空狀態下，實境秀就靠著它的敘事、典型套路和所謂的「旅程」成為電視台的搖錢樹。

與此同時，《電訊傳播法》也讓新聞媒體變了樣。在一九八〇年，當時只有一台二十四小時連播新聞的頻道——有線電視新聞網（CNN）。新聞量不足以全天候報導時，該頻道就會取材自娛樂消息以及新聞影片肯定會爆紅的人情趣味報導（human-interest stories）影片。（快看這隻羊直接從主人手裡吃掉早報！）到了一九九〇年代末期，全國性新聞頻道已經超過五台，地區性新聞台也一大堆，但這些頻道全都沒有足以連播二十四小時的新聞量。接著來到二〇〇〇年代初期，隨著網路漸漸成為即時新聞的主要來源，電視新聞頻道不得不找出別種方式來吸引觀眾。資訊娛樂（infotainment）——健康恐慌、繪聲繪影的政治謠言、名人八卦——搖身一變成為新聞廣播中最大宗的內容；久而久之，擴充硬性新聞（hard news）的無意義內容更似乎澈底把「資訊」排擠掉了。安娜・妮可・史密斯（Anna Nicole Smith）*過世的時候，我最早可是從 CNN 上聽說的呢。

支配現實

媒體評論人珍妮佛・波茲納（Jennifer L. Pozner）已經花費數千小時和極大耐心觀賞有線電視和實境秀，比一般民眾更清楚兩者是如何變得越來越相像。她指出現代人把二十年前絕對不會被視為新聞的故事當成頭條新聞報導，我們對待實境秀的方式也沒什麼兩樣。然而，與女性主義較相關的是實境節目掌控著社會對後女性主義世界的信念，並且在此過程中將開倒車的性別動態重新塑造為自由及賦權的展現。女性主義關於個體性（individuality）、機會（opportunity）、自主權（autonomy）和選擇（choice）的修辭，如今已經被某種動機極為明確的消費媒體延攬收編，為的就是將女人再現為自願接受性化和超女性化（hyperfeminine）的無名小卒，程度遠超過任何反挫浪潮所能預期。

波茲納在二〇一〇年出版的著作《現實反撲：罪惡娛樂節目的惱人真相》（暫譯）（*Reality Bites Back: The Troubling Truth About Guilty Pleasure TV*）中指出，實境節目最惱人的特點就是會驅策女性參與者（通常還有觀賞這類節目的女人與女孩）用不斷趨於狹隘的定義看待美、自我價值及成功，對於可行且令人嚮往的生活認知也很片面，同時還鼓勵她們只把其他女人視為競爭和比較的對象。但所謂「實境」卻宛如一頂金鐘罩，可以拿來駁

＊譯註：安娜・妮可・史密斯是美國知名豔星，曾拍攝《花花公子》雜誌封面，二十六歲時更因為與長她六十三歲的石油大亨結婚引發各界譁然。

斥關於種族／性別歧視以及和情節迂腐的指控：製作人和參與者雙方都會辯稱，如果你讓二十五位女性和一個她們根本不認識的男人共處一室，當天晚上這些女人**當然**會嗚咽啜泣、咆哮大叫、互相拉扯接髮髮片、互罵對方蕩婦，甚至醉醺醺地對著落地燈呢喃「我們是天造地設的一對。」就像神奇胸罩的廣告看板一樣，實境節目是後女性主義仍盛行的部分論述，向女人保證女性主義已經賦予她們成為任何模樣的權力與自由。如果她們剛好就是想符合沒安全感、惡毒刻薄、愚蠢乏味又壞心等諸多刻板印象〔就連華特‧迪士尼（Walt Disney）那顆凍僵的腦袋都會覺得太誇張而拒用〕＊，又有誰有資格說這不是賦權呢？

　　就拿《鑽石求千金》（*The Bachelor*）來說吧，畢竟這是十多年來評分最高的電視節目，我們非談它不可。自從它在二〇〇二年首播後，這部美國廣播公司（ABC）的招牌實境節目就吸引了人數高達數百萬、廣告商最愛的金雞母族群──十八至三十四歲的女性，並且成為一種觀察年輕、異性戀並且多為白人的女性會如何修正抱負、個性和行為以求在約會市場脫穎而出的指標。首播後，媒體評論人蘇珊‧道格拉斯（Susan J. Douglas）對該節目的評價是「（該節目）呈現出高度規範（normative）的女性典型，多數女性（參賽者）都屬於此類……促使她們用後女性主義的陰柔等級檢視自己，在決定還要做多少努力才能取悅男人同時，又不致喪失半分自身認同和尊嚴。在這樣的過程中，不論好壞，年輕女性就會調適出最有望在由男人支配的世界裡出頭的女

＊ 譯註：美國坊間盛傳華特‧迪士尼曾在遺囑中交代後人將他的遺體冰凍起來，以待日後科技發達再讓他復活。

性特質。」[7]長達二十季以來,這節目已經證實了好幾世紀以來關於女人到底要什麼、男人又想尋求什麼的古老信念。(女人:婚姻、金錢、得知自己已經壓倒群雌,贏得一個自己幾乎不認識的男人;男人:一個纖瘦又畢恭畢敬的女人,她的野心只能用於套牢一個丈夫。)

劇情一季接著一季依循公式持續演進,一群噴了仿曬劑、替代性極高還穿著閃亮亮選美洋裝的美女,紛紛對一位性格同樣模糊的方下巴和大二頭肌猛男宣誓一見鍾情,各自扮演著經過刻意安排的角色,例如:瘋婆娘、派對女孩或又醉又蠢的辣妹。但久而久之,隨著續集一路推進到必然發生的求婚劇情〔還衍伸出《千金求鑽石》(The Bachelorette)及《鑽石求千金天堂版》(Bachelor In Paradise)〕,有件怪事開始出現了:大多年輕且又是白人的女性開始認定這節目符合女性主義,甚至還常視它為終極女性主義的罪惡娛樂(guilty pleasure)而忠實地收看。

二〇一四年,有一篇名為〈《鑽石求千金》第十九季參賽者似乎是自豪的女性主義者〉的部落格文章擷取參賽者的自我介紹片段(內文寫道:「愛麗莎說她就像一匹狂野的野馬,因為牠們『可以自由奔跑和探索、既猜不透又美麗。』太棒了,女孩,你就像麥莉·希拉(Miley Cyrus)一樣無法馴服。」),用來論證這支節目堅守性別平等的立場。(完全忽視該季的鑽石單身漢是一名農夫,理所當然地認為無論誰是未來的妻子都會放棄她自己的事業,配合他搬到在愛荷華州的家鄉。)一篇標題是〈身為女性主義者的求鑽千金〉的研究更在文中大讚實境秀允許女性也擁有和男性一樣的濫交機會,但這種評價莫名忽視了刺眼的雙重標準,尤其是《鑽石求千金》的姐妹秀:當鑽石單身漢和二十幾個

陌生人發生性關係，這只是童話故事裡的部分情節；然而當單身千金也這麼做的時候，卻成了驚世駭俗的蕩婦集會。（二〇一五年那季的《千金求鑽石》故事情節是咱們的主角凱特琳「太快」和某一位參賽者共度春宵，結果該季後來的內容便全圍繞著她的罪惡感以及觀眾罵她「蕩婦」的那封惡毒電郵發展。）還有諸如〈堅強聰明的女性主義者女性觀賞《鑽石求千金》的九個理由〉，以及〈可以身為女性主義者又收看《鑽石求千金》的七個理由〉等這類清單體文章，還高明地把該節目固定的套路──在言談間提到「感覺就像灰姑娘」；以及參賽者常淚流滿面，因為她們實在「有太多愛能付出」給這位正和其他二十四個女人約會的傢伙──曲解成是在再現坦率且令人耳目一新的堅強女性。

　　《鑽石求千金》及其衍生節目已經清楚表明他們的參賽者就是渴望找到一位徹頭徹尾的公主，但綜觀《超級名模生死鬥》（*America's Next Top Model*）、《嬌妻》系列（*Real Housewives*），還有《時尚大忌》（暫譯）（*What Not to Wear*）及《改造我吧》（暫譯）（*How Do I Look?*），甚至是連提到它都讓我倍感齷齪的《選美小天后》（*Toddlers & Tiaras*），這些節目所隱含的主題其實都大同小異。上述每一支節目都在灌輸以下思維：外貌是女人最重要的財產，男人則是她最重要的囊中物，而其他女人只是應當擊垮或踢去一旁的障礙。如果她依然不快樂或小姑獨處，乖，那她還得更努力地加強各方面的自己。

　　正如波茲納所言，這對廣告商來說簡直太美妙。「誘騙沒安全感又害怕獨身一人的女人來買化妝品和服飾實在簡單太多（更別提約會網站和健身俱樂部的會員了），畢竟有自信的人認為自己美麗、值得被愛，也安於自己的原貌。」[8] 為了達到這個目的，

電視節目史上最令人髮指的節目主旨拱手獻上了一群前者。曾在二〇〇四年播出兩季的《天鵝選美》（The Swan）幾乎是融合了整形實境節目《改頭換面》（暫譯）（Extreme Makeover）以及噁心至極的選美比賽，該節目為觀眾找來一群「醜小鴨」分享外表如何影響她們的生活，慘況包括遭受霸凌、飲食失調、罹患特定場所恐懼症（agoraphobia），甚至是受困於受虐關係。而解決辦法呢？就是來一場從頭到腳的全身大整形，節目請來整形專科醫師（還有一位裝飾用的心理學家）向她們保證一定會徹底改變她們的人生。但這樣還沒完喔。在她們脫下宛如蟲繭般的層層紗布，深信自己再也不會受到如此嚴厲的批判之後，還得被迫在選美比賽裡和彼此競爭——因為即使你已經實際改造成符合主流媒體狹隘地荒謬的審美標準後，和另一個女人相比可能還是有不足之處。

　　長久以來，觀眾收看實境節目所追求的都不是令人愉快的真實性（authenticity），但不得不提的是，實境秀長期廣受歡迎不只是因為經濟因素，更準確來說還包括它們對於女性的態度極為古怪。正如在廣告圈一樣，「女性主義早已是天經地義」亦被視為理所當然，但這個觀念未曾遭到明確撤清也沒有受到公然擁戴。實境秀參賽者所做出的每一個決定，從參加節目試鏡到詆毀其他女人，甚至是機靈地把性愛當作籌碼，都是可能不會被認為符合女性主義的個別決定，但在以「選擇」（choice）為尊的文化論述中，也無法斥之為明顯**不**符合女性主義。

　　經過實境秀十多年來的涵化（acculturation），社會近年來已經開拓出更大的空間（雖仍未跳脫規範）得以讓這類節目變得諷刺甚至是邪惡。從網路影集登上有線電視的《千金求愛生死

鬥》（*Burning Love*）用惡搞正宗相親節目裡關於性別、種族與個性之刻板印象的方式，嘲諷千篇一律的《鑽石求千金》參賽者以及作為「獎賞」的男主角：「瘋婆娘」真的會殺人，「愛小帥哥的熟女」竟是八、九十歲的阿嬤等等。更有道德疑慮的是 Lifetime 頻道二〇一五年播出的後設戲劇（metadrama）《真實之虛》（*UnREAL*），該節目不僅讓實境秀戀愛的真相曝光，更揭發拍出一部**成功的**系列節目須投注的權力操弄和心理遊戲。觀眾會看見製作團隊指示那位作為獎賞的男主角去討好特定的女人；無法與外界有任何接觸且身邊充斥著酒精的參賽者變得越來越受製作人影響；還會看到節目裡的製作人相互較勁，爭奪以關鍵「人物」（characters）之打造成果作為評比標準的分紅獎金（例如團體中的女王蜂、貧民窟公主、快精神崩潰的人以及性感辣媽），還有因為拍出刺激收視率又無比煽情的精采鏡頭而漫天喊價的嘴臉。這些製作人中最精於操弄人心的莫過於瑞秋·戈柏了，她是個眼神空洞、沒有靈魂還睡在道具車的陰險奇才，她出場時還穿著一件寫著「這就是女性主義者的模樣」的灰色髒 T 恤。好笑的是像瑞秋及其製作人同僚這樣的女人都自認是女性主義者，偏偏她們討生活的方式卻是引導其他女人踏進一個毀人自尊的黑洞，裡頭充滿著公主幻想、恐怖電影還有軟調色情片（softcore porn）的情節。她們不只是這種迂腐現實的使者，還是建築師。

《真實之虛》的製作人是莎拉·戈楚·夏皮洛（Sarah Gertrude Shapiro），她本身就是連續九季《鑽石求千金》的製作人，還形容這段經歷簡直就像「純素食者來到了屠宰場」。[9]《真實之虛》最值得注意的部分確實是它對平等及選擇之龐大假象的

批判，而這正是市場女性主義的特點。瑞秋的人生其實就是這部秀中秀的縮影，過得就如她在削權（disempowering）遊戲裡掌控的人一樣束縛。她甚至還有一位比她更沒血沒淚的導師 —— 節目裡的執行製作昆恩 —— 無比熟練地操弄著她的情緒和行為。第一季的尾聲是昆恩與瑞秋躺在片場豪宅的草地躺椅上，用善意的謊言向彼此保證下一輪的情況絕對會大不相同。這完美證明了實境秀市場所界定的「自由」（freedom）（由此推論，還有女性主義的自主權）其實侷限於某種幻想國度，裡頭的女人只能掌握一小部分主導權。

激化女反英雄

　　到了二〇〇〇年代中期，隨著大電視台漸不側重腳本節目，付費頻道就成了觀賞符合大眾利益之電視節目新模範成形的場域：這類涉及時事且經過嚴謹編寫的影集演繹了複雜、不總是討喜，還往往極不道德的人物。現在回想起來，這段時期堪稱是電視劇「新黃金時代」的開端，而開創這時期的影集編劇、製作人和演員如今都被奉為流行文化的造王者。〔他們的作品包括《黑道家族》（*The Sopranos*）、《火線重案組》（*The Wire*）和《六呎風雲》（*Six Feet Under*）〕但值得一提的例外是有一部 HBO 影集亦在同期問世，卻從此遭貶斥為一齣沒營養的俗豔節目：《慾望城市》（*Sex and the City*）。

　　《慾望城市》於一九九九年首播時偽裝成一部性愛社會學喜劇〔改編自坎迪絲‧布希奈爾（Candace Bushnell）一九九七年出版的非小說類同名原作〕，在當時其實還頗為轟動。儘管

HBO 已經拍過幾部如《真實性愛》（Real Sex）及《脫衣舞天后》（G-String Divas）般荒淫的紀錄片影集，但多數觀眾可不會公開承認自己會看，而《慾望城市》卻是真實出現在茶水間的聊天話題。這部以紐約為背景的影集在好幾個層面皆脫離現實，例如角色缺乏多元性、人人都把細跟高跟鞋當作踩街鞋履，還有只為一份週報寫專欄竟供得起凱莉·布萊蕭過著奢華生活，但就重塑關於女人與性愛的傳統觀念來說，此劇實屬舉足輕重的文化出櫃（cultural coming-out），反映出各式各樣的女人早就在進行的對話。不過久而久之，劇中角色被畫成諷刺漫畫，關於女性主義在性觀念及談判之立場的嚴肅對話也淪為輕浮的玩笑話。正如《紐約客》電視評論員艾蜜莉·努斯鮑姆（Emily Nussbaum）於二〇一三年一篇歡慶《慾望城市》問世十五周年的文章所感嘆的，只要有線電視開始精心製作越來越多優質口碑戲劇（prestige TV），這齣極富開創性的影集馬上就會被降格為「空洞又一成不變的卡通，令女人蒙羞」，以前的觀眾更慶幸不必再把它當成流行文化歷久不衰的標準。

我同意努斯鮑姆的看法，《慾望城市》在流行文化中的評價時有起落，部分原因是「（社會）假定所有非寫實（或俗套、使人愉快、搞笑、陰性、毫不隱諱地暢談性事而非暴力、共同完成）的作品肯定較為次等」。在曼哈頓的故事背景之下，《慾望城市》竟未把種族看作是塑造及影響性觀念的一股力量探討，這一點和該劇對階級往往有十分尖銳的看法對照起來實在越來越站不住腳。此外，依此劇延伸而出的那兩部浮誇爛電影當然也對於擁護其文化遺產毫無幫助。但依打從一開始就有觀賞這部影集的觀眾來看，該劇原本看似代表著女人渴望真正成為性的能動者

（sexual agents）的集體觀點，到後來卻通篇都是視野狹隘的自我膨脹和個人怪癖，劇中隱晦的女性主義也因此變得越來越不可信。

回想該劇第一季所呈現的美感，如今看來幾乎就像獨立電影般簡樸。一貫的主題宛如一份人類學研究，那道經典的詰問：「我不禁納悶……」（I couldn't help but wonder...）探究的是女性主義（還有資本主義、愛滋病和都市仕紳化）如何已經／尚未改變約會和性愛之間的利害關係。例如，女人可以「像男人一樣」享受性愛（不懷抱依戀或期待），但要是她們的伴侶不知道怎麼辦？當隨意性愛成為一種消遣時，忠貞還是實際的期待嗎？想怎麼玩都可以討論的時候，怎樣才算「奇怪」或是一種怪癖？這四個女人代表著四種「女性主義早已是天經地義」（taken into account）的不同反應；正如安吉拉‧麥克羅比（Angela McRobbie）所論述，現今社會認為女性主義是某種過時的東西，已經催生許多脫離政治意涵的各種意義，如今也不再有影響力。

夏綠蒂是四位主角裡最傳統的一位，她代表的是澈底拒絕女性主義社會政治的人物，並且認同儘管社會暢談性別平等云云，女人真正渴望的仍是異性戀婚姻所帶來的穩定關係。米蘭達體現的是令人洩氣的第二波女性主義：專注事業、拒絕接受審美標準，偶爾甚至會削弱伴侶的男子氣概（她在劇中分分合合的愛人史提夫曾在某一集裡對她怒吼：「有時候你好像才是男人！」）；所有人都覺得她代表女性群體發難的怒火很好笑，除了她自己。珊曼莎代表的則是後女性主義，利用自己偶爾令人難以招架的性慾對付男人，因為這是她獲得夢想生活最方便的捷

徑，但發現這招無法總是轉化為實質平等時又會感到困惑。而凱莉代表的正是市場女性主義，她總是在各種不同的意識形態以及看待物質的立場之間裡挑揀合她意的，不適用時又會棄之不顧。

但儘管時間、後見之明和充滿大花胸針的印象都讓這部影集漸漸失色，《慾望城市》依然是女性主義電視節目的轉捩點，因為劇中角色都是如此極端、有缺陷，甚至不討喜。這部影集實現了貝拉・艾布札格（Bella Abzug）於一九七七年形容的真平等指標：「我們今日面臨的困境不是要讓一位女愛因斯坦被任命為助理教授，而是要讓女蠢蛋也可以晉升得像男蠢蛋一樣迅速。」平等不僅僅是在提升女性地位，還允許她們可以像任何人一樣頻繁又慘烈地失敗；這四個女人就是電視圈遲遲不敢創造出來的女蠢蛋，怕的就是這些就和所有類型的人一樣難搞又不討喜的女人會嚇跑觀眾。

若說我們現在身邊到處都是女蠢蛋倒也不怎麼精確，但我們確實已經踏入女反英雄（female antiheroes）的時代了。這不只是因為整體來說有更多頻道、網路影集和串流服務為我們帶來更多電視節目，還可以歸因於把電視節目視為創作者媒介的一種文化再想像，其中的創作者亦比以往更加多元；同時，這些創作者也了解，觀眾不想在每集節目尾聲都看到劇情交代得乾淨俐落又完美了。

列舉數據

二十年前，在旁觀者所謂的「文化戰爭」（culture war）裡，主戰場就是這個國家的客廳。共和黨的帕特・布坎南（Pat

Buchanan）於一九九二年全國代表大會爭取總統提名時，他口中所謂籠罩著厄運、無神眷顧的美國不只充斥墮胎者、同性戀、從軍婦女和其他右派老愛拿來說嘴的妖魔鬼怪，流行文化更是尤其恐怖。前副總統丹・奎爾（Dan Quayle）也曾援引電視劇角色墨菲・布朗發表一席如今知名的演說，他將「家庭價值（family values）」定義為美國基石，暗示墨菲一角使得社會開始接受單親家長，進而導致全國性的貧窮危機，更是「藉由獨自育幼來嘲諷父親的重要性，宣稱這只是另一種生活型態的選擇。」[10] 諸如美國家庭協會（American Family Association）和基督教領袖電視內容監督組織（暫譯）（Christian Leaders for Responsible Television）這類團體透過要求高樂氏（Clorox）和漢堡王（Burger King）等贊助商來對《我愛羅珊》（*Roseanne*）、《週六夜現場》（*Saturday Night Live*）以及《艾倫秀》（*Ellen*）等電視節目發動聖戰，直到他們從這些惹是生非的節目撤資才收手。

　　我偶爾喜歡想像布坎南在二〇一五年的某個晚上打開電視，一看到同性戀、跨性別家長、從軍婦女、單親媽媽，甚至是偶爾發生的墮胎情節就立刻起火自燃的畫面，更別忘了還有毒販、揮霍無度的政府貪官、敗德的宗教領袖、威猛的間諜和無情的犯罪首腦。噢，那些都還只是女人呢。布坎南和他的文化聖戰士們一直試圖影響我國電視內容中的道德品行，但新世代的編劇、影集製作人和導演人才輩出，再加上電視產業的經濟演變，已經大幅壓制了他們的憤怒聲量。電視圈已然獲勝，許多影集裡的虛構故事也已經在政治智力、性別平等、社會及法律正義等諸多議題上超越真實生活。在《法網遊龍》（*Law and Order*）和《CSI犯罪現場》（*CSI*）這類警察辦案的影集中，醫生、律師、證券經紀

人或神職人員，就和精神病患者、藥物成癮者或龐克少年一樣可能是殺人兇手、強暴犯、綁匪或犯罪首腦。事實上，藥物成癮者、精神病患者和龐克少年在自己的節目裡可能還會是討喜的主角。過去十年以來，已經有四位電視劇總統都是女人。以文化戰爭的語彙來說，敗德陣營獲勝了──而且她們還創下絕佳收視率呢。

同時，女性創作者──包括瑪拉·布洛克·阿基爾（Mara Brock Akil）、珍姬·可汗（Jenji Kohan）、伊莉莎白·梅莉薇瑟（Elizabeth Meriwether）、香達·萊姆絲（Shonda Rhimes）和吉兒·索洛威（Jill Soloway）等等──數量漸增的情況更開啟了《赫芬頓郵報》電視評論人席芭·布雷（Zeba Blay）所謂的「女性主義電視劇的黃金時代」（The Golden Age of Feminist TV），許多部落格、雜誌和社群媒體上的女性主義報導都對此極為推崇和盛讚。用批判視角看待女性主義、反種族歧視和LGBTQ影像再現的評論也幾乎成為主流電視評論的老生常談，從《娛樂週刊》、《滾石》到《華爾街日報》比比皆是。然而，儘管當前的電視內容是流行文化對真實人生最寫實的反映（有接近四成二的角色是女人，包括跨性別女性），但只要一探幕後江湖，就會發現電視圈既不是具有女性主義意識的產業，女性從業人士也沒特別多。

美國導演工會（Directors Guild of America）針對二〇一四至二〇一五年電視播映季所做的多元性報告顯示，儘管該年度有16％的總播映集數由女性執導，但高達84％的新手導演卻都是男性，暗示著正如電影界，男人更容易從業界高層身上贏得不相稱的信心支持。電影電視研究中心（The Center for the Study of Film and Television）針對同一季度所統計的數據亦指出，由女性製作的節目占總數的 20％，女性在所有執行製作人中的人數比例則為 23％；同時，女性導演的人口比例為 13％、編劇為 17％，但攝影指導的女性比例僅有 2％。

　　換句話說，女性主義電視劇的黃金時代令人看得為之振奮，聽見創作者討論這件事也讓人欣喜，但就如電視劇本身，表面情況總是比較美好。對觀眾來說，尤其是年輕人，發現自己喜愛節目的創作者看起來就像他們的家長、老師和朋友們非常重要，可以啟發他們想像在電視圈中建構自己的故事和世界。但缺點是過於強調美好的景況，可能會導致我們粉飾許多棘手障礙依然存在的窘境。「好萊塢女性」（Women in Hollywood）創辦人梅莉莎・席維斯坦（Melissa Silverstein）強調：「女性創作者的人數依然不夠多，女編劇還是不夠多。」她還補充說道，光是討論這些數據的對話就足以證明牽動著這個產業的核心態度依然根深蒂固。「沒有人會跟製作人說：『聽著，這部影集已經找來夠多男編劇了。』但我就曾聽過製作人老是跟我抱怨有人會說『你現在啟用的女編劇已經夠多了』。」男人在一間會議室裡聽到不只一位女性的意見就進而幻想出有十幾個女人在場的這種恐懼，是一種普遍存在的認知謬誤，但這在電影及電視製作圈中尤其嚴重，甚至有人為此進行研究。

　　在一九九一年演出知名電影《末路狂花》（*Thelma & Louise*）的吉娜・黛維絲（Geena Davis）建立了聲名顯赫的演藝生涯，這本應能為好萊塢女性改變一切，但想當然耳，改變並未發生，於是她在二〇〇四年創辦黛維絲媒體研究機構（Geena Davis Institute on Gender in Media），研究及量化性別失衡的情·

況並且設法加以導正。她發現和她談過的男性製片和片場高層，在聽到女性在自己的電影中出現的次數究竟有多少時，往往都會非常震驚。很誇張吧！他們看過該機構針對闔家觀賞的電影所做的數據後只能搔搔頭，原來女人和女孩在任一群體中所占的比例只有17％。黛維絲在某集全國公共電台（NPR）的廣播節目「框架」（The Frame）中指出，如果有17％是女人，該團體中的男人也會覺得比例各半。如果比例高於那個數據，那麼男人可能就會說這團體是成熟的母系社會了；黛維絲更發現，在一個女性占比為33％的團體裡，男人就會覺得自己寡不敵眾。[11]

話雖如此，金錢在電視攝影棚裡的分量好像比在電影製片廠稍重一些，或許是因為總額通常沒那麼龐大，這多少也可以解釋為何電視劇似乎比電影超前了好幾光年，撇開幕後情況不談，至少幕前來說是如此。我在二〇一五年七月訪問布雷的時候，她才剛參加完所謂的「預售大會」（upfronts），也就是各大電視台為廣告商和產業媒體預告下一季節目內容的活動。她在報導中寫道，在美國廣播公司（ABC）的部分，「我們突然發現這些節目全由黑人和女性擔綱主角，大家都非常興奮。我也認為這個圈子終究要拍這樣的節目。」但她也指出，這可能稱不上是真正衡量制度變革的標準，更像是能否大賺一筆的潛力評估。「（多元性）並不是電視台高層基於……她換了一副無憂無慮的嗓音接著說道，『噢，多元性真是太重要了，我們得讓更多強大的女性現身螢幕。』才做的決定。事實上他們這麼做是因為發現在我們身處的時代，觀眾越來越關心這些議題了。他們才不是基於道德倫理義務而這麼做，不過是為了賺錢罷了，這就是其中的陰險之處。」

社群（電視）網路

　　電視節目是市場女性主義首要的載體，因為它的特色和價值都非常主觀：去問五十個人何謂女性主義電視劇，你極可能會得到五十種不同的答案。對布雷來說，《勁爆女子監獄》（*Orange is the New Black*）是新的標準，該節目正是「如何正確拍出影集女角的藍圖」。[12] 對某些觀眾來說，所謂的女性主義電視節目或影集，無論主題是什麼，幕後製作人員都要能呈現出多元的種族、生理性別（sex）及社會性別（gender）；對其他人來說，則是一個前所未有的故事，從無到有打造出一整個世界。在這個新黃金時代，部分看似令人振奮的情況就是，曾經受到最不令人反感的節目內容徹底擺布的劇迷，如今感覺他們的意見對形塑電視劇的發展軌跡來說可能非常重要，尤其是在整個播映期間遭到抹除、排擠和邊緣化的範疇。

　　縱觀電視史，觀眾發起倡議行動的各種故事堪稱是精采絕倫。一九六七年，有一群勇於發聲的影迷透過由碧悠及約翰‧特林柏夫妻檔（Bjo and John Trimble）所發起的投書行動，挽救了僅播出兩季就差點腰斬的《星艦迷航記》（*Star Trek*）。（碧悠回想自己當年突然在媒體上惡名遠播時說道：「當時的新聞全都在談婦女解放運動，而我這位『小小的家庭主婦也發聲了』。」）在一九八〇年代到一九九〇年代初期，倡議團體「優質劇集觀眾組織」（暫譯）（Viewers for Quality Television）成功說服電視台保住《鑽石女郎》（*Designing Women*）和《警花拍檔》（*Cagney and Lacey*）這兩檔並非超強商業大片，卻能吸引到中產階級、受過大學教育這類寶貴廣告收視族群的影集。經

典科幻影集《寧靜號》（Firefly，另譯《螢火蟲》）於二〇〇三年遭到取消令劇迷心痛不已（隨後便發行了該影集的 DVD），導演喬斯‧溫登（Joss Whedon）因此有機會拍一部獨立電影為劇情做個了結。網路更開拓出一條往往能同時促進觀眾與創作者一同參與討論的嶄新道路。

在第一個亦是最優質的電視劇迷網站「無情電視評論網」（Television Without Pity）上，觀眾可以看到心愛節目風趣的分析摘要（在數位錄影機與即時串流技術問世前幾年，這常是觀眾必讀的內容），並且在編劇及製作人可能潛伏其中的劇迷論壇上盡情討論。隨著影迷網站不斷增加，社群媒體也讓人可以更快速回應後，觀眾與創作者的關係無可避免地開始轉變。每個人——還真的是每一位觀眾——都成了評論家。但在社會要求受薪的專業評論人須對他們評論的節目保持客觀立場的同時，劇迷評論人可就不用承擔這樣的責任了，還開始高聲抨擊他們討厭的情節點、不完整的角色和他們壓根兒不信服的動機。席芭‧布雷指出，對觀眾來說，儘管流行文化會為我們帶來娛樂，但如今大家在消費它的時候必定會將其拆解分析；觀賞《勁爆女子監獄》的同時，觀眾不只是把它當作一部優質風趣的節目，我們會想「這個場景對強暴的詮釋是什麼？」以及「這個場景又是如何說明白人女性及黑人女性間的關係？」這不禁讓我好奇——不只是囫圇吞棗地觀賞，不斷對影集進行分析對我們來說又有何意義？還是我們只是因為這就是目前體驗娛樂的方式才這麼做？社群媒體上永不停歇的紛擾也令創作者難以無視批評，無論是女性主義或是其他視角，這種情況實在令人振奮又坐立難安。

女性主義評論人反擊屢見不鮮卻備受歡迎的主題與套路時

尤其直言不諱。舉例來說，二〇一五年春季，涉獵廣泛的怪咖文化（geek-culture）網站「瑪莉蘇」（The Mary Sue）改為女性讀者發聲，宣布將不會再為 HBO 影集《權力遊戲》（*Game of Thrones*）宣傳。他們的理由合情合理：長達五季以來，這部依喬治・馬丁（George R.R. Martin）之暢銷小說《冰與火之歌》（*A Song of Ice and Fire*）改編而來的奇幻史詩影集都毫不收斂地呈現惡人犯下驚駭行為的情節，但特別令人不適的地方是該劇仰賴強暴女性角色作為故事的驅動力。〔正如文化評論人暨作家馬里絲・克萊斯曼（Maris Kriezman）在一份研究中所說：「《權力遊戲》根本是給認為莉亞公主應該遭到強暴的《星際大戰》（*Star Wars*）影迷看的。」[13]〕瑪莉蘇之所以認輸轉向，才不是因為網站作者希望《權力遊戲》的製片看到自己的錯誤並加以修正，反而是在清楚傳達市場交易的條件：我們從這部影集收回的投資回報正逐漸下滑。於是，正如瑪莉蘇網站編輯吉兒・潘托齊（Jill Pantozzi）所寫，「瑪莉蘇網站將不會再刊登劇情摘要、劇照圖輯、預告或其他關於《權力遊戲》之宣傳內容。」布雷回想起卡司族裔十分多元、重新演繹斷頭騎士起死回生故事的福斯（FOX）影集《斷頭谷》（*Sleepy Hollow*）也發生過類似的事件。該劇的黑人女主角艾比・米爾斯備受觀眾喜愛，因此在第一季結束後，她的角色被擱置一旁好讓白人角色有更多戲分時，廣大影迷們紛紛起身反抗。觀眾發起拒看、收視率暴跌，還用主題標籤活動＃艾比米爾斯值得更好的待遇（#abbiemillsdeservesbetter）感嘆此劇是在掛羊頭賣狗肉，這些心聲創作者全都聽得一清二楚。

　　就買方市場來說，當群眾怒火在社群媒體上持續延燒時，製

作電視劇的人不可能完全忽視觀眾的牢騷、抱怨或合乎邏輯的論點。同時，觀眾在流行文化之誠信及真實性方面的利益也不該凌駕創作自由。然而，當觀眾提出諸如「要出現多少次無意義強暴戲碼才叫太多？」這樣的問題時〔希望長達五季單元劇集以來每季都有激烈強暴男女情節的《美國恐怖故事》（*American Horror Story*）創作者萊恩‧墨菲（Ryan Murphy）可以來回答這一題〕，並非在下達最後通牒，而是一種指出在仍帶有性別色彩的媒體中，想像力依然明顯匱乏的方法。

有些創作者就曾直接在他們的節目裡透過情節點（plot points）回應批評者，觀眾反應則是褒貶不一。二〇一一年，劇中劇《超級製作人》的某一集情節遠比以往更切合影集本身，呼應的正是「在男性主宰的喜劇圈裡，有關女人與性魅力的討論」，這個議題在當時可說是橫掃整個女性主義部落格圈。在那一集裡，劇中的虛構節目《少女秀》新招募一位擁有「性感娃娃音」的站立喜劇演員艾碧，但蒂娜‧費（Tina Fey）飾演的製片麗茲‧雷蒙卻認為這個特色是對父權體制一種適得其反的討好。麗茲認為艾碧不穿胸罩、滿口穢語的行徑還有愚蠢的表演風格會破壞她期待以《少女秀》發起的女性主義革命，於是她挖出舊影片並寄給惡搞網站「尖酸的蕩女貞德網」（JoanofSnark.com）試圖證明艾碧就算是不性感又沒娃娃音的喜劇演員也一樣好笑。（台詞：「我們女生都在這個超酷的女性主義網站討論女人奮鬥的歷程，還有哪位名人的海灘身材最糟糕。」）但沒想到艾碧偽裝成淫穢傻妞，全是為了避開一位施暴前男友的關注，而努力成為自己認定的「好女性主義者」的莉茲，卻做了一點也不好的事。

這集內容是為了正視當代論述關於選擇（choice）、能動性

（agency）和批判（judgments）的無限循環，最終以不解決任何事情來自行了結。正如該節目播出不久後，蒂娜・費在「Fresh Air」節目訪談上所說的，「女人呈現自我的方式實在是個千絲萬縷的議題。不論她們有沒有選擇在《格言》雜誌的封面照上把拇指伸進內褲，還是為此來來回回地互相批判，這個議題都非常複雜，我們除了說『對啊，這是個複雜議題，我們都在邊走邊探索』以外，也沒別的話好說了。」

其他對於敏迪・卡靈（Mindy Kaling）的《怪咖婦產科》（*The Mindy Project*）及麗娜・鄧罕（Lena Dunham）的《女孩我最大》（*GIRLS*）這類由女性創作之流行文化內容的批判，亦曾與透過女性主義視角審視流行文化伴隨而來的高度期望搏鬥。這兩支影集的評價——《女孩我最大》是四個女生意外結為朋友這種古老敘事的最新作品，《怪咖婦產科》則是經典的職場如家庭（workplace-as-family）情境喜劇——對節目本身的目標來說一直都很不公允；兩人各自的節目首映後，鄧罕及卡靈馬上就被推到女性主義媒體熱辣辣的聚光燈底下審問，要求她們回應影集的種族多元性、對於性事與戀愛的態度和再現，還有如何描繪女性友誼等類問題。大眾不但沒把她倆視為身處男女地位尚未平等的產業的青年創作者，反而強迫她們用鮮少拿來要求男性創作者的方法捍衛自己的洞察。例如鄧罕很快就遭到各界批評淹沒，因為她的影集故事背景雖是現代布魯克林，但主角或第二角色當中竟沒有任何有色人種。這種批評對以寫實當作賣點的影集來說當然重要，但亦令人納悶為何要藉此責備一位年輕的女性創作者，反觀《追愛總動員》（*How I Met Your Mother*）、《凡人煩人》（*Bored to Death*）、《無間警探》（*True Detective*）以及其他許

多白人比例相當之影集的男性創作者們，卻從未公開遭遇此等炮火。

　　繼一九七四年的《臥底女特工》（暫譯）（*Get Christie Love!*）以來，第一部由黑人女性擔綱主角的電視劇《醜聞風暴》（*Scandal*）首播時，亦曾面臨各式各樣令人難以招架的類似期待，該劇還因其女性主義解讀從此時而受人崇拜、時而飽受批評，成為電視版的碧昂絲（Beyoncé）。主角奧莉維亞‧波普和共和黨籍的白人美國總統發展出情緒虐待的戀愛關係，總統甚至醋勁十足地對她進行祕密監視，這樣她可以算是女性主義者嗎？波普亦如《真實之虛》（*UnREAL*）裡的瑞秋，事業成功仰賴的全是她說謊、欺騙與操弄他人心理的功夫，這樣還算真正的進步派嗎？《醜聞風暴》可以看作是該劇製片香達‧萊姆絲（Shonda Rhimes）對優質口碑戲劇（prestige dramas）中廣受喜愛的男性反英雄的一種駁斥，明確點出了社會對於描寫白人男性（與女性）缺陷所賦予的自由度和以黑人女性為主角的戲劇截然不同。既然奧莉維亞‧波普已經名列電視劇中少數的黑人女主角〔其他角色包括《謀殺入門課》（*How to Get Away with Murder*）的安娜麗絲‧基廷、《瑪莉珍的單身生活》（*Being Mary Jane*）的瑪莉‧珍‧保羅，還有《嘻哈世家》（*Empire*，另譯《嘻哈帝國》）裡強大的庫琪‧里昂〕，她所承擔的壓力多少減輕了一些，但所有女反英雄（anti-heroines）並未獲得同等待遇的情況依然存在。

　　市場女性主義的崛起經常讓探討電視劇（或者電影、時尚、名流）成為令人沮喪的二元對立。我在社交活動上最常遇到的經驗是，有人會偷偷來跟我承認他們尤其愛看哪一部電視節目，而

且因為知道自己「不該」喜歡又感到多麼罪惡。在女性主義早已天經地義的時代，大家都有的認知是若無法合理化一個人的選擇──即使是渺小如一部看來放鬆的節目──那最好不要多提。就像最符合女性主義的電影和內褲，這形同暗示女性主義是一種亙久不變的實體，宛如一枚核可戳記或乖寶寶印章，而不是作為龐大體制根基的一套生活倫理（living ethic）。這暗示著女性主義是一種判斷可否消費的絕對標準，而不是創作者和觀眾欣賞故事、角色與對話的一種視角。依據一成不變的價值來加以拒絕或接納並非運動目標，而是我們應該如同總是重視白人男孩奇蹟的產業現況般，同樣珍視一群數量漸增且更加多元的創作者、編劇、導演、編輯及攝影指導所帶來的洞見和觀點。

說到電視劇，我不相信有罪惡娛樂這種東西，但我可以理解那種想自爆都在看哪些丟臉愛劇的衝動。對愛追劇的女性主義者來說，這風險實在太高了，因為電視劇是在相當短的時間內就能看出流行文化明顯產生轉變的場域。這有點類似雞生蛋、蛋生雞的局面：電視劇是因為觀眾比以往投入其中才看似變得越來越進步，還是我們是因為看到出現新面孔和更引人入勝又海納百川的多元敘事才開始更加著迷？無論如何，那種轉變都讓人更有理由繼續追劇：畢竟我們已經知道光是一點點女性導向的節目內容，看起來都有小小電視機裡爬滿女人的超強威力效果。「女性主義電視劇的黃金時代」這個描述詞暗示著它將來可能會成為寶貴回憶，但如果女性主義可以改變影視產業本身，我們或許也會樂見這個封號消失。

第五章

我們的碧昂絲，我們自己：
名人女性主義

> 只要你去傑斯和碧昂絲的演唱會時，不會說「覺得碧昂絲應該比傑斯少賺 23％」，還有「我覺得碧昂絲無權投票，而且碧昂絲為什麼在台上又唱又跳？」那你就是一位女性主義者。
>
> —— 阿茲・安薩里（Aziz Ansari）

　　我在過去八年當中，花了很多時間走訪國內不同的學院及大學校園，看到一種我如今認為是「昂絲定律」（Yoncé's Law）的現象浮現。簡單來說是這樣的：找來一群年齡介於十八到五十歲之間、多為白人的女性組成專題討論會、研討會或討論社團，主題大致是關於年輕女性、女性主義和美國文化，無論最初的主題是什麼，大約在一小時內，你就會發現自己陷入了有關碧昂絲的激烈討論。這當中實在有太多問題可以分析了，你會反覆聽到這些提問：「她對女性主義有助益嗎？」「她會為女性主義帶來負面影響嗎？」「你覺得她是女性主義者嗎？」「但如果她是女性主義者，為何要把二〇一三年的世界巡迴表演取名為《卡特夫人秀》（The Mrs. Carter Show）？」「如果她確實是女性主義

者，那一大堆暴露地誇張的舞台裝是怎麼回事？」「怎麼看待她頂著一頭金黃髮辮、接納看似是白人審美標準的行為？」「〈醉愛〉（Drunk in Love）裡的那句歌詞『把蛋糕吃了，安娜梅』影射艾克・透納（Ike Turner）對太太緹娜家暴又是想表達什麼？」「傑斯寫的仇女歌詞呢？她真的是女性主義者嗎？」「如果她不是，那我可以喜歡她嗎？」諸如此類的問題。

這些問題本身和長達十多年來有關碧昂絲的頭條新聞相互呼應，精雕細琢地分析她的歌詞、婚姻、服裝、髮型，還揭露女性主義者之間（同樣的，大多為白人）對於一位全球知名的黑人女性成為當代解放偶像最深層的焦慮。二〇一三年《衛報》頭條斥責道：〈致碧昂絲：穿內衣拍照幫不了女性主義〉，其他報紙也警告：〈別說碧昂絲的性賦權是女性主義〉。歌手安妮・藍妮克絲（Annie Lennox）還在二〇一四年全國公共電台（NPR）的訪談上主動出擊，直接點名碧昂絲開嗆：「扭臀舞才不是女性主義。」就連親自撰寫《人人都受用的女性主義》（暫譯）（*Feminism is for Everybody*）的貝爾・胡克斯（bell hooks），最近也曾重新思索「人人」是否真的是指「**每、一、個、人**」。在二〇一四年一場關於媒體如何再現黑人女體的專題討論會上，胡克斯對卡特夫人可是厲聲譴責，說道：「在我看來碧昂絲內心有一部分根本就是反女性主義者的——這樣的人是恐怖分子——尤其是在對青少女的影響這方面。」接著她更提到這位超級巨星同意穿著內衣登上雜誌封面的行為，「是參與共謀把她自己打造成奴隸。」譴責碧昂絲的誠信在當時雖然肯定會成為媒體的談論話題，但從一位相信女性主義有普及全民之潛力的人說出口聽起來尤其刺耳。

自承是女性主義者並自封「碧昂絲女性主義認可之非官方特遣部隊」的人數，當然很容易就會被「長期觀察這位歌手從歌詞、訪談及表面形象透露的女性主義、就等她自己出面證實」的人數抵銷：後者可是包括了在碧昂絲唱著〈獨立女英雄第一部〉（Independent Women Part 1）時就一起高舉雙手跟著唱的天命真女（Destiny's Child）歌迷、在自己的 Tumblrs 上指出碧昂絲二〇一四年投書《席萊佛報告》（*The Shriver Report*）之重要段落的人，還有援引她二〇一三年發行的整張獨唱專輯作為在性方面有自信的成熟女人心聲的人。〔還有第三群人，那就是即使碧昂絲出櫃坦承自己是個「賈格洛」（Juggalo）* 也依然崇拜她的人，這件事還是可能發生的。〕

對於碧昂絲女性主義的迷戀、主張她也是姊妹或判定她才不夠格的衝動，說明了聚焦於個人及其選擇，很快就會模糊掉性別歧視、種族歧視和資本主義體制在定義及限縮那些選擇上所扮演的角色。畢竟為了碧昂絲穿什麼衣服進行超級盃（Super Bowl）表演或登上《GQ》雜誌封面而煩心的專欄作家們，可沒有一併責怪那些制度本身的美學傳統一般而言都只將女性當作養眼尤物來看待。因為碧昂絲冠夫姓而噘嘴表達不認同的人，可能也沒想過更龐大的脈絡是社會長久以來都認為黑人家庭——尤其是黑人單親媽媽——該為根源於結構性種族歧視（systemic racism）的大量社會問題負責。〔時任勞工部助卿的丹尼爾・派翠克・莫尼罕（Daniel Patrick Moynihan）在其一九六五年的報告《黑人家

---

* 譯註：賈格洛意指嘻哈團體「瘋狂小丑波西」（Insane Clown Posse）的歌迷，他們發展出許多自己的慣用語、俚語和特質。

庭：國家行動案例》（暫譯）（*The Negro Family: The Case for National Action*）中，更形容都會家庭往往由母親主導宛若「一種病理糾結」（a tangle of pathology）。〕如果確實有將上述情況列入考量，那麼〈碧昂絲新專輯的女性主義精神不如媒體所標榜〉這類報導肯定沒寫得很明顯。

二〇一五年著作《姊妹們好得很：改變美國黑人女性的殘破敘事》（暫譯）（*The Sisters Are Alright: Changing the Broken Narrative of Black Women in America*）之作者塔瑪拉・溫芙蕾・哈里斯（Tamara Winfrey Harris）早已指出，許多通常會仔細檢視表象下的社會結構與脈絡、並且自承是女性主義者的人，一談到碧昂絲好像就會刻意變得很草率──「因為討厭參與者便無視體制結構」。[1]無論碧昂絲到底是什麼樣的人，她都不是在與世隔絕的環境中演戲（或唱歌和跳舞）；在她未參與創造的現行不平等環境下，她既是產物亦是病徵。

透過把奇瑪曼達・恩格茲・阿迪契（Chimamanda Ngozi Adichie）的文摘，和「女性主義者」（feminist）字樣當作她二〇一四年 MTV 音樂大獎表演的最後宣言，碧昂絲讓全球少女認識了一種澈底擺脫了逾一世紀以來包袱的女性主義概念。有鑑於我們有太多人都是透過媒體和流行文化習得女性主義那種憤怒、不性感潑婦的刻板印象，你就知道要說這個舉動有多重要都不嫌誇張。甩開過往一切辛酸歷史和負面聯想之後，女性主義最標準的定義看起來會是什麼樣子？要我說呢，看起來就是碧昂絲本人：自信、有說服力、強大、美麗又外放。看起來就像某種你想成為的模樣。無論好壞，碧昂絲那天晚上表態宣布擁有的概念都是女性主義，是其他那些已經和碧昂絲形象產生連結、令人神往

的產物。

位居高位的朋友

一九七八年，有一位叫做梅莉莎・李奇（Melissa Rich）的八歲小女孩發現她收集的許多種交換卡牌上竟然都沒有女人。她向母親露易絲・李奇（Lois Rich）提起這件事，這位媽媽接著又和她的姊妹芭芭拉・伊格曼（Barbara Egerman）加以討論。當這對姊妹請梅莉莎和她的朋友們一人列舉五位自己欣賞的女性，卻發現他們都想不到那麼多時，她們這才發現成功女性的能見度有多低。露易絲說，在她女兒所屬的同儕團體當中，那些女孩和男孩們除了第一夫人或電視名人以外，其他女性全都不認識。於是，這對姊妹自己列出五百位成功女性，並寫了五百封信件請這些女人幫個小忙；隔年，「超級姊妹」（Supersisters）便成為第一套突顯女性在運動、政治、科學、藝術等諸多領域之成就的交換牌卡。由紐約州教育局（New York State Education Department）補助發行的第一批牌卡都分配到了當地學校；教師們似乎都很興奮有當代女英雄的楷模可以和學生分享，最初印刷的一萬份牌卡也馬上銷售一空。

當年的超級姊妹的確很棒，不僅可以向孩子介紹眾多女性——從人類學家瑪格麗特・米德（Margaret Mead）、第一位非裔國會女議員雪莉・奇瑟姆（Shirley Chisholm）、劇作家兼詩人恩托扎克・香格（Ntozake Shange）到網球選手蘿西・卡薩爾斯（Rosie Casals）都有——還顯示出透過連結知名臉孔來提高女性主義的能見度有多簡單。〔這副牌卡現在還是很棒，目前已列

入紐約市大都會藝術博物館（Metropolitan Museum of Art）的繪畫及印刷品部典藏，而我先生從 eBAY 買到的全套牌卡也是我最寶貴的收藏品。〕

　　名人一直以來都對提升社會運動的形象有重大影響力：身兼歌手與演員的哈利・貝拉方提（Harry Belafonte）及約瑟芬・貝克（Josephine Baker）曾參與「朝華府進軍」（The March on Washington）遊行，支持馬丁・路德・金恩博士（Martin Luther King, Jr.）；馬龍・白蘭度（Marlon Brando）亦曾請薩琴・麗朵費瑟（Sacheen Littlefeather）上台代替他拒領以《教父》（*Godfather*）奪下的奧斯卡獎，更藉著這個轉播平台抨擊好萊塢對待美國原住民的方式；伊莉莎白・泰勒（Elizabeth Taylor）、瑪丹娜（Madonna）、艾爾頓・強（Elton John）更以募款活動和跳舞馬拉松提升社會對愛滋病的認知；在野獸男孩（Beastie Boys）為西藏舉辦演唱會前，你可能也不知道它需要解放。悲哀的事實是，專心聽名人談論時事或社會議題，確實比聆聽在該領域擁有更深厚知識、經驗，但本身卻無聊的要死的人來得輕鬆。女性主義身為一種從未廣受歡迎的政治運動，某種程度上來說一直都比多數運動更乏人問津，而多年來提供聲量、形象和財力支持的名人與其說是代言人或智囊團，更像是一種策略夥伴。要不是有當年紅極一時的影視巨星齊獻聲，由電視劇演員瑪洛・湯瑪斯（Marlo Thomas）構思的經典兒童專輯《自由的你與我》（*Free to Be You and Me*）就不會有多達一半的人都喜歡了。湯瑪斯的先生是脫口秀主持人菲爾・唐納修（Phil Donahue），他運用自己的平台讓倡議者及專家露臉，把社會運動的政治宗旨轉化為日常語言。已經登上《女士》和《半身像》等雜誌的電影、

電視及流行巨星本身或許就令人著迷，但他們也能向新讀者保證女性主義不是那些人以前聽聞的邊緣認同。

　　早年的《女士》雜誌曾邀請好萊塢人士，擔任該雜誌創辦以來第一個十年之關鍵議題的推行大使，那就是促成《平等權利修正案》（Equal Rights Amendment，簡稱 ERA）獲得批准。這條為確保「美國或任何州政府不得以性別為由，剝奪或限制法律保障之平等權利」而起草的修正條文最早在一九二三年由國會提出，但即使受到兩黨支持，卻仍在眾參兩院一次又一次地闖關失敗。到了一九七二年，儘管費利絲・希拉芙萊（Phyllis Schlafly）＊與她帶領的「阻止 ERA」聖戰（STOP ERA）[2] 有組織地煽動反對浪潮，但 ERA 的時代似乎終於來臨了。然而，雖然該法案成功闖關國會，亦仍需要獲得四分之三的州議會批准。再到一九七九年，由於修憲大限逐漸逼近的同時尚差三州，促成 ERA 便成為主流自由女性主義（liberal feminism）最具體的目標——更是用來爭取名人支持的一項合理號召。一九七八年某期《女士》雜誌找來演員瑪麗・泰勒・摩兒（Mary Tyler Moore）、影集《外科醫師》（*M*A*S*H*）班底亞倫・艾達（Alan Alda）、影集《好時光》（*Good Times*）演員艾絲特・羅爾（Esther Rolle）和其他三十四位電視、電影及樂壇名人，共同為封面文字所說的「好萊塢的新行動」站台——也就是為 ERA 展開遊說。勞勃・瑞福（Robert Redford）、莎莉・麥克琳（Shirley Maclaine）和華倫・比提（Warren Beatty）等人都是列入公開紀錄的支持者，艾達主張「女性主義不只是女人的事」之

＊ 譯註：費利絲・希拉芙萊為美國保守派反女性主義倡議者。

後，更正式成為迷倒眾生的女性主義者。（屆臨一九八二年展延期限之時，ERA 依然差三州批准；截至二○一六年，美國憲法都未明文禁止性別歧視。）

名人參與政治和文化的景況如今已然改變，正如政治本身也漸漸著重於名氣聲量；總統選舉辯論變成了宛如小丑車表演的大型災難現場，「你願意和這位候選人一起喝啤酒嗎？」這個問題竟然是和政策立場同等重要的吸票因素。更荒謬的是當今的政治人物還要能帶來娛樂，因為除非我們知道未來領袖能否在《今夜秀》（*The Tonight Show*）上妙語如珠或勇敢跟著艾倫・狄珍妮（Ellen DeGeneres）一起跳舞……要命，我們還真不知道他們是不是夠討喜、友善或不自大，是否夠格帶領這個國家呢。這些也都是「更關注參與者而非體制結構」的現象；媒體創作集團化，再加上對盈利愈發關注，導致社會優待金句妙語勝過實質內涵、看重爆紅潛力勝過實事求是。〔我當然會投給希拉蕊・柯林頓（Hillary Clinton），但這不代表我想看她試著和艾倫一起揮手或在《週六夜現場》（*Saturday Night Live*）中結結巴巴地唸台詞。〕

當真正的演藝人員談起政治時，感覺往往也同樣不真摯。在競相吸引善變觀眾的網站、播客、廣播談話節目、社群媒體平台和八卦論壇大雜燴裡，突發獨家和廢文重發的差別就在於該事件牽涉的名人。時尚雜誌經常刊載名人出席你可能再也不會聽說的非營利慈善活動，遊行和抵制行動都退流行了，取而代之的是代表關懷社會的企業演繹經過藝術指導的「品牌大使」。好萊塢的公關生態中還有專門為名人與公益事業牽線的公司，儘管許多明星在提升形象方面保持低調作風，但他們還是要如履薄冰，以免

自己的名號和黨派偏好、道德／宗教評判或敏感爭議沾上邊。（在南非推動愛滋倡議？太政治了。援助南非兒童？完美──光是靠著討喜的拍照機會就能賺進大筆鈔票。）

但以一項背後有名人撐腰的社會議題來說，女性主義和防止老虎滅絕、或為世界糧食計畫署（World Food Programme）及國際小母牛組織（Heifer International）舉辦募款餐會絕對不一樣，而且也更複雜。我們要做的不只是促進性別平等議題的意識超脫僅限倡議者參與的場域，還要靠名人去執行那個基本到不行的任務，那就是證明女性主義的正當性足以展開一種運動。如果無法讓擁有大量易受影響的年輕影迷的動作片明星了解這個強調過上百萬次的該死概念，即女性主義與厭惡男人或不擦體香劑毫不相干，我們說服其他人的可能性又有多高？這就是為什麼在二〇一四年開始攀上巔峰的名人女性主義浪潮看起來是如此潛力無窮；好些知名演員、喜劇演員和流行歌手，都像是在戴頒獎典禮紀念禮包內的免費鑽石手鍊一樣，爭相為自己冠上女性主義者的頭銜。但結果令人無比失望，我們晚點再來談。

從二〇一四年開始，原本總是寫著拒斥女性主義之言論的新聞標題，開始對那些認可其重要性的人充滿溢美之詞。〈我們都愛泰瑞‧克魯斯（Terry Crews）：威猛的女性主義者〉──《女士》雜誌如此柔軟地形容這位影集《荒唐分局》（*Brooklyn 99*）的魁梧演員，他還是《男子氣概》（*Manhood*）一書的作者呢（他看起來的確不好惹）。MTV 新聞頻道堅稱〈綺拉‧奈特莉（Keira Knightley）值得因下列女性主義坦白說獲得掌聲〉的同時，精英日報（*Elite Daily*）則是拋出了〈班尼迪克‧康柏拜區（Benedict Cumberbatch）是大家最愛的女性主義者〉。每天

閱讀推特貼文串和新聞標題的時候，都開始讓人覺得好像是在選舉之夜看 CNN 的超大互動地圖展示開票結果：泰勒絲（Taylor Swift）加入我們了！我們可能會爭取到娜塔莉・波曼（Natalie Portman）的支持喔……更有希望了……波曼來了！阿茲・安薩里（Aziz Ansari）和約翰・傳奇（John Legend）都加入了！凱莉・克萊森（Kelly Clarkson）跳船了，好吧，但……還有喬瑟夫・高登李維（Joseph Gordon-Levitt），他也很棒！什麼？馬克・魯法洛（Mark Ruffalo）挺我們？為魯法洛擊掌吧！

除了這些人以外，還有長期為性別平等陣營奮鬥的明星——包括珍・芳達（Jane Fonda）、吉娜・黛維絲（Geena Davis）、蘿西・培瑞茲（Rosie Perez）、莉莉・湯琳（Lily Tomlin）、艾米・波勒（Amy Poehler），以及不管你喜歡與否的碧昂絲，在眾多大牌明星當中，某種聲勢漸漸逼近關鍵多數了。其中有許多人甚至會付諸行動，雖然光是指出這一點，就顯示出我們對名人倡議者的期待標準是如此微不足道。黛維絲、麗娜・鄧罕（Lena Dunham）、凱莉・華盛頓（Kerry Washington）、蓋柏莉・尤恩（Gabrielle Union）和史嘉蕾・喬韓森（Scarlett Johansson）等人在計畫生育協會（Planned Parenthood）可能遭削減聯邦經費時，為他們拍攝廣告或衛教影片；波勒於二〇〇八年推出線上的女孩賦權社群「派對裡的聰明女孩」（Smart Girls at the Party）；娜塔莉・波曼二〇一五年簽下在傳記電影《法律女王》（*On The Basis of Sex*）飾演年輕露絲・貝德・金斯伯格（Ruth Bader Ginsburg）的合約時，亦清楚表明要由女導演執導她才願意演出。

諷刺的是，催生出前幾年這股名人女性主義風潮的契機並不是因為有這麼多明星都是女性主義者，而是在許多情況下來說，

他們根本不是。雖然《半身像》、《女士》和《婊子》等雜誌歷來都會在訪談裡詢問高知名度的男女影星「你是女性主義者嗎？」但這一題究竟為何會變成穿插在「為這個角色改變髮色會很難受嗎？」和「你今天穿誰設計的禮服？」之間的紅毯必問題卻令人不解。或許這一題的人氣，和有越來越多年輕女性擔綱諸如《飢餓遊戲》（Hunger Games）或《分歧者》（Insurgent）等系列動作強片的主角息息相關；又或許只是因為有越來越多人都在靠名人八卦賺錢，而大家都在搶報名人八卦時，一則搶眼聳動的標題新聞可以產生碩大的廣告收益。其實大概兩者都有可能，但我認為意識逐漸提升，正好也更加反映出大眾對於備受矚目的性侵及家暴案件、性騷擾、生育選擇之討論的態度，以及女性主義新聞及社群媒體圈湧現的情況。

　　無可否認的是曾經有一段時間，向年輕女性名人問起關於女性主義的問題，幾乎總是能問出一堆「精采」答案，多到不知道該報誰才好。有些年輕美眉根本就不懂這個詞的意思，例如從實境秀《少女媽媽》（Teen Mom）班底變成色情片演員的法拉・亞伯拉罕（Farrah Abraham）（「那是什麼意思？說自己是蕾絲邊之類的嗎？」），還有演員伊凡潔琳・莉莉（Evangeline Lilly）（「我以身為女性而驕傲，所以作為一個女人，我討厭女性主義這個字眼，因為當我聽到這個詞彙時會想到想當男人的女人，我對假裝自己是男人可沒興趣。」）。還有一些人已經吸收那套謊稱女性主義仇男的謠言，例如泰勒絲（「我不會以男女對立的思維思考事情。」）和女神卡卡（「我不是女性主義者，我愛男人，我稱頌男人。我讚揚美國的男性文化，還有啤酒、酒吧和肌肉車……。」）凱蒂・佩芮（Katy Perry）則是其中一位特別

澄清她討厭的是那個詞彙，而非整個概念的明星（「我不是女性主義者，但我相信女人的力量。」）至於認知最混亂的大概就是《分歧者》（*Insurgent*）主角雪琳・伍德利（Shailene Woodley）了吧，她那段自由聯想的回答簡直是不知所以然地把這所有概念攪和在一起，還多了一點零和謬誤的概念：「我不是（女性主義者），因為我愛男人，我認為『提高女人的權力，剝奪男人的權力』的想法絕對無法成事，因為兩者之間要平衡。我非常了解自己男性化的一面，我的陰性氣質和陽剛氣概各占一半，我想很多人也是這樣，注意到這一點很重要。同時，我覺得如果男人遭到壓制而女人權位提升也是死路一條，我們必須找到微妙的平衡。」

從這些答案和其他相仿的回答可以發現，某種媒體循環誕生了：某個（通常是年輕、白人且為女性的）名人說了些糊塗話之後，媒體就會拿來當成素材，寫出極盡挖苦之能事的標題（例如〈泰勒絲說別稱她為女性主義者〉）。眾多推特貼文、新聞轉發和 Tumblr 上的引述都把這位名人叮得滿頭包之後，最初的釣魚文便發展成一連串「接續」報導——依據先前的報導建構敘事的報導——全都在談**她那些關於女性主義的狗屁言論**。那些報導再依序催生出一連串評論，堅稱上述這個名人其實也是女性主義者，無論她自己是否清楚（例如〈就算泰勒絲不是，但鄉村音樂一直都富有女性主義精神〉），然後又會有一連串文章把這個名人當作新聞素材，更廣泛地探討**為何年輕女性正拒絕接納女性主義**。對反挫的反挫於是出現，一些抱持相反立場的人跳出來捍衛這位名人免受女性主義的攻擊（〈別再抨擊泰勒絲的女性主義了〉）。最後，女性主義救贖的故事弧出現了，這個名人又

有新聞了，但這一次是要宣告在她重新思考這整個女性主義風波後，發現原來自己就是女性主義者（〈泰勒絲對女性主義改觀了〉）。大家現在高興了嗎？

　　用社會正義圈裡一種老掉牙的籠統形容來說，更惱人的是那些擁抱女性主義者標籤，後來卻開始「惹事生非」的名人。例如二〇一三年秋季，英國流行歌手莉莉・艾倫（Lily Aller）發行了〈生存之道〉（Hard Out Here）的 MV，這支帶有挖苦意味的歌曲稍稍批評了流行音樂圈的雙重標準（歌詞唱著：「如果我跟你聊我的性生活／你會罵我是個蕩婦／但男孩們在聊他們的馬子時／卻沒有人會大驚小怪」）。某個部落格熱切地對這支 MV 表達讚揚，說它以艾倫躺在手術床上進行抽脂的畫面開場會「令女性主義者感到驕傲」（嘲諷英國小報老是密切監控她的體重增減），但許多女性主義者看到艾倫的 MV 就和之前許多男歌手的 MV 一樣，都充斥著一群黑人及拉丁裔女舞者時，反而是感到非常尷尬。或者說得更清楚一點，是充斥著她們的屁股。當艾倫站得直挺挺，舞者們就蹲下去；當她梳理儀容，她們卻在大力扭臀。一群有色人種女舞者扭動著暴露的屁股為衣冠楚楚的白人歌手陪襯，而她還輕蔑地唱著「我才不用為你扭腰擺臀／因為我有腦」，這畫面問世的時機實在太糟糕了。不過一個月前，在二〇一三年的 MTV 音樂錄影帶大獎（MTV Video Music Awards）上，麥莉・希拉（Miley Cyrus）才剛帶著她自己請來的黑人屁股舞群跳完**全世界都看到了的扭臀舞**，但她和她們互動的方式，就好像是那些屁股只是剛好附著在真實的女人身上。如果說艾倫的 MV 原本是想拍來嘲諷希拉，那可沒有成功——觀眾搞不清楚她到底是在批判流行文化嚴重性化非白人身體的情況，抑或只是在

重演這種羞辱。儘管有許多人以前者的角度捍衛艾倫，她自己也發表公開聲明回應這些批評，但那支 MV 隱晦地認定白人歌手有大腦、黑人藝人就得扭屁股，實在是活該招來全膚色女性主義者的怒火。它或許是一首琅琅上口的歌曲，但〈生存之道〉MV 最惹眼的部分，就是它在無意間突顯出社會對名人女性主義者的喝采，幾乎只會給予白人名人。當希拉那般邊甩邊晃的肉慾扭臀舞表演，和經常裸身拍攝影片及雜誌的行為都被視為「女性主義者偶像」的作品時，旁觀者卻持續對表演同樣傷風敗俗的蕾哈娜（Rihanna）和妮姬‧米娜（Nicki Minaj）搖頭哀嘆且故作驚駭，這種現象絕非偶然。

希拉一路從陽光活潑的青少年名人變成享樂至上、浪蕩舔舌的惡女，正好可以證明為名人貼上任何標籤其實都是徒勞無功。在社會二十四小時監控名人的時代，媒體企業已經習慣把知名女性拱上神壇──尤其是年輕的白人──首先將她們打造成美國青年模範，接著垂涎等待她們終將墮落，最後再搶回她們的后冠。我們已經看過小甜甜布蘭妮（Britney Spears）的案例了，還有琳賽‧蘿涵（Lindsay Lohan）、亞曼達‧拜恩（Amanda Bynes）以及麥莉都是這樣。不過會為這樣的命運逆轉而感到煩心不已的真實家長數量，可能實在遠不及《赫芬頓郵報》和娛樂網站 TMZ 等利用這種事件炒作整整兩週、借助虛假疑慮大賺一筆的媒體。每當明星發生車禍或進入勒戒所，都是在網路上用〈前十位崩壞的名人女孩〉這類圖輯召喚歷來墮落楷模之鬼魂的新機會。

而且正如與名女人相關的許多事情一樣，挑起女性互相競爭的無盡慾望，更讓挖掘楷模這檔事變成了一種「兩個女性主義者必須鬥到你死我活」的鐵籠戰。二〇一四年十一月，艾瑪‧華森

（Emma Watson）發表完在網路上廣為流傳的聯合國演說後立刻風靡全球。身為聯合國倡議活動「HeForShe」的大使——根據該活動網站，這是一場促進性別平等的團結運動——艾瑪·華森傳達的訊息與演藝圈前輩亞倫·艾達（Alan Alda）所說的一樣簡單：性別平等不只是女人的奮戰。（「我們現在該視性別為一道光譜，而非兩種對立的典型。」）在這支影片剛傳上網路的幾小時內，各家媒體就開始急著尋找各種「女性主義救星」的同義詞了；《浮華世界》（*Vanity Fair*）在網站上號召著：〈觀賞艾瑪華森為聯合國發表談論女性主義的變革性演說〉；〈艾瑪華森賦予女性主義新生命〉，CNN 的社論則是如此大力讚揚。

華森的演說動人心弦、富有說服力，而且對於她所謂的「無意的女性主義者」（unintentional feminists）來說——意即基本上相信這個理念，但並不以此自稱的人——遠比寫滿長篇理論的文本或宛如智力測驗的部落格文章親民多了。媒體圈的反應更完美展現出名人、形象建構、種族和政治之間多變無常的化學變化。有大量的新聞報導都在談論華森本人，以及她自稱女性主義者後肯定會為女性主義所帶來的影響。而這其中又分出一類失焦報導，例如〈艾瑪華森以性別平等演說登上顛峰——還有服裝選擇〉，還有〈她來真的！擔任婦女親善大使的艾瑪華森以一襲繫帶白風衣洋裝出席聯合國活動，時髦又洗鍊〉；還有另一個次分類是重新回顧這篇開創性演說的清單體文章，像是〈艾瑪華森 HeForShe 演說裡五個最魔幻的時刻〉。要從這所有報導當中釐清「HeForShe」的宗旨到底是什麼實在不容易。

接著，媒體又急忙提名其他自稱女性主義者的名人和華森一較高下，看誰更值得摘下最佳名人女性主義者的頭銜。《浮華世

界》立刻指出華森的代表作角色妙麗・格蘭傑讓她立於不敗之地，對易受左右之青少年的影響力「更勝其他如碧昂絲等高知名度的女 *** 字眼捍衛者」。為了不讓《浮華世界》專美於前，婦女基金會（Ms. Foundation）還真的列出一份名人女性主義者的年終回顧榜單；該排名依據神祕的標準將華森列為第一名，碧昂絲則名列第四，於是又出現了類似《告示牌》（*Billboards*）雜誌這樣的標題：〈碧昂絲不敵艾瑪華森痛失年度最佳女性主義者后冠〉。在這場沒人要求舉辦的競賽裡，媒體企業好像集體鬆了一口氣，彷彿**終於**、**總算**出現了一位絕對得體的名人，用完全正確的方式表露恰到好處的女性主義，而且還不附帶麻煩因素，例如暴露的舞台裝和傑斯（碧昂絲）、作風性感不加掩飾（蕾哈娜與妮姬・米娜）、不夠纖瘦（麗娜・鄧罕），或是任何防止泰勒絲全心接納自己就是女性主義者的事。

媒體發起的華森狂熱（Watsonmania）其實與華森欲以女性主義之名達成的目標不太相干，反倒更側重她承認這種認同的「勇氣」。那一大票追隨她腳步發表自己的女性主義宣言的好萊塢明星也一樣。從媒體報導這種熱門新現象的語言來判斷──〈九位不畏自稱女性主義者的名女人〉、〈為女性主義者標籤自豪的十位名人〉、〈不怕講出女 *** 的十位名人〉──真正天大的新聞才不是這些明星關注哪些女性主義議題，而是他們讓自己與那個字眼結盟時，竟然沒有露出懼怕和嫌惡的態度。

在促進社會公益的名人圈中，這其實不算常態。當伊莉莎白・泰勒（Elizabeth Taylor）把息影後的生活重心都放在推動愛滋病覺察倡議行動，並協助創建愛滋研究基金會（The America Foundation for AIDS Research，簡稱 amfAR）時，確實嚇壞了不

少衛道人士；一個相對新出現且廣遭誤解的疾病，遇上一個怕得不敢出櫃的產業，兩者相結合之後很可能會扼殺較不受推崇之人物的形象，各界當然讚揚泰勒勇氣十足。不過社會焦點最常關注的，依然是她倡議行動中的具體內容。反觀〈九位讓你神魂顛倒的女性主義者男星〉這類清單體文章，就算是一句勉強還算正面的訪談回應、甚至是不知所以然的回答〔按照華森的《哈利波特》搭檔丹尼爾‧雷德克里夫（Daniel Radcliffe）的說法：「我當然是女性主義者，有鑑於我是對所有事情都主張平等主義，而且我相信菁英領導。」〕，都會在一篇又一篇的清單文裡反覆挖出來回收再利用。我不是在質疑他對於性別平等的信念；誰知道呢，搞不好他已經獨力用古馳報廢的燕尾服破布在一座遙遠村莊為女孩們修建了一所學校呢。如果年輕的《哈利波特》男性書迷在瀏覽女性部落格圈時，正好讀到〈六個丹尼爾雷德克里夫以身為女性主義者自豪的時刻〉這篇文章，那當然很好，但就如名人女性主義在許多方面的問題一樣，這其實只是在降低標準、對不著邊際的事情欣喜若狂。

清單體女性主義並非全都是無意義的廢文；促成社會變遷其中一個重要的環節，就是用圖像、語言和「這沒啥大不了的，各位」這種籠統的言下之意改變大眾認知。對離婚、跨種族戀情、同性戀與跨性別認同的表述原本都是禁忌話題，但多虧流行文化和媒體再現（media representations）如今才變得稀鬆平常。〔還記得當年我們必須假裝艾倫‧狄珍妮（Ellen DeGeneres）只是還沒覓得真命天子時有多詭異嗎？〕然而，將爭議話題轉變為平凡俗事，和僅是把它重新塑造成一股空洞熱潮之間，有一條微妙的界線，而名人女性主義往往會直接衝向錯誤的那一邊。

綜觀所有社會正義運動，圈外一直都會有下列這種唱反調般的抱怨：如果可以別那麼好鬥，或許你們的目標會更有吸引力；如果你們要求平等時別那麼咄咄逼人，大家或許真的會認同你們——是說，你們非得稱那是要求不可嗎？幾乎所有倡議者都聽過這類論調的各種變形，而且儘管歷史也證明了社會正義就是不可能如此推動，女性主義還是特別容易內化這樣的批評。數十年來，不時要女性主義「重塑品牌形象」的呼聲都是基於一種想法，也就是女性主義已經分化太多人了，唯一能回歸正軌的方法就是把它改造得無比誘人，大家就會忘記當初覺得女性主義如此惹人厭的特質到底是什麼。

華森的「HeForShe」運動就是產生了這種效果。這場運動的核心焦點原本是推動全球性別平等，但應該說服男人女性主義形象不如他們所想得可怕的呼聲，隨即使那個焦點黯然失色——彷彿唯有絕對不會威脅男性自身安逸時，才能期待他們會關心平等議題。「危險黑妞」（Black Girl Dangerous）部落格作者暨創辦人米雅·麥肯錫（Mia McKenzie）對這個現象做出精闢總結：「（華森）好像是在暗示男人之所以沒一起為性別平等奮鬥只是因為女人還沒邀請他們，甚至還露出不歡迎的態度。因為女人還沒向男人發出正式邀請，所以他們才尚未加入這場運動。不是因為男人可以從性別不平等獲得巨大利益（在社會、經濟和政治等等層面都有無窮好處），因此較無誘因吸引他們支持瓦解不平等的體制，也不是因為仇女文化盛行全球。只是因為沒人開口相邀。」[3]

女性主義運動還得仰賴名人使其正當化的現實令人沮喪，因為這種手段既看似必要卻又會適得其反，我可是以雜誌共同創

辦人的身分在說這番話的，畢竟我們的雜誌宗旨便是探究流行文化──還有名人──讓女性主義變得明白易懂的潛力。女性主義者往往急著吸引名人加入我方陣營的原因，就和一開始破壞了女性主義公眾形象的原因一樣：我們希望擁有龐大話語權的人認可這場運動的內在價值和正當性，因為我們多數人沒有那樣的力量。大眾總會嚴肅看待名人，尋常女性主義卻無福消受，這背後的原因非常諷刺，那就是社會認為他們較無切膚之痛，所以較不偏頗。很多人可能都會認定艾瑪・華森從小就十分富有、受過教育、漂亮又出名，不必像那些升遷機會總讓渡給較不分身乏術的男同事的單親媽媽一樣關心性別平等；然而她**確實**關心這項議題，肯定代表這或許是個正當目標。我不是在說這是什麼合乎邏輯的思維，但它確實是多數自認是女性主義者的人都會認得的某種古老謬誤。（類似的還有：「你太漂亮／好笑／和善了，不必去當女性主義者啦。」）

如此一來的缺點是，媒體管道會過濾這些名人參與推動女性主義的情況：強調的重點經常都不是享有平等、自主的權利，僅僅是讓女性主義本身存在的正當性受到認可的權利。媒體企業才不希望大眾聚焦在導致性別不平等的情況仍安然無恙的無數結構性問題──尤其因為這麼一來，可能還會進而證明它自己也是參與某部分體制的共犯。於是僅憑藉和以往較不酷的女性主義形象有多麼不同這一點來塑造某種新潮、酷炫的女性主義形象，就是一種可以拿來讚揚名人又不致使媒體難堪的安全手段。（這也是為什麼媒體常常會用「你如何定義女性主義呢？某某名人」這樣的問題來展開討論，藉此告知所有人，某個名人所下的定義就和女性主義早就擁有的清晰定義一樣棒喔。）

這個現象已經導致某些探討名人坦承自己是女性主義者的分析變得相當膚淺。二○一四年，《財富》（Fortune）雜誌某篇標題為〈年輕名人會讓女性主義變酷嗎？〉的文章劈頭就寫著下列這些司空見慣的評價：「燒胸罩、仇男、憤怒又毫無魅力；這些刻板印象在過去數十年來都籠罩著婦女運動——如今有一群年輕又時髦的名人，正努力闡明女性主義的真正定義。」無獨有偶，觀察推特和社論的振奮迴響可以發現，大眾對碧昂絲 MTV 音樂錄影帶大獎表演主要的理解，似乎是她如今終於證明女性主義者不必：一、在道德上反對婚姻與生子；二、不時髦；三、是一位仇男者（又是一種感覺！）。考量過去數十年以來媒體對葛洛莉亞・史坦能（Gloria Steinem）、蕾貝卡・沃克（Rebecca Walker）、娜歐蜜・沃夫（Naomi Wolf）等人都有同樣的觀點，這其實不完全算是一種具開創性的啟示。儘管女性主義名人個人可能本意良善，**但這種關於他們的間接回應其實徒勞無功**，打從一開始就無法帶領我們取得大幅進展。

善之敵

名氣與女性主義的結合一直以來都令人忐忑不安；早在第二波女性主義把「垃圾」（trash）＊當動詞使用前，對理念及偶像人物的批判早就是婦運內部的一大主題。一九四八年，進步派的《國家》（The Nation）雜誌刊出一篇由女性主義運動組織者拉夢娜・芭絲（Ramona Barth）所寫關於婦女參政權運動

―――――――――――
＊ 譯註：英文中的 trash 亦有相互傾軋、抨擊之意。

（women's suffrage movement）的研究，她敦促讀者「應仔細思
考婦女運動從塞內卡瀑布市會議發展至今未經分析的弱點，以及
顯而易見的優勢；除了為第一波女性主義者揭幕緬懷她們的大理
石雕像之外，還要揭露她們的內心動機才對運動有所助益。」[4]
芭絲的微詞在一九七〇年代的婦女解放運動中頗有迴響，當時有
許多運動成員起初還會迴避「女性主義者」（feminist）一詞：
正如艾莉絲・埃柯爾絲（Alice Echols）在她的第二波女性主義
編年史《勇敢使壞》（暫譯）（*Daring to Be Bad*）指出，那些成
員把該詞彙與「布爾喬亞資產階級及改革派」聯繫在一起──同
時亦具種族排他性──還有伊莉莎白・凱迪・史坦頓（Elizabeth
Cady Stanton）及蘇珊・安東尼（Susan B. Anthony）等類人士，
認為她們的運動與古巴及中國的革命性婦運有更多共通點。接
著，一九九〇年代的第三波女性主義大張旗鼓地表明，自己與
第二波女性主義看似忌性（sex-negativity）、種族歧視、階級歧
視和分離主義的特點相互牴觸，儼然像愛聽情緒搖滾（emo）的
青少年當著母親的面甩上臥室房門般地體現出各波之間的世代差
異。第四波女性主義則更像是一波大海嘯，橫掃過往女性主義的
片段理念並且在各個方面加以利用，從目標明確的草根組織發
展，到憤世嫉俗的商品行銷話術隨處可見。

　　然而儘管女性主義可說是已經不若以往單一，但有一點尚未
改變，可能也永遠不會改變，那就是當個別人物在有意或無意
間、經由媒體及流行文化之再現成為運動象徵時，與之伴隨而來
的猛烈內部鬥爭。一直以來都有「知名女性主義者」會透過暢銷
書、爆紅影片或當紅歌曲成為女性主義的代言人，即使時間非常
短暫；這些人爆紅之後連帶引發的質疑都與某種焦慮有關，那就

是擔憂他們將如何「販賣」——抑或更確切地說是「出賣」——一種早被眾多懷抱敵意的人廣泛詮釋的意識形態。

二〇〇三年，瑞秋・芙吉（Rachel Fudge）在一篇探究調和倡議行動與聲望之困境的文章裡寫道：「女人之所以（因女性主義）出名，不是因為她們獲得其他女性主義者讚賞並封為領袖⋯⋯而是因為主流媒體從她們身上看到某種頗有市場的形象——社會可以對一位有新聞價值的人物投射各式各樣的焦慮、希望和責任。」這一點非常重要，因為不僅與女性主義的過往有關，亦關乎美國主流文化未必能接納女性主義的情況。一方面來說，社會運動需要能為其發聲及鼓動群眾之人的手腕和魅力；但另一方面，淬鍊複雜理念後再擷取最簡單且值得引述之論點的需求，無疑已經傷害了這些運動，包括女性主義在內。主流媒體的關注早已過度簡化複雜議題——薪資差距、美貌神話、性工作除罪化之激辯——還扭曲了運動目標。它把集體成就全歸因於一個人，還將女性主義運動本身的多元性降到最低，更將無數潛在的運動夥伴和同胞，變成為了零碎權利與肯定大打出手的仇敵。

喬・費曼（Jo Freeman）投書《女士》雜誌的文章〈相互傾軋：姊妹情誼的黑暗面〉（暫譯）（Trashing: The Dark Side of Sisterhood）至今依然廣為流傳，正是因為文中詳述了她遭到排擠、情緒操弄及迴避的過程——全以姊妹情誼之名——而這當中的痛苦仍讓人心有戚戚焉。費曼將傾軋（trashing）定義為某種時常冒充為批評（critique）的行為，但其實兩者大不相同：「（傾軋）是過分凶惡的人格詆毀，用意不在揭露爭論或解決歧見，而是為了貶斥和摧毀。」該文章於一九七六年刊出後，《女士》雜誌收到了比以往任何社論都還要多的回信——它當前的序

言指出，「除了少數幾封以外，那些信件帶來的迴響全和（作者）自身遭到傾軋的經驗有關。」原為基進女性主義者芝加哥分會成員的費曼，在經歷挫敗遭遇後便澈底退出了運動，但她所寫的兩篇文選〈相互傾軋〉（Trashing）和〈無架構的暴政〉（The Tyranny of Structurelessness），依然清楚描繪出這個未曾止歇的現象。（〈無〉探討的是在無領袖的理想化環境中，傾軋的情況時常發生。）

個別女性主義者早已習慣遭到對全體女性主義者滿懷怨懟的人羞辱與霸凌了，如今在網路上尤難避免。但傾軋截然不同——或者它的當代近親「點名開嗆」（calling out）——而且通常更令人難受，因為發難者同為女性主義者。社群媒體多少也使得傾軋變得更加頻繁且公開——正如女性主義社會學家凱薩琳・克羅斯（Katherine Cross）所說，「參與者對罪惡過度警覺，無論事情大小、過去或現在」。[5] 傾軋確實可能從一個完全令人信服的批判，隨著更多人來七嘴八舌地攪和，一圈圈向外發展成一陣混亂，脈絡也變得散亂如麻。某些時候簡直是無聊透頂：曾經有人跟我說我在某個線上布告欄被砲轟到體無完膚，就因為我還沒有對一位我介紹的編劇提出顯然極為關鍵的問題。傾軋可能會聚焦於一種純粹意識形態的理想：例如「事業狂」（careerist）一詞就是用來譏諷冒失地想靠自己的工作成果聞名（或至少可以賺錢）的女性主義者。別種傾軋則可能源自某種與當前女性主義之正統有所衝突的觀點。

導致傾軋發生的競爭意識當然不是女性主義運動獨有，但就如這些年來許多人所說，它之所以在女性主義運動中盛行，可能是因為跨越年齡、種族和階級的許多女人經過社會化後自視為連

結者、團結者而非專家和領袖；過往女性主義運動無可修復的裂痕，亦更可能使這種情況惡化。由於倡議與認同之間的界線往往如蒸氣般虛無縹緲，傾軋那股煽動人心的氛圍也會因而加劇；傾軋別人的成果開始和傾軋別人本身變得難以辨別。

學者專家之間流行一個玩笑話，那就是「政治會如此險惡，就是因為代價實在太低了。」把這玩笑拿來形容女性主義運動也一樣貼切。這是個為了證明有其存在之正當性而不斷奮鬥的運動為例，它由數百萬名個別成員組成，伴隨而來的個性、政治理念和各自看重的要務就有數百萬種；再加上運動本身固有的眾多理念和課題，以及探究起來往往徒勞無功的結構議題：大眾不感興趣、缺乏資金、亦缺乏時間，隨便想就有三項劣勢。別忘了還有那段由中產階級、受過教育且健全的白人女性概括定義，並且以多得不成比例的人數「帶領女性主義」的那段歷史。最後，再四散於當代主流及社群媒體那般重視衝突勝過細微差異、聳動效果更勝實質真義的環境當中。

在這種氛圍之下，掌舵女性主義的未竟課題是一項窒礙難行的任務，因此沉重的挫敗感竟未襲捲外在不平等的廣大世界，反而是朝運動內部傾瀉也就不令人意外了，因為那就是女性主義者夥伴存在的縮影世界。大眾認為是在「錯誤地實踐女性主義」的方式有上百種 —— 我可能也正在這麼做喔！—— 經驗老道的思想家和倡議者就特別常在網路空間裡，發現和自己交手的對象才剛開始上第一堂女性研究的課。同一套論點會不斷捲土重來，反覆開展白費唇舌的論戰：有色人種女性主義者因為必須解釋並捍衛交織性（intersectionality）*的概念而感到疲憊不堪，從事性工作的女性主義者也因為其他自以為比他們更懂這種生活的人感到

心灰意冷。在這些虛擬和實際的空間當中，這類議題讓人感覺迫在眉睫、有切身體會而且十分重大。但從外頭觀察，看起來就像是一個正在鬧窩裡反的運動。

這使得名人採納女性主義作為自身形象的現象，成為一種尤其複雜的光景。女性主義或許是那位名人個人真心在乎的事，但他們對女性主義實質議題的理解，卻往往與其聲量之影響力成反比。舉例來說，當派翠西亞・艾奎特（Patricia Arquette）在二〇一五年贏得奧斯卡獎時，她把自己的得獎演說當成一次討論平等薪酬的機會 —— 表面上看來是善加利用那次登上全球舞台的片刻。但艾奎特後來在後台記者室卻破壞了她自己的善意言論，她說「所有我們為其奮鬥過的美國女性、深愛女人的男性，還有所有男同志和有色人種，現在是這些人該為我們奮戰的時刻了。」這段措辭詭異的宣言好像是在暗示，白人女性耐心地等待「我們」的時代到來的同時，已經巧妙地解決了 LGBT 人士和有色人種的困境，大眾對這番話的怒氣因此來得又急又快。

二〇一五年稍晚，國際特赦組織（Amnesty International）正準備針對一項性工作除罪化的政策進行表決，但有一大群好萊塢女性主義者 —— 包括麗娜・鄧罕（Lena Dunham）、梅莉・史翠普（Meryl Streep）、艾瑪・湯普遜（Emma Thompson）和凱特・溫絲蕾 (Kate Winslet) —— 卻共同連署反對這項新政策。除罪化的議題非常棘手且飽受誤解（尤其是與合法化又有何差別的部

＊交織性強調生理性別（sex）、社會性別（gender）、族裔、年齡、社經地位、性向、地理位置等歧視與其他權力交錯影響之後，造就而生的不同個體經驗及現象。

分）；一般來說，最好是交由那些最了解實際經驗的人來爭辯該議題的複雜情況，例如性工作者本身。然而，對性產業的現實幾乎只有抽象概念的眾多知名女演員卻在無意間讓性工作者的生計和安全變得混沌不明，更清楚證明了名人女性主義雖有可能是助力，但也可能是障礙。正如一位匿名性工作者向《野獸日報》所說：「那些名人在這個議題裡沒有利害關係，也不會受到影響，但他們的意見卻最有影響力，這實在令人沮喪，而且老實說也是在剝奪（我們的）人格。」

與此同時，隨著各領域內的公眾人物日益增加，身為演員、流行歌手或網紅的名人的工作就是親自參與。以上種種全都免不了讓人懷疑名人究竟可以從女性主義獲得什麼利益，甚至在他們好心做壞事的時候，為之沮喪的心情亦不難理解。就如艾奎特在奧斯卡頒獎夜失言之後的情況，大眾很可能會因此「**去蕪去菁**」，揪著她草率的措辭不放，卻忽視她關於平等薪酬倡議的根本內容。批判那樣的宣言確實是言之鑿鑿，但問題是那類批判可能會輕易地被認定為只是另一種形式的傾軋。

無論理智與否，我們常將名人視為權威，意即他們可以認可女性主義思想及政治理念的正當性，就某種程度而言，女性主義運動本身可能永遠都做不到這一點。但他們不可能是完人：就連碧昂絲也無法讓所有女性主義者全然信服，不過拜託別跟她說我有這麼寫。名人應該要能像我們其他人一樣容易犯錯，但可惜我們從來不允許這種事發生，而也正是這一點，最有可能會摧毀名人女性主義促成實質變革的潛力。他們恰恰體現出了「至善者，善之敵」的危害，但在採用女性主義作為個人形象的同時，他們也是承擔了它恐將淪為一句時髦潮語的風險，也許在明年獎季到

來之時就過氣了。

商標女性主義

　　簡單來說，有名人光環加持的女性主義，與作為一股社會及政治力量的女性主義運動之間的差別，在於前者著重於個體，後者則是攸關體制。個別名人很擅長為社會議題進行誘人包裝，但名人的決策核心不關懷議題複雜性也不管細微差異，只在乎冷酷無情的現金。如果名人女性主義者在性別不平等之風氣無庸置疑的產業（首先就是電影、電視和音樂圈）裡拋出突出觀點，他們又能做多少努力？強調個別演員、喜劇演員和流行歌手的個人賦權本身或與他人的關係，都只會讓他們所屬的產業老是靠貶低及呈現女人刻板印象賺錢的問題失焦。靠一己之力矯正那些產業難道是名人的責任嗎？當然不是。但建議名人在公開把女性主義作為某種志業奮鬥的同時，最好不要只是想靠這種立場而陶醉於媒體關注當中。再次強調，塑造典範絕非運動目標，但起碼對當前的女性主義議題及觀點多下苦功研究，就可以防止更多類似艾奎特談平等薪酬的悲劇發生。

　　延續有關平等及再現的對話時，運用一點誠實和透明才能有一番作為。喜劇演員艾米‧舒默（Amy Schumer）就是曾被貼上惹事生非標籤的名人女性主義者之一（就如許多站立喜劇演員一樣，她的表演大多在談隱性種族歧視），但新鮮的是她一直以來都拒絕相信媒體那套「女人如今出頭天了！」的媒體渲染，畢竟她旋即奪下艾美獎的威名可是大力助長了這種敘事。二〇一五年秋季，瑪丹娜在麥迪遜花園廣場展開《心叛逆》（Rebel Heart）

巡迴演唱會，擔任娜姊的暖場嘉賓的舒默一上台就對「好萊塢女性將迎接振奮新氣象」的想法發難。「為何會覺得振奮啊？」她反駁，「這個產業不但完全以貌取人，在你清楚自己只是不斷衰老、快速朝死亡邁進的同時，每天卻還有更年輕貌美的小明星不斷冒出頭，而且你知道再過六個月，你就必須穿上長袖白襯衫才能想辦法在感恩節派對上和麥克道格拉斯來一砲嗎？才怪咧，好萊塢女性才沒有迎接什麼振奮新氣象，那是什麼鬼話。」這個段子回應了她自己在二〇一五年推出的幽默短劇〈最後可幹的一天〉（Last Fuckable Day）。影片中的艾米在樹林裡發現茱莉亞・路易絲・卓佛（Julia Louis-Dreyfus）、蒂娜・費和派翠西亞・艾奎特三人，正在慶祝茱莉亞準備從可以飾演「據信可幹」的女性角色，邁入「去造型組定裝時，他們只會拿長袖毛衣給你穿」的階段。

　　舒默可以不用因為刻薄實話而受懲罰是個例外，一部分是因為她的媒介是喜劇，但更重要的是因為她有成功的電影和喜劇中央頻道（Comedy Central）節目，比許多好萊塢同業更能掌控自己的事業。前浪漫喜劇台柱凱瑟琳・海格（Katherine Heigl）就是一個例子，她對女性角色處境直言不諱，下場卻沒那麼好：她在二〇〇七年靠著《好孕臨門》（Knocked Up）的角色而聲名大噪，然而她千不該萬不該就是向《浮華世界》表示自己覺得該片情節「有一點性別歧視」，把女性描繪成「既沒幽默感又拘謹易怒的潑婦」，但男人就是「可愛傻氣又風趣的傢伙」。這下她馬上被貼上「難搞」標籤，就連表面上看起來是女性主義網站的「蕩婦耶洗別」都不認同她的失禮發言，演藝事業也跟著一蹶不振。誰曉得在現今稍微對女人友善一些些的電影業新環境裡，海

　　他們用女性主義幹了什麼！

格那番相對圓融的批判是否可以獲得較好的反應呢，但當時她在媒體圈落得的處境，實實在在地警告著其他女人要好好控管自己的觀點。

幾年後，鎂光燈來到另一位被批評說不夠感恩戴德的女人身上。儘管演出《珍愛人生》（Precious）的莫妮克（Mo'Nique）並未批評電影內容，但她卻因為在電影宣傳期和爭取奧斯卡最佳女配角時態度羞怯而遭到圍剿，即使她最後還是得獎了。接受《好萊塢報導》訪談時，莫妮克回憶起《珍愛人生》的導演李・丹尼爾斯（Lee Daniels）曾跟她說她在好萊塢已經被「封殺」，因為她不願意「好好配合」——你懂的，就是盡力融入一個經常抹滅或排擠有色人種女性的產業。[6]

這類警世故事或許有助於說明為何名人女性主義者（還有追捧他們的媒體）看起來對於女性主義作為一種認同更為自在，而非它的實質內容。話又說回來，要求他們探討具體內容的媒體其實也不多。當我致電自稱是「千禧世代專家」兼作家的莫琳・韓德森（J. Maureen Henderson）詢問她對於在年輕名人之間女性主義形象所帶來的新力量有何看法時，她指出：「如果你是個名人，你就可以利用女性主義正在流行文化裡成為時代思潮的時刻得益。你可以說『我是個女性主義者』，大家也不會真的要你身體力行，或依照你挑的角色和合作對象檢視實際作為，又或是審查你寫的歌。你如此自承就已經夠了——這麼說就足以搶足版面，看起來大家對實際作為好像比較不感興趣。」

更何況，名人以實際行動證明自己的認同又不會獲得什麼實質獎勵。在某些女性主義部落格圈內，確實有些人可能會想向他們施壓，但女性主義部落格圈既不會幫這些名人支付開

銷，也無法找他們演出下一部作品。艾瑪・華森在聯合國發表「HeForShe」的演說後不久，她就宣布她的下一部電影是重拍真人版的《美女與野獸》（*Beauty and the Beast*），也就是那部圍繞著斯德哥爾摩症候群、卻最是溫馨感人的迪士尼故事。這位在二〇一四年剛摘下最佳女性主義者后冠的演員，這下子可以把她的全球倡議志業，和一個有關一名女子愛上一個制服她、還把她關在城堡的男人的故事連結起來，真是個大好機會！等不及聽聽她有什麼話要說了！（氣氛突然凝結～）

好的，所以艾瑪・華森對於女性主義的個人信念沒有因為她接演一個被綁架的公主而受到破壞，就好像喬治・克隆尼（George Clooney）發起政治及新聞道德的倡議也沒有妨礙他為《超級狐狸先生》（*The Fantastic Mr. Fox*）裡頭缺德的主角狐狸先生配音一樣。隨著女性主義成為好萊塢流行語以及她公開自承的一種認同，認為華森會想談談女性主義如何影響她挑選角色也很合乎邏輯。然而，把她的女性主義當作報導焦點的各家媒體卻依然是連問都沒問。這情況完美呈現出一個事實：儘管個別看來，名人女性主義的出發點肯定是立意良善，但它和我們付錢給名人建構的形象和幻想往往沒有實質關聯。

在為英國《衛報》撰寫關於名人女性主義現象的社論時，著有《不良女性主義的告白》（*Bad Feminist*）的作家暨文化評論人羅珊・蓋伊（Roxane Gay）把話講得很白：「只要我們繼續凝視最新名人女性主義者散發的耀眼光芒，就是在迴避全世界女性仍在面對的實質不平等。我們不談薪資差距的棘手議題、不聊我們聽的流行音樂往往充滿性別歧視、不探究我們看的電影把女性故事講述地無比糟糕（可能還根本沒有女性故事呢）、無視女人

的生育自由是如此受限、不面對許多女性普遍面臨著性騷擾和性暴力的現狀。我們都在逃避討論欲改變這種文化所必須付出的努力。」[7]女性主義者彷彿正漸漸成為名人運動的一部分，而不是名人開始加入女性主義運動。

至於形象建構，名人才不管背後複雜性，重點在於提供一種誘人包裝，好讓數量最多的人都能不費吹灰之力地理解。這也是為什麼用媒體企業從來不用的方式向名人提問似乎就非常重要了。與其問名人他們如何「定義」女性主義，我們更該問的是他們如何在其作品和群體裡實踐。當他們為某種志業發起倡議時，大家就別再關注他們穿的衣服了，而是要想辦法擴散他們想傳達的訊息。這些都不是不可理喻的要求，但經過一個只能在政治理念開始為產業本身招來非議之前，容忍政治討論的間接名人文化作用之後，我們才一直以為這樣太過苛刻。如果名人與女性主義有實質利害關係，重點就將不再是誰「勇敢地」承擔這個邪惡的字眼。我們已經花夠多時間讚揚演員和流行歌手用他們的美貌和魅力「重新定義」女性主義或是「顛覆傳統規範」了，他們明明只是露個臉說道：「對，當然，我們都該是平等的。」媒體和流行文化必須協助改變這樣的敘事，不該再讓僅是宣稱自己是女性主義者，就等同於為促進平等付出實質努力。重點不能再放在「誰」說他們支持女性主義，而是他們「如何」實踐這樣的支持。就如好萊塢過去對於愛滋防治意識、環境保護主義、反戰運動等等的立場，名人女性主義也可能會漸漸淡出為下一件大事讓路，但趁著它方興未艾，我們還有少許調整關注焦點的機會。

第二部

陳腐的常態

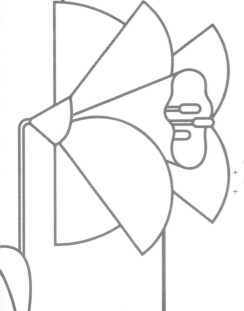

Part 2

The Same Old Normal

第六章

反挫浪潮

　　如果一九八〇年代衝著女性主義而來的反挫浪潮有主題曲，應該會是電影《致命的吸引力》（*Fatal Attraction*）那首不祥的配樂。一九八七年上映的這部驚悚電影囊括了所有對婦女解放的恐懼和憎惡，全部濃縮在一百一十九分鐘片長當中，成為反挫浪潮體現於電影的經典代表作。大家現在應該都知道故事情節了：已婚男子與單身女子發生了一夜情。他拍拍屁股走人，她卻不能自拔。她試圖自殺、擅闖寧靜的市郊家園，還煮了一隻寵物兔。被辜負的可憐妻子殺了這個大膽破壞她婚姻（何況還有她的浴缸）的冒牌女主人後，生活終於回歸正常。這則警世故事的寓意呢？單身的職業女性可怕死嘍，老兄。

　　不過我認為，改編自約翰・厄普戴克（John Updike）原著小說《東村女巫》（*Witches Of Eastwick*）的一九八七年電影《紫屋魔戀》，就和《致命的吸引力》一樣是一九八〇年代象徵大銀幕反挫浪潮的作品。根據厄普戴克在小說裡所寫的同名角色，女巫亞歷珊卓、珍、蘇琪＊原本各自有伴，但如今都是快樂的單身

＊註：三位女巫依序由雪兒（Cher）、蘇珊・莎蘭登（Susan Sarandon）及蜜雪兒・菲佛（Michelle Pfeiffer）飾演。

女郎，她們知道自己掌控著超能力，偶爾也會機靈地使使法術。然而在電影裡，有別於原著的是這三個無名小卒一位喪夫、一位離婚，最後一位則是被拋棄；直到多金、神祕又古怪的達洛·范霍恩搬到鎮上，用混亂的性生活誘惑她們、顛覆無聊的生活後，她們才習慣運用自己擁有的巫術天賦。傑克·尼克遜（Jack Nicholson）飾演的范霍恩（Van Horn）輪流以關於養育及陰性力量的空洞獨白逐一催眠這三位女子，還不留情地貶損許多夜郎自大的平庸男性。「男人真是狗雜種，沒錯吧？」他溫柔地對拘謹的小鎮交響樂團指揮珍說道，「你不用回答，這是事實。他們簡直怕死了，只要面對顯然非常強大的女人，他們的老二就會軟趴趴。於是男人怎麼做呢？罵她們女巫、焚燒和折磨她們，直到每一個女人都心生害怕。怕她自己、怕男人，這全是為了什麼？他們只是怕自己硬不起來罷了。」

　　這部電影＊沉迷於有關陰性力量與男人性能力的膚淺想法，但每到關鍵時刻，又會藉由懲罰相信自身力量可以讓自己獨立的角色來淡化這樣的思維。當有關女主角的小鎮八卦開始威脅到她們的生計，三人也開始疏遠范霍恩時，他可是絲毫沒浪費時間就開始懲罰她們：罵她們是女巫、折磨她們，直到……他自己都說過了。最後在出於絕望之下，三人集中法力開始反擊，雙方展開壯觀的大戰套路時，更揭露出范霍恩對女性的真實感受。三位女主角對他下咒後，范霍恩一路跌跌撞撞地走進小鎮教堂，不但摔得屁股朝天還嘔吐（我有說過這是一部喜劇嗎？），他開始抱怨

＊註：導演是喬治·米勒（George Miller），亦為二〇一五年最具女性主義精神電影《瘋狂麥斯：憤怒道》的幕後舵手。

女人對所有願意愛上她們的可憐蟲所犯下的惡行惡狀，祈求上帝解釋這些宛如地獄來的生物到底是怎麼回事兒：「究竟女人是個錯誤，還是**祂故意創造來整我們的**？」

如同瑪格麗特・愛特伍（Margaret Atwood）一九八四年發表於《紐約時報》的書評所提到的，在厄普戴克的小說裡，這些女巫的力量來源很單純：「她們現在都沒老公了⋯⋯（小說）體現出美國小鎮社會對離婚婦女懷抱的普遍觀感。」在小說尾聲，這三位女子全都再婚了；但在電影裡，范霍恩用老套方法取得最後的勝利，也就是藉由搞大這三人的肚子重新奪回他賦予她們的獨立自主。在電影的最後一幕，儘管這三個女人成功打敗范霍恩的肉體，但她們卻真的懷上了三胎撒旦之子，而且全都是男孩，脫離肉身的惡魔更透過一大排電視機將他們召喚出來。這不僅是對女巫們的最後警告，更是告誡所有自認可以敢於脫離或改變那位不可或缺的男人的自負女性：別太安逸啦，女士們。

整體而言，作為一種迅速對現狀造成威脅的運動匯流，一九六〇年代及一九七〇年代的婦女解放成果很快遭到偏頗地調和。上街示威遊行的倡議者被視為「一小群不穿胸罩的蠢蛋」；《新聞日報》（*Newsday*）的記者瑪莉蓮・高斯汀（Marilyn Goldstein）就曾奉編輯指示「去找一位會說這些抗議只是天殺的在胡說八道的權威人士」。某些被珍妮佛・波茲納（Jennifer L. Pozner）稱為「偽女性主義殆盡症」（False Feminist Death Syndrome）的早期事例，還曾刊載於一九八二年某期《女士》雜誌的「不予置評」（No Comment）專欄當中。（珍妮佛・波茲納形容偽女性主義殆盡症是「一種經由媒體傳播的惡性病毒，玷汙了我們對婦運之歷史、意識形態及目標之集體認知。」[1]）

此專欄最出名的特色原本是搜羅過分性別歧視與種族歧視的廣告，這期卻囊括了許多報紙及雜誌標題，它們全都對性別平等之戰明顯的衰敗與弛廢感到幸災樂禍：例如〈為婦女運動吟唱安魂曲：鼎沸人聲中的空洞迴響〉〔一九七六年《哈潑》（*Harper*）雜誌〕、〈婦女解放已死〉〔一九七三年《教育文摘》（*Educational Digest*）〕及〈女性主義玩完了嗎？〉（一九八一年《Mademoiselle》雜誌），這些宣告及滿懷惡意的疑問都是媒體沉痾的病徵。

　　蘇珊・法露迪（Susan Faludi）在一九九〇年出版的著作《反挫》（*Backlash*）一書中，形容這種反挫是「一段沒完沒了的削弱過程……已經成功煽動女性的私密焦慮，並且重挫她們的政治意志」，而它之所以奏效更是因為換上了一種高明偽裝——後女性主義（post-feminism）。儘管這個詞語的起源時有爭議，但在一九八〇年前，它主要都和眾多以「後」為字首的理論一同出現在學術書寫當中（例如後現代主義、後殖民主義、後結構主義等等）；「後」字原本所推定的意思是，接續而來的發展應奠基於女性主義理論基礎。但隨著這個專有名詞跳出學術界、滲透保守派當道的新年代，主流媒體似乎樂得把後女性主義的「後」當成「對抗」來用，著實令人擔憂。彷彿在說：「收拾包袱快滾吧，你沒戲唱了。理論大作都寫完了、示威者也遊行過了，如今沒看頭了。」

　　這個詞語最早見於主流書寫，是在一九八一年《紐約時報》一篇名為〈後女性主義世代觀點〉的社論，作者蘇珊・波勒廷（Susan Bolotin）在文中提到，她發現年輕的中產階級女性正主動迴避女性主義概念。波勒廷的訪談對象談起女性主義與婦運

時，絲毫不掩飾她們的憐憫態度；其中一人說道，「可以獨立自主又堅強當然很好，但那些女人很多都孤伶伶的。」另一人也說：「社會上當然有歧視，但總不能老是自怨自艾。證明自己的價值是每一個女人的責任，之後她才能要求平等薪資。」這種認知失調的言論令人咋舌，而且就連該文作者也懶得費心爬梳第二波女性主義者為平等所做的付出，以及受訪者對其加以詆毀的自由這兩者間的脈絡。

　　《紐約時報》社論指出的拒斥聲浪都集中在一個非常特定的族群──多數是受過大學教育、具有事業心的年輕白人女性，她們的想法和經驗於是成為媒體報導「女性主義之死」的無價素材。其實女性主義正是在一九八〇年代趨於成熟，只是剛好發生在主流媒體不願垂憐之處。尤其是黑人及拉丁裔女性在這整個十年之間，形塑出一種更明確認可種族及階級認同如何與性別交織的女性主義，進而啟發並影響女性的生活；然而，婦運較注重白人及中產階級婦女之憂慮的情況，卻令她們在第二波倡議行動中的參與黯然失色。女人主義（Womanism）與多元交織性女性主義（intersectional feminism）極富開創性的文本於一九八〇年代問世──包含安吉拉‧戴維斯（Angela Davis）的《婦女、種族與階級》（*Women, Race, and Class*）；雪莉‧莫拉佳（Cherrie Moraga）及葛羅麗亞‧安莎杜瓦（Gloria Anzaldua）合著的《我背為橋》（*Bridge Called My Back*）；格洛莉雅‧希爾（Gloria Hill）、派翠西亞‧貝兒‧史考特（Patricia Bell Scott）及芭芭拉‧史密斯（Barbara Smith）共同編輯的《所有女人皆白人、所有黑人皆男人，但我們其中有些勇敢之人》（暫譯）（*All the Women are White, All the Blacks are Men, but Some of Us are*

Brave）；寶拉・吉汀斯（Paula Giddings）的《何時何處》（暫譯）（*When and Where I Enter*）；奧黛・洛德（Audre Lorde）的《局外人姊妹》（暫譯）（*Sister Outsider*）；還有貝爾・胡克斯（bell hooks）的《女性主義理論：從邊緣到中心》（*Feminist Theory: From Margin to Center*）等等──全都不符合把女性主義認定為一場已經歷潮起潮落之窮途運動的主流媒體敘事。就媒體報導而言，有色人種女性積極拓展學術圈內外之女性主義理論範疇的辛辣程度，根本不值得占據任何版面。但如果是白人女性在殘忍抹滅運動前輩之辛勞的同時，還能貪婪地享受其勞動果實呢？那可就有賣點了。

　　媒體後女性主義並非異軍突起，國內氛圍發生巨變才是始作俑者。在一九八〇年，雷根總統仗恃著一股逐漸崛起的保守主義及新自由主義勢力強勢入主白宮，別的暫且不提，光是他的政綱──反墮胎、反民權、反社會服務、反平權措施──就是數十年政策皆劍指女性自主權之肇端。雷根將《平等權利修正案》（Equal Rights Amendment）自共和黨黨綱中刪除、支持反墮胎的《人類生命修正案》（Human Life Amendment）、和宗教右派（Religious Right）結盟，更以遭到他過度渲染成榨乾政府的「福利女王」（welfare queen）＊形象激起大眾對貧困家庭的仇視。共和黨以驚人速度向右轉，對於女性、少數族裔、移民和心理疾病患者等族群的態度，竟詭異地融合了正義牛仔的幻想與卡通反派的惡行。〔「我們已經試著求見總統兩年了，但他不願接見婦女團體，」本身也是共和黨員的全國婦女政治核心

──────────

＊ 譯註：福利女王意指濫用社會福利的窮人，尤其針對黑人單親媽媽。

（National Women's Political Caucus）主席於一九八三年如此說道，「我看大概沒有任何女人可以靠近總統。」〕[2]

在這種社會背景之下，多數主流媒體都將第二波女性主義的具體成果改寫為失敗（failures）——包括無過失離婚、家暴治罪、教育機會均等、公平聘僱等等。這些自由、第二波女性主義的故事，再搭配砲聲隆隆的社論特稿，已然催生出超獨立女性形象的怪獸，她們太晚才意識到自己無子嗣、孤單又渴望被愛。報章雜誌樂此不疲地精心挑選統計數據，再將研究發現扭曲成大罵性別平等早已失控的荒唐報導。法露迪指出，媒體採納後女性主義之舉並非偶然，而是要發動一場奠基於錯誤邏輯、毫不縝密並且對女性主義者的實質斬獲由衷感到厭惡的討伐行動。她寫道，「第一個向主流觀眾陳述女性生活之矛盾再自行解答的就是媒體……（媒體說）女人已經達成這麼多成就卻還是不滿足，讓女人備感痛苦的肯定是女性主義的成果，而不是社會對那部分成果的反應。」[3]

關於這股反挫浪潮最出名的新聞，就是一九八六年《新聞週刊》（Newsweek）的〈婚姻短缺危機〉報導。週刊封面放了一張彷彿是全世界最恐怖的雲霄飛車下坡段的圖表，旁邊更寫著聳動的圖說：「如果你是單身女郎，這就是你結婚的機率」。內頁的報導如今為人詬病，它聲稱接受大學教育且四十歲前還未婚的異性戀女性，遭恐怖分子殺害的機率甚至還比找到老公還高：光是這項論斷就衍生出數千篇趨勢報導、約會交友服務、尋覓如意郎君講座和感情建議專欄。但就如法露迪所說，這篇報導是由《美國婚姻型態》（Marriage Patterns in the United States）這篇研究報告推論而來，分析該報告的實際發現就會知道情況一點

也不如《新聞週刊》詮釋得那麼悲慘（而且根本沒提到恐怖主義）。不過在社會風氣漸趨保守的時代，「家庭價值」開始成為代表男人出門賺錢養家、女人乖乖當主婦的異性戀婚姻暗號；當時的主流媒體渴求任何有助於抹黑或削弱女性主義的新聞，《新聞週刊》這篇聳動的報導簡直是一箭雙鵰。它不但指謫女性主義害女人甘冒風險晚婚，字裡行間散播的恐慌更是在暗示，儘管女人大談解放與獨立，但她們真正渴望的還是傳統正規的愛情故事。這種敘事不僅歷久不衰，還包裝得精美無比而且傳播迅速。一九八三年至一九八六年間，共有五十三篇悲嘆職業婦女孤單無依（還有女性主義在其不幸中所扮演的角色）的專題報導，相較於那段期間的前三年，加總起來也不過五篇。

激情抨擊

正如電影《紫屋魔戀》描繪的一樣，解放反為自負白人女性帶來的深層恐懼簡直是好萊塢的金雞母題材。隨著第二波女性主義開始發展，關於婦運對核心家庭（nuclear family）及異性戀情愛會帶來何種影響的焦慮，早已成為某些電影的主題。《主婦狂想曲》（*Up the Sandbox*）、《再見愛麗絲》（*Alice Doesn't Live Here Anymore*）、《慾望城市單身日記》（*Sheila Levine is Dead and Living in New York*）讓人得以一窺女性扮演傳統性別角色時所產生的挫折感，以及她們抗拒反叛的高度社會化本能；其他如《超完美嬌妻》（*The Stepford Wives*）和《尋找顧巴先生》（*Looking for Mr. Goodbar*）等電影，更是直接將自由與危險掛鉤。然而，後女性主義流行文化在描繪思想解放的女性時可是毫

不含糊，她們不是邪惡地結合性自主及情感需求把男人的生活搞得天翻地覆的心機潑婦，不然就是自身野心的瘋癲受害者。舉例來說，在《克拉瑪對克拉瑪》（*Kramer Vs. Kramer*）中，自私的職業婦女喬安娜必須「找回自我」，於是丟下倒楣的丈夫獨自扶養他以往極少與之互動的孩子；《收播新聞》（*Broadcast News*）中神經質的明星製作人珍‧奎格在職場更上一層樓時，就一定會在情場失利。還有《曼哈頓》（*Manhattan*）裡的吉兒‧戴維斯，她是伍迪‧艾倫所飾演的艾薩克的前妻，更被描繪成是不斷自揭兩人婚姻瘡疤的無情冰山美人，還是個閹割男子氣概的蕾絲邊。〔吉兒和喬安娜這兩個角色都由梅莉‧史翠普（Meryl Streep）飾演，隨你怎麼想囉〕

在小螢幕上，故事情節往往也十分相似：某些最突出的電視劇女角，都是黃金時段肥皂劇裡詭計多端、老愛中傷他人的女族長（matriarchs），例如《朝代》（*Dynasty*）、《鷹冠莊園》（*Falcon Crest*）和《解開心結》（*Knots Landing*）等等，這些影集裡大量女人互相扯髮掌摑的畫面，再再削弱了姊妹情誼比金堅的信念。這時女性主義又成了個人權力鬥爭，參與其中的女性總會無情地犧牲所有妨礙她們飛黃騰達和取得掌控權的事物。[4]此外，在相對新穎的職場情節劇如《洛城法網》（*L.A. Law*）、《波城杏話》（*St. Elsewhere*）和《希街藍調》（*Hill Street Blues*）裡，選擇工作而放棄家庭的女性角色總會付出慘痛代價（情節極為誇張），精神崩潰、藥物成癮樣樣來，甚至不乏圖謀復仇的老公。為電視節目平添倒退氛圍的還有蔚為風潮的電視布道（televangelism），雖然這種節目早在一九八〇年代就存在，但隨著雷根政府向基本教義派基督教靠攏，它於是在文化對話

（cultural dialogue）裡攻下一席之地。吉姆與譚美貝克牧師夫妻（Jim and Tammy Bakker）的《讚美主俱樂部》（Praise the Lord, PTL）、傑瑞・佛威爾（Jerry Falwell）的《道德多數》（Moral Majority），以及吉米・史瓦格（Jimmy Swaggart）的《神召會》（Assemblies of God）等電視布道節目皆吸引了為數驚人的觀眾。雖說上述節目主要都是在對信徒講道，但他們對離婚、同性戀、《平等權利修正案》和女人拋頭露面去工作的誇張譴責，很快就滲透世俗觀眾的視線當中。

再回頭談談我們的老朋友《致命的吸引力》（*Fatal Attraction*）。這部超級強片最初由英國編劇詹姆斯・迪爾登（James Dearden）構思而成，原本是拍成一部名為《無福消受》（暫譯）（*Diversion*）的短片，內容聚焦於男人外遇須擔負的道德後果。擁護原作的好萊塢製片雪莉・藍辛（Sherry Lansing）回憶道，「我喜歡短片安排男主角承擔起責任。他必須面對後果⋯⋯這就是我在電影裡想傳達的訊息。我希望觀眾對女主角深感同情。」[5]但藍辛將劇本交給派拉蒙（Paramount）之後，迪爾登被迫改寫故事，劇情不再著墨於不完美世人在道德上的灰色地帶，反而將男主角重塑為全然無辜之人、女主角卻是精神失常的神經病，就連她的性自由（sexual freedom）和成功事業都無法彌補她對家庭的極致渴望。導演安德瑞恩・林（Adrian Lyne）曾毫不掩飾地蔑視思想解放的女性——「你們確實事業有成，但算不上完整的女人。」飾演男主角的麥克・道格拉斯（Michael Douglas）同樣嗤之以鼻，說道：「若真要問的話，我實在受夠女性主義者了，她們煩死了⋯⋯男人現在正經歷一場可怕的危機，因為女人總有不可理喻的要求。」如此強烈的憤怒讓結局絲

毫沒有更動的餘地。電影的原始結局是第三者亞利絲自殺，藉此陷害無辜又後悔萬分的男主角丹犯下殺人罪，但這個版本遭到否決，改成丹和他的太太一起抵禦殘忍行凶的亞利絲。（《致命的吸引力》上映二十五年後，迪爾登終於可以將他最初編寫的故事製作成舞台劇於倫敦演出。）

　　性自主的黑人女性在這個年代的銀幕形象也同樣飽受爭議，只是沒那麼駭人聽聞罷了。史派克・李（Spike Lee）於一九八六年推出大銀幕處女作《美夢成箴》（*She's Gotta Have It*），該片英文片名裡提到的「她」是周旋於三位愛人間的藝術家女主角諾拉・達林，這三個愛人原則上互相討厭，但他們更恨諾拉膽敢理直氣壯地表達自己的慾望。她對性愛毫不在乎的態度令她在那三人眼中成了「怪胎」和「女性癮者」（nympho）——實在沒有什麼中性詞彙可以形容享受性愛、卻又不想將之與愛情或穩定關係綁死的女人。此片在尾聲迎來精采高潮，諾拉的愛人傑米把她丟到床墊上強暴，同時還咄咄逼人地問道：「這是誰的屄？」這一幕的本意不是想讓人心生恐懼，反倒是想表達這是把諾拉「馴服」為正經女人及伴侶的唯一辦法。此片上映時，黑人女性主義者珂拉・哈里斯（Cora Harris）在評論中哀嘆，那幕強暴戲碼似乎被解讀成是受到諾拉的自主權挑釁才發生的，而不是源於傑米大男人主義的占有慾：「史派克・李自己就說過，」哈里斯寫道，「諾拉的行徑『就像男人一樣』——即所謂的偽男人（pseudo male）。如此一來她便跳脫出『女人的角色』，所以諾拉會感到憂鬱、做惡夢和遭遇強暴都是活該。」[6] 目前正在為 Showtime 電視網籌備重拍《美夢成箴》影集版的史派克，在二〇一四年某次訪談中向娛樂網站「好萊塢截稿」（Deadline

Hollywood）表示，他職涯中的一大遺憾就是這幕強暴戲：「如果我能重拍任何作品，肯定會是那一幕。」

多數人在思索女性主義臭名的源頭時，腦海裡浮現的形象大多是一群張牙舞爪的女示威者，一邊穿著難看的寬褲一邊大聲捍衛她們的權利──宛如安德莉雅・德沃金（Andrea Dworkin）的麾下大軍。但伴隨著反挫而來的媒體和流行文化形象，殺傷力也不遑多讓。身為在一九八〇年代開始接觸女性主義的青少年，我自己闡述想法及觀點的能力──即使是對朋友和家人表達意見──肯定也曾受那十年間深植於流行文化產物的憎惡感所壓抑。社會斬釘截鐵地對女人及女孩說「你們享有平等地位」，偏偏我們的經歷往往大相逕庭，但這般失調的感受對我們多數女性而言依然無以名狀。

潮起潮落，絕非溺斃

一九八〇年代，建構於政治、經濟和社會文化裡諸多嚇人的刻板印象當中──例如華爾街出產的斂財雅痞，或是雷根經濟學幻想出來的開著凱迪拉克豪車的福利女王──對女性主義者的刻板印象倒是既抽象又強烈。寶拉・凱曼（Paula Kamen）在一九九一年出版的著作《要命的女性主義者》（暫譯）（*Feminist Fatale*）一書裡，嚴加審視反挫浪潮對其同儕世代的影響，她發現無論男女，絕大多數族裔多元的年輕受訪者都支持女性主義的**目標**，卻會迴避女性主義這個字眼，只有 16% 的受訪者願意以女性主義者自居。那種情況就和我在一九九〇年代初期，在大學課堂上初次接觸女性主義遇到的態度如出一轍；我還記得我曾參

加某個新創辦的女性主義學生社團會議，但大家在長達四分之三的會議時間內，全都在爭辯在懸掛於學生中心的社團旗幟放上那四個字是否「太超過」。和我們糾纏不清的刻板印象簡直多如牛毛，一如凱曼所列：「燒胸罩、長滿腿毛、亞馬遜女戰士、閹割情節、反陰性氣質的極端分子、共產黨員、馬克思主義者、分離主義者、女光頭黨人、女人至上主義者、男扮女裝、一群蕾絲邊、『臭歹克那副德行』、仇男者、對男人施暴、想搶男人的工作、想支配男人、想當男人、故意留短髮好讓人倒胃口、忙著做奇怪事情的怪妞、愛講『我是女人聽我怒吼』、緊繃、憤怒、白人中產階級激進分子。」

　　但一九九一年出現了一個關鍵時刻，這個凶兆讓許多接受凱曼訪問的年輕人赫然發現，無論有沒有腿毛，女性主義依然是一項未竟之業。那就是任命克拉倫斯・湯瑪斯（Clarence Thomas）為最高法院大法官，同時讓法學教授安妮塔・希爾（Anita Hill）的名號變得人盡皆知的國會聽證會。若要說有個大事件將能駁斥後女性主義的謊言，那肯定是希爾回憶起她在平等就業機會委員會的前老闆湯瑪斯當時是如何待她的電視聽證會。那幾場聽證會對於性騷擾的理解有多具開創性，要形容得再誇張都不為過：它們讓許多觀眾 —— 包括我自己 —— 首度得知，原來有詞彙可以用來描述我們在學校或職場中本應一笑置之或感到奉承的行為。對於從小就聽聞社會保證自己就和男孩一樣有潛力、擁有空前選擇與機會的年輕女性來說，這些聽證會揭露出令人坐立難安的真相，那就是在公領域生活裡，身為一位女性究竟代表何種意義竟仍由男人界定。另外，在有色人種女性看來，有很多人早就因女性主義及後女性主義不言而喻的白人特性（whiteness）而深

覺遭到抹滅,聽證會更是讓人回想起佛蘭西絲．畢爾(Frances Beal)在一九六九年出版的同名論文集裡所謂來自種族與性別的「雙重危險」(double jeopardy)。〔在二〇一四年的聽證會回顧紀錄片《安妮塔》(Anita)中,希爾坦言:「我無法既身為黑人女性,同時又是一個女人。」〕

　　我和大學室友一起從餐廳趕回來觀看聽證會,當時的心情就和我們每個禮拜收看《飛越比佛利》(Beverly Hills, 90210)一樣急切。親眼看到聽證會裡裡外外都籠罩著鄙視希爾的氛圍實在令人不寒而慄;無論是在國會、新聞報導、談話節目或報紙上,眾人拒絕接受希爾之陳述的嘴臉隨處可見——他們更連帶無法理解性騷擾是一種真實存在之情事。當她正面迎擊參議院司法委員會(Senate Judiciary Committee)一整排存疑的蒼白男委員時,就連希爾出席聽證會的權利似乎都遭到質疑。〔「你是懷恨在心的怨婦嗎?」方下巴參議員豪爾．海夫林(Howell Heflin)甚至如此盤問,試圖釐清希爾同意出面指證湯瑪斯的理由;整個委員會似乎都忘了一點,當初傳喚她出席的就是他們自己。〕

　　即使許多黑人男女不贊同湯瑪斯的保守派政治主張,但由於他有望進入美國最高法院頗具里程碑意義,便因此憎恨希爾背叛他們所認定的兄弟。有不少本意良善的女性(遺憾的是其中包括我的母親)則是好奇,希爾是否做了什麼「誤導他」的行為。媒體大罵「過度敏感」(oversensitivity)和「男生就是這樣嘛」(boys will be boys)的叨叨絮絮滲透了聽證會的氛圍,彷彿希爾在平等就業機會委員會辦公室裡拒談陰毛和陰莖大小,就是狂暴的女性主義橫行無阻的血淋淋案例。在往往如馬戲團表演般離奇的聽證會上,就連貌似對希爾略感同情的參院司委會成員也老是

在破壞她的信譽。最令人難忘的就是如今形象討喜的副總統喬・拜登（Joe Biden）了，當時他身為委員會主席，不僅拒絕傳喚希爾的關鍵證人，更向湯瑪斯保證他絕對享有「無罪推定」，亦未能查詢艾倫・辛浦森（Alan Simpson）參議員宣稱曾寄給湯瑪斯警告「當心這女人搞出來的性騷擾破事」的那些信件及傳真。[7]

要引發全國熱烈討論性騷擾或許不必靠這些聽證會刺激，但它們確實迫使逾十年來都樂於宣告女性主義已死或陷入蟄伏的主流媒體對此予以關注。湯瑪斯獲任命後不久，《紐約時報》刊出一份全版聲明，內文主張「許多人錯把針對克拉倫斯・湯瑪斯的指控描繪為若非性別即種族的議題；身為非裔女性，我們認為這兩者皆是性騷擾議題的根源……這個國家長久以來都有種族及性別歧視的遺禍，從未嚴肅看待黑人女性受到的性侵害。」聲明結尾宣告：「我們誓言持續倡言保衛彼此、保衛非裔美國人群體，對抗仇視社會正義之人，無論其皮膚膚色。除了我們自己，沒有人會替我們發聲。」署名的一千六百零三人集資五萬美元買下這則廣告版面——批判性種族理論（critical race theory）學者金柏莉・威廉斯・克蘭肖（Kimberlé Williams Crenshaw）後來指出，「這是在出資讓她們自己加入論述」——並自我宣告著「非裔美籍女性為自己辯護」。[8] 女人居然還要自己付錢才能讓社會傾聽她們聲音的事實，再再突顯出女性主義認同遠比多數媒體願意承認的更加複雜且必要。

社會普遍評價希爾控湯瑪斯聽證會刺激直言不諱的女性主義起死回生，尤其激勵年輕女性認知到一點——與蘇珊・波勒廷的「後女性主義世代」異議分子認知不同的是，她們可不能將前人替她們奮鬥的心血視為理所當然。知名第二波女性主義作家、詩

人暨女人主義者艾莉絲・沃克（Alice Walker）的女兒蕾貝卡・沃克（Rebecca Walker）就是其中之一。小沃克在聽證會結束後數月出版的《女士》雜誌特刊中，首度以倡議者之姿表態，她在文中重溫電視上種種人格詆毀在她心裡醞釀而生的怒火；她寫道，「我已矢志奉獻畢生精力給女性歷史、婦女健康和女性療癒，就如同我母親過去付出的努力。我所做的每一個決定都必須堅守自身女性主義的正義標準，」但這篇投書的最後一句話——「我並非擁護後女性主義的女性主義者，我是第三波女性主義者。」——才是此文的致勝一擊：狠狠駁斥反挫勢力，力道之強勁足以掀起歡聲雷動。這篇文章產生極大迴響，出刊不久後，沃克就與夏儂・利斯（Shannon Liss）創辦第三波直接行動公司（Third Wave Direct Action Corporation），致力於將年輕女性主義者的熱情轉化為社會及政治上的變革。

　　隨即被稱為「第三波女性主義」的初期論述並非來自單一作者的論戰或宣言，而是出自大多十分年輕的女性作者探討倡議、認同和社會變遷之潛能的文選彙編，她們亦形成一個混雜不同種族及政治立場的團體。最早的作品皆出版於一九九五年，包括沃克彙編的《坦言真相與改變女性主義之面貌》（暫譯）（*To Be Real: Telling the Truth and Changing the Face of Feminism*），以及《女士》雜誌主編芭芭拉・芬德倫（Barbara Findlen）編輯的《傾聽新世代女性主義者》（暫譯）（*Listen Up: Voices from the New Feminist Generation*）。兩本文集的選文主題涉獵極廣：橫跨族裔、審美標準、顛覆家族期望、性別歧視與嘻哈、探索性向等等。但兩本文選都讓人感覺文章的作者不只是在對抗現今尚存且根深蒂固的性別拘束，還有女性主義者這個標籤本身所帶來

的限制。他們受制於從先前的女性主義承接而來的包袱，思忖著在稍微改變倡議做法的同時，又該如何榮耀前人的勞動、成果和失敗；同時也承認自己所認知、單一的大一統女性主義已經使他們不自覺產生罪惡感——他們擁有了新工具，卻還有好多未竟之業。[9]

各位稻草人女性主義者，請見漏洞女

從時序上而言，美國第三波女性主義者（我自認歸屬於這個群體）象徵著一九六〇及一九七〇年代頗具政治色彩的那一輩的孩子（不過小沃克確實是那一代人的小孩）。從全國性的水及石油短缺、海外人質危機、「停滯性通貨膨脹」（stagflation）、毒品氾濫、迫在眉睫的核戰威脅、山姆之子（Son of Sam）＊掀起恐慌，再到合成纖維蔚為風潮，我們所成長的世界算不上是烏托邦，但我們擁有懷抱著社會良知的流行文化。我們受益於《教育修正案第九條》，親眼見證網球名將比莉・珍・金（Billie Jean King）在「兩性爭霸戰」（Battle of the Sexes）中痛擊鮑比・里格斯（Bobby Riggs）。我們熟悉《自由的你與我》（Free To Be...You And Me）專輯的每一句歌詞，在這張偏自由派思想的兒童專輯中，身材魁梧的橄欖球員兼刺繡迷羅西・格瑞爾（Rosey Grier）向我們保證〈哭了也沒關係〉（It's Alright To Cry），卡

＊譯註：「山姆之子」本名大衛・理察・伯科維茨（David Richard Berkowitz），曾用小刀襲擊多名路人，隨後又於一九七六年買入左輪手槍向路人近距離隨意射擊。

洛‧錢寧（Carol Channing）的〈家事〉（Housework）更是破解了廣告業的話術。我們沉浸於諾曼‧李爾的電視帝國，他創作出一系列關於時事、具有種族及階級意識的情境喜劇，將墮胎、種族歧視、白人遷徙（white flight）＊及強暴等議題直接拋到家家戶戶眼前。就連玩具也頗有啟發：加州大學戴維斯分校的博士候選人伊麗莎白‧詩威特（Elizabeth Sweet）最近對零售商品目錄裡的玩具廣告進行研究，發現一九七五年堪稱中性玩具的行銷巔峰，有七成的玩具廣告完全沒有提及性別，其中有許多更是透過展示女孩玩建築遊戲及扮演機長、男孩在廚房下廚等類圖示有意識地顛覆性別刻板印象。[10]

我們上小學時未必會討論社會正義運動，但女性主義及民權運動幾乎形塑了我們各方面的生活，許多人更是身在福中不知福。無論廣大的母親、父親、祖父母和美國保衛者們當年是否支持作為一場政治運動的婦女解放（women's liberation），社會良知都已經在主流社會扎根，並經過立法進一步強化，再透過媒體和流行文化廣為傳播。但隨著我們持續成長，許多人漸漸覺得所謂平等云云或許已經許下過度承諾。責罵女孩在操場和男孩玩足壘球及鬼捉人玩得太粗魯的小學老師，變成了懷疑女孩能否「真正理解」物理的高中老師；而且這一路走來，對於約會及性愛的雙重標準也始終不屈不撓。

哥倫比亞大學法學教授蘇珊‧史騰姆（Susan Sturm）以「第

＊ 譯註：白人遷徙以往是指社經地位較高的白人大批遷離黑人聚集的市中心，移居市郊的白人社區以避免種族混居，同時躲開城市雙雙上升的犯罪率和稅收負擔。

二代偏誤」（second-generation bias）一詞，形容理當已經受到婦女及民權運動之成果「矯正」，卻悄然隱藏在學校、企業和其他機構當中的性別歧視與種族歧視。如果「第一代偏誤」是公然阻礙自主權及成就實現——例如大學系所拒收女性及少數族裔、非法絕育、性別及種族隔離的徵人啟事——那麼第二代偏誤就顯得幽微許多，而且還可能被解讀或內化為個別事件。第二代性別偏誤的陰險之處——包括非正式排除、缺乏良師與榜樣、懼怕符合刻板印象——與新自由主義之思想傳播相互勾結，重新定義所謂的結構性不平等僅僅是個人挑戰。依這種邏輯推論，若說女人如今有權去做所有男人可以做的事，那麼任何障礙和失敗皆非源於社會結構而是個人問題，並且只要變得更好、更快、更強以及更富有就能修復。這樣的環境強力滋養著後女性主義的新迭代——就稱它為「『我不是女性主義者但……的女性主義』」（"I'm-not-a-feminist-but" feminism）吧」——開始在針對第三波女性主義的反挫勢力扎根，會吸引主流媒體和流行文化的關注也絕非巧合。

到了一九九〇年代初期，政治環境充斥著一種苛刻的普遍觀感，那就是就算女性主義尚未威無所施，肯定也助長了一種受害者文化的形成，不但將女孩及女人幼童化、妖魔化男人，更讓性之間的互動變得危機四伏。新自由主義開始對社會責任凝聚出一種「我也很辛苦，管你去死」的態度，美國媒體也開拓出一個新戰場，企圖哀悼那個沒有人會被迫承認不平等、結構性偏見或冒犯言語確實存在的年代。許多人提到「政治正確」（political correctness）時絲毫不掩飾嘲諷的神情，彷彿必須多多思考自己說過的話和說的方式有多令人筋疲力竭。「思想警察」

（THOUGHT POLICE）四個大字讓一九九〇年某期《新聞週刊》的封面報導聲名大噪，副標題還寫著〈如今談論種族、性事與想法都必須嚴守「政治正確」。這到底是新啟蒙運動還是新麥卡錫主義？〉。（老師請下不祥的配樂！）報導內文詳述美國大學在拓展課程和提升包容度方面所做的種種努力，但「多元性」（diversity）及「多元文化主義」（multiculturalism）旁邊招搖的上下引號，明顯透露出撰文記者認為這些事是過度敏感又沒意義的矯情蠢話。

後女性主義這個術語就是在這時開始稍有轉變，從女性主義式微的誇大報導，演變成艾瑞兒・利維（Ariel Levy）於二〇〇五年著作《女沙豬》（暫譯）（*Female Chauvinist Pigs*）裡所謂「漏洞女」（loophole women）的國度——她們相信自己已經進化到不需要女性主義者掃興鬼及其拘謹的意識形態來礙事了。這些女人的領袖人物就是嘩眾取寵的理論家卡米爾・帕格莉雅（Camille Paglia）；她在一九九〇年代初期出版的三部著作《性形象》（*Sexual Personae*）、《性、藝術與美國文化》（*Sex, Art, and American Culture*）及《尤物與淫婦》（*Vamps and Tramps*），以挑釁意味濃厚的文字喜孜孜地刺激著運動的女性主義福音。對帕格莉雅而言，女性主義運動最要命的失誤，就是企圖阻擋她宣稱自然展露於強暴行為中的男性生命力：「抱持凱莉・納西恩（Carrie Nation）＊那派嚴肅壓抑之觀點的女性主

＊ 譯註：凱莉・納西恩是美國禁酒令實施前反對酒精濫用的激進分子，亦是女性主義者，最出名的行徑是隨身攜帶紅色斧頭劈爛酒館的木製吧檯及酒桌。

義，無法看清男人在強暴行為中得到的情色快感，尤其是狂野且感染力極強的輪姦狂想。」（好吧，我看又是我們女人的錯了）她發現女人普遍感到匱乏，一部分是因為女人尿尿時就是無法像男人尿尿一樣有魄力：「男性排尿實在是一種造詣，瞧瞧那條卓越的弧線。女人就只能澆淋她所站立的地面。」雖然帕格莉雅宣稱自己（還有瑪丹娜）是文化圈內最堅貞的女性主義者，但她卻將自己主張之外的所有女性主義都貶斥為過時的受害者學（victimology），譏諷婦女運動「已經淪為一種來者不拒的團體，收留一大堆纏人的愛哭姊妹拿舊事發神經。」

帕格莉雅派在那十年間逐漸壯大，因而招納了一些漏洞女同類，她們讓主流媒體詆毀女性主義的工作變得更加輕鬆了。第二波女性主義者作家安・洛芙（Anne Roiphe）的女兒凱蒂・洛芙（Katie Roiphe）於一九九三年出版《事後清晨：性、恐懼與女性主義》（暫譯）（*The Morning After: Sex, Fear, and Feminism*）時就掀起一陣媒體轟動。在出版此書之前，她已經針對她極為懷疑的「約會強暴歇斯底里症」（date rape hysteria）調查了一年；她在書中主張，熟識者強暴（acquaintance rape）的案例之所以與日俱增，正是女性主義鼓吹女人將自己視為受害者的結果。〔而不是因為大家不再把性侵害說成「糟糕的約會」（bad date），就像她母親和我母親所做的改變一樣。〕雖然她的論點和「我不認識任何曾遭強暴的人，所以大概沒這種事」差不多，但二十五歲的洛芙就如同帕格莉雅，自命不凡地想大膽修正第二波女性主義認為女人永遠是獵物的空泛思維。

一九九三年還有另一個奇觀，娜歐蜜・沃夫（Naomi Wolf）的著作《以火攻火：新女性力量如何定義二十一世紀》（暫譯）

（*Fire With Fire: The New Female Power and How It Will Define the 21st Century*）將全力進取的「力量女性主義」（power feminism）塑造成一種替代方案，替代什麼你肯定猜到了——那就是「受害者女性主義」（victim feminism）。此外，雖然芮妮‧丹菲爾德（Rene Denfield）在一九九五年著作《是誰背叛了女性主義：年輕女性對舊女性主義的挑戰》（*The New Victorians: A Young Woman's Challenge to the Old Feminist Order*）裡，提出某些針對自由女性主義抹滅非白人及非中產階級女性的重要挑戰，但此書的重心依然是在譏諷女性主義者都是想閹割男人又崇拜女神的瘋子。無論是彼此之間或在文化氛圍上，這些作者的共通點就是她們都認為集體行動毫無實質價值，擁有戰勝性別不平等的能力並非女性主義的課題，而是個別女性自己願意追求的目標。

正如後女性主義，沉浸於後浪推前浪的誘人意象讓主流媒體避開了想真正了解第三波女性主義內涵會面臨的挑戰，反而將它降格為過時的第二波女性主義者與倔強的後起新秀之間的女人大戰。《事後清晨》、《以火攻火》和《是誰背叛女性主義》這三本書，絕大部分都未談及確有其人的年輕倡議者和思想家，在《聽好了》（暫譯）（*Listen Up*）及《坦言真相》（暫譯）（*To Be Real*）等第三波女性主義的重要文選當中都有收錄那些人的作品。它們亦不認可麗莎‧瓊斯（Lisa Jones）及瓊‧摩根（Joan Morgan）在《天后刀槍不入》（暫譯）（*Bulletproof Diva*）與《當蠢貨自食惡果》（暫譯）（When Chickenheads Come Home to Roost）所界定的嘻哈女性主義，也不認同香德拉‧莫漢蒂（Chandra Mohanty）及加耶特里‧史碧娃克（Gayatri Spivak）提出的跨國女性主義（transnational feminisms）。艾斯垂‧亨

利（Astrid Henry）在《與母為敵：世代衝突與第三波女性主義》（暫譯）（*Not My Mother's Sister: Generational Conflict and Third-Wave Feminism*）中，對這三本書的形容更為精確：「寫出這三本書的女人創造出單一、不切題又受到誤導的第二波女性主義，藉此建立她們自己的女性主義品牌。」

這不只是一場世代之間的巴掌戰，它還限縮了媒體與流行文化往後看待複雜社會現實及變遷的視角。以《事後清晨》之於約會強暴來說，諸如《紐約時報》這類影響力極強的媒體，就把洛芙自己都曾說是「僅憑印象」所做的菁英校園生活調查當作事實呈現。在將她塑造成女性主義代言人的過程中，這類媒體機構利用對此書重大邏輯錯誤（約會強暴不存在，但若發生這種事都是受害者的錯）之反擊，來支持洛芙嘲諷女性主義者怨聲載道的憤慨情緒。珍妮佛・岡納曼（Jennifer Gonnerman）在一九九四年投書於《Baffler》雜誌的文章〈凱蒂・洛芙的出賣〉裡寫道：「洛芙對約會強暴之辯的個人印象，最終定義了這個詞彙，更重要的還有其侷限。」[11] 這番話如今看來也無比真確。二十多年後，關於校園性侵的討論無疑變得更加世故周延〔首先，我們不再那麼常將它稱為「約會強暴」（date rape）了〕，還有大量的相關書寫、倡議以及政策。然而，如今仍有無數掌握龐大媒體喉舌的人，會將強暴案件怪罪於任何因素，卻偏偏不譴責強暴犯；關於該如何打擊及處理校園強暴案最好的相關討論，也依然受到「女人就是澈底的騙子」，不然就是「聽女人自證經歷亦不可信」這類信念所箝制。

後女性主義疲勞

　　一九九〇年代具社會意識的流行文化與一九七〇年代的相差不多，意義在於它暗示著女性主義也可以不帶有咄咄逼人的政治意味——就算有，饒富趣味之處也比沉重的內容更有分量。絕大部分確實很有趣：來自皇后‧拉蒂法（Queen Latifah）、恩西萊特（MC Lyte）、莫妮‧樂芙（Monie Love）、可挖掘行星（Digable Planets）的女性主義嘻哈作品都是 MTV 台其他女性表演者的另類選擇，畢竟她們大多都在輕金屬大蓬髮搖滾樂團的背後貼身伴舞，像是毒藥合唱團（Poison）及拘捕令合唱團（Warrant）等等。麗茲‧費兒（Liz Phair）和垃圾合唱團（Garbage）的雪莉‧曼森（Shirley Manson）帶來的作品對愛情、性事和渴望的表述坦率又不會過於甜膩；就連野獸男孩（Beastie Boys）在唱了數年詆毀女孩的歌詞、還在台上端出充氣老二的道具後，也明顯朝進步派大轉彎。《Sassy》雜誌詳細記錄——其實是激發——如暴女（Riot Grrrl）這類年輕人主導的圈子，更鼓勵他們的領袖抵抗並回應性別歧視；與《Sassy》相同立場的另一份短命刊物《Dirt》則是大力宣傳具有意識的硬核（hardcore）及嘻哈歌手，敦促該雜誌的青少年讀者把女孩當作人看待，而不是待人征服的身體部位。由三位密西根大學生創辦的《HUES》更是全國第一份為多文化女性創辦的雜誌，對於開啟女性主義對話和展現各種尺寸、體型及膚色的模特兒所抱持的態度都同樣嚴肅。所謂「口紅女性主義」（對於大眾公認女性主義者拒斥所有化妝品之常態的一種反動）的興起——反映的正是第三波女性主義的主張，也就是化妝與喜歡時尚既關乎展現自

我，也關乎屈服於審美準則。這些都是市場女性主義早期的表現形式：《Sassy》雜誌為在意形象的青少年，把女性主義包裝成一種拒絕循規蹈矩的方法，就連獨立化妝品品牌也低調地反映出對女性主義的敏感度，從 Urban Decay 刻意取的不討喜色彩名稱（「蟑螂」、「浮油」）到詩狄娜（Stila）環保包裝盒上的伊麗莎白・卡迪・斯坦頓（Elizabeth Cady Stanton）引言皆然。

　　不過，舉起大錘攻擊男人那種老派諷刺漫畫的宣傳效果還是更勝一籌。一九九一年，俄亥俄州小型的自由派安提阿學院決議採納一項有關性行為的全方面政策後，在國內變得聲名大噪。這項政策特別強調在肢體接觸的每一個層級，都需要經過雙方熱情地表達口頭同意（「我可以脫掉你的上衣嗎？」），別的暫且不提，光是這一點就遭到大多數媒體狠狠地嘲笑，就甭管這項政策強調性行為雙方須秉持透明、溝通及積極參與原則（例如「一個人睡著時無法表達同意」）其實極為理智了。這項政策所要求的大量**對話**，再加上它是由一個叫做安提阿之女（Womyn of Antioch）的校園團體所起草，實在很難不引來訕笑，因而在媒體及流行文化中同時激發出怒火與譏諷。到了一九九三年，這項政策已經淪為流行文化裡的笑點：《週六夜現場》（Saturday Night Live）推出一個名為「這是約會強暴嗎？」的假遊戲節目，還找來《飛越比佛利》女星香儂・陶荷提（Shannen Dohert）扮演主修「受害化研究」的學生；《紐約時報》更擔憂「立法規範親吻」會扼殺性探索的自發性和刺激感。就連那些同意該政策整體目標的人，也沒有第一時間站出來相挺。一位當年協助起草該文件的學生克莉絲汀・赫曼（Kristine Herman）回憶道：「媒體未能指出安提阿政策可創造出一個具有凝聚力的群

體，它的宗旨就是消滅持續蔓延校園內的性暴力事件，反倒是用一種把男女分化成兩個利益相互衝突和競爭的團體的方式進行報導。」[12]

隨著一九九〇年代持續推進，女性主義匯聚群眾持續高漲的熱忱站穩腳步，不僅有多面向的第三波理論和倡議行動當作助力，還將觸手伸進當時所謂的網路空間等未知領域，在豐富的網路圈（webrings）、新聞通訊（newsletters）和線上布告欄上，到處都可以看到想辦法利用新媒介來論述、批判以及發起倡議的女性主義者。但在大眾傳播方面，帕格莉雅與洛菲式的後女性主義卻提供了輕鬆藉口，讓人疏離過往真實或想像中的女性主義。《半身像》雜誌在一則名為〈你是積極實踐的女性主義者嗎？〉的小測驗裡，為擁護後女性主義的女性下了定義：「『為自己的糟糕處境負起全責，不會責怪父權體制』──這是一種自我限制的辯解概念，否定女人得知她們所有的問題都不是自作自受後將拾回的自尊。所有女性主義者都會被說沒有幽默感，但後女性主義者還真是如此。」[13] 儘管《半身像》的評價絕對是玩笑話，但「後女性主義遊樂園」（Postfeminist Playground）網站的寫手這些自稱後女性主義者的人卻證實了這件事，不但發表長篇大論抨擊推動性別平等的計畫沉悶至極，還在網站的自我介紹寫道「後女性主義者希冀擺脫女性主義……發牢騷和抱怨的時代結束了。」雖然該網站作者蘇珊娜・布雷斯林（Susannah Breslin）和莉莉・詹姆斯（Lily James）樂於冒犯那些自身優勢尚不足以「擺脫」女性主義的人，但也從未清楚表明在意識形態演進的過程中，她們要的到底是什麼。布雷斯林在《半身像》中另一篇名為〈我恨女性主義〉的文章裡和帕格莉雅

及洛菲沆瀣一氣，把所有女性主義者都寫成是嚴肅譴責性愛及性工作的人，不過其實她只要看看自身周遭——或是翻完那本《半身像》雜誌的剩餘頁面——就會看到百花齊放又熱烈的擁性女性主義（pro-sex feminism），包括創辦女性色情雜誌《背後風光》（*On Our Backs*）及脫衣舞《Danzine》雜誌的蘇西‧布萊特（Susie Bright）、言詞粗暴的巡迴表演《姊妹噴口水》（Sister Spit）、文選籍《蕩婦與其他女性主義者》（*Whores and Other Feminists*）、女性主義網路性愛先鋒麗莎‧帕拉克（Lisa Palac），還有妮娜‧哈特利（Nina Hartley）及坎蒂妲‧羅亞爾（Candida Royalle）等女性凝視的色情片導演。

這些後女性主義者多半想讓你知道她們很**酷**——你懂的，就像男人一樣。後女性主義者不在乎她的男同事去脫衣舞俱樂部卻沒有邀請她。後女性主義者在街上被人騷擾也不會緊張，因為根據帕格莉雅的說法，吹口哨是男人的本性——而且誰不喜歡受人恭維呢？後女性主義者聽膩了女人沒有拿到同等薪酬或獲得相應的合理晉升，因為任何事都要抱怨一點也不酷。編選兩本後女性主義文選的作家克里斯‧瑪札（Cris Mazza）——一九九五年的《美眉文學：後女性主義小說》（*Chick Lit: Postfeminist Fiction*）以及一九九六年的《美眉文學2：美眉不是受害者》（暫譯）（*Chick Lit 2: No Chick Vics*）——在這兩本書的引言裡，幾乎都以否定句來介紹後女性主義書寫的概念。她指出，後女性主義**絕非**反女性主義，但也不是：

> 我的身體由我做主／我的愛人把我甩了，我好難過／我的問題都是男人造成的／……但聽我怒吼吧／我的遭遇

可是非常嚴肅的／這社會害我飲食失調／低自尊／長期
籠罩恐懼之下的受害者／……所以我不用對我的行為負
責。

　　換句話說，後女性主義不是反女性主義，更像是在嘲弄女性
主義太過鄭重其事。瑪札承認在著手編輯那兩本文選前對「後女
性主義」這個詞彙並不熟悉，也坦承她為這個詞語所寫的介紹顯
然十分「拙劣」。[14] 但以當時的景況來說，必須讓女性書寫——
更廣泛來說還有女性的態度——疏遠清醒的意識提升團體，甚至
加以諷刺、與之保持心照不宣的距離，是當時非常真實的社會現
象，絕對不只有瑪札一人這麼做。（至於那些「後女性主義遊樂
園網」的女性，儘管她們常抱著一副擁性的淡然態度，但發現有
個色情片網站偷走她們的網域害她們無法更新之後可是非常不高
興。）

　　二〇〇六年，《新聞週刊》為二十年前那份〈單身女郎恐死
於恐怖分子手下〉的報導道歉，坦承當年錯誤地詮釋研究發現，
並且援引該報導造成的焦慮框架來講述「媒體簡化複雜學術研究
將產生之後果」的警世故事。坦承錯誤應予以嘉獎，但這個道歉
不僅姍姍來遲，亦未做好萬全準備：真要說起來，媒體傾向誇大
報導溫和趨勢或事件，以求社會就女性主義錯誤之處展開公審的
情況，打從一九八〇年代以來就變得越來越嚴重了。

　　例如在二〇〇九年，女性主義者的死亡人數可說是創了新
高，看來女人實在過得不如以往幸福快樂呢。開啟這種敘事的
關鍵是當年出版的一份學術報告〔經濟學家貝姿‧史蒂文森
（Betsey Stevenson）及賈斯汀‧沃爾弗斯（Justin Wolfers）合著

的《女性幸福感下降之悖論》（*The Paradox of Declining Female Happiness*）〕，但平常美國和海外也都有類似研究。史蒂文森以及沃爾弗斯的研究指出，當代女性的幸福感程度與四十年前相比更低，相對於男人亦更不快樂，這個發現與其他研究結果吻合，顯示出女性在年老過程中快樂感會持續下降。史蒂文森與沃爾弗斯並未從結論裡強調特定的收穫，也就是所謂「一種新的性別差距誕生了」，但報導這份研究的主流媒體可是樂得提供一個啟示：女性主義災難再臨。

　　各家媒體頭條隨即問世並發狂似地大力渲染：〈女性主義倡議四十載，女人更不快樂了〉〈思想解放的女性並不快樂，意外嗎？〉〈女人不幸福——怪女性主義吧〉；《紐約時報》專欄作家莫琳·陶德（Maureen Dowd）更酸溜溜地寫出〈憂鬱正流行〉（「無論她們的婚姻狀況如何、賺多少錢、有沒有小孩、哪種族裔背景或住在哪一個國家，全世界女人都鬱悶極了。」）同時，儘管陶德的同事羅斯·道瑟（Ross Douthat）在他自己專欄中表示，這份研究歡迎支持或反對女性主義的雙方都來解讀（女性主義者「將看見一場革命中斷的證據，日益高漲的期待如今與玻璃天花板產生碰撞，憤恨感當然會油然而生。傳統主義者則會見證一場變了調的革命，參與這場革命的女人被迫過著違背生理條件的生活，而受到解放的男人卻變成不負責任的貪婪之徒。」），但他的專欄標題——〈解放但消沉〉——卻直接為女性鬱悶的源頭賦予響噹噹社論評價。

　　最初的媒體反挫發生二十年後，怪罪女性主義的報導仍必然引起轟動，因為大眾依舊渴望相信那套論調，就連最明智有理且邏輯縝密的反駁通常也很難讓人留下印象。例如調查記者芭芭

拉·艾倫瑞克（Barbara Ehrenreich）就曾對史蒂文森及沃爾弗斯那份研究裡的關鍵盲點，以及媒體的報導方式進行十分縝密的分析：她指出在研究進行的那三十四年間，儘管出現所謂的幸福感性別差距，但女性自殺率漸漸下降，男性自殺率卻是「大致持平」。她更指出史蒂文森及沃爾弗斯還忽略了一項數據點，那就是黑人男女的幸福感程度其實逐年上升。[15] 最後，她特別強調這項研究最引人注目的推論：和多數社會、宗教和文化管道訓示女人相反的是，婚姻和孩子絕對無法保障女人的幸福。但無論研究結果與媒體想出版的敘事——即「**女性主義辜負了女人！吃屎吧，葛洛莉亞·史坦能！**」——有多不相符，在報導女性更加憂愁的分析中都看不到這一點。

正如那篇單身女郎恐死於恐怖分子手下的報導，暗示「女性之不幸源自於女性主義本身」的論調，依然是在媒體及流行文化中會引起廣大迴響的典型套路，通常是「女人就愛發神經」和「隨意性愛絕對會害死你」之類的詮釋。當然了，偶爾會有個別女性藉由暗示婦女解放的宗旨「拐」她們相信生活將會美好又夢幻來證實這種敘事，但這也無濟於事。大眾似乎不記得，販賣這種幻想的並不是女性主義者自己而是媒體文化，一會兒壓抑女性主義意象和修辭，一會兒又拿它們來當作武器。

這種版本的後女性主義依然時常抬頭，冒出來提醒我們說真正的問題不是陷困於性別準則和結構性不平等的世界，而是有些人偏要不斷指出這些問題的存在。二〇一四年，《時代雜誌》（Time）將「女性主義者」一詞列入來年應該從美國辭彙刪除的字詞清單——在一堆迷因俚語（例：om nom nom，形容咀嚼的狀聲詞，美味之意）、青少年對話挪用語（例：obvi，「明顯」

的簡稱）還有非裔美籍人士的口語英語（例：bae，「寶貝」的簡稱）當中，它可是清單裡唯一有明確意義的詞彙。不久之後，名為「反女性主義婦女聯盟」（Women Against Feminism）的臉書粉專和 Tumblr 頁面出現了，裡面有許多年輕女子拿著手寫牌宣告「我不需要女性主義，因為我喜歡讓男人看到我美麗的模樣」和「我不需要女性主義，因為我相信愛的力量，拒絕譴責和仇恨」的照片。這絕非一場有組織的運動，卻印證了完全以個人為中心的修辭已經嚴重扭曲歷史和邏輯。反女性主義婦女聯盟的成員都很年輕（多為大學生年紀），幾乎都是白人，愛用彩色筆書寫，還會提出可疑的數據。（「我反女性主義，因為女性主義者會羞辱處女。」）她們的主張正好可以維護昔日後女性主義者愛用的同一種稻草人女性形象，再佐以一點拉許‧林堡（Rush Limbaugh）＊和迪士尼公主的風格。

不消說，這個現象讓媒體狂喜不已——不只有那些欣喜若狂又極為好騙的自由意志派及保守派群眾，還有慣於仰賴「女性主義者」這個字眼來吸引關注的媒體機構。某些媒體對反女性主義婦女聯盟提出縝密詳盡的批評，提醒要不是有女性主義運動，她們現在可能根本無法擁有各種個人自由，其他方面就更不用說了。英國廣播公司（BBC）等媒體則是提出中立的正反方論點對比，讓反女性主義婦女聯盟和反對反女性主義婦女聯盟的女性正面對決，但其實大部分也是在各說各話。具有獨立婦女論壇（Independent Women's Forum）†背景的撰稿人凱蒂‧楊（Cathy

---

＊ 譯註：拉許‧林堡為美國右翼電台主持人，自由意志主義運動者。

† 譯註：美國保守右派智庫。

Young）在《波士頓環球報》（*Boston Globe*）專欄為反女性主義婦女聯盟平反，主張「社會必須談論這些論點，而不是駁斥和嘲弄。」——還真樂觀呢，畢竟那些「論點」看起來大多將女性主義理解為單一、類似被提（Rapture）*般的事件，那個世界裡的每一位男性都消失了。（「我不需要女性主義，因為如果沒有男人的話誰能開罐頭呢？」）最後，終於有個叫做「反女性主義貓咪聯盟」的 Tumblr 社群正好可以充當某種荒謬的反駁。（「我不需要女性主義，因為它不是食物，那可以吃嗎？」）

把女性主義當成個人配件如今已不恰當的現實，掩蓋了女性主義尚未替依然需要它的人取得顯著進展的空間。無論這類討論發生在哪裡，總會召喚出一群嚇人的稻草人女性主義者邪教，那些面孔氾濫到有了自己的線上迷因，還會被拿來加以諷刺〔漫畫家凱特・比頓（Kate Beaton）特別擅長調侃對稻草人女性主義者的恐懼〕，但許多人也認為這股抗衡現狀的力量掌握著不成比例的權力。就像一九九〇年代的漏洞女一樣，這些人所暗示的是女性主義是如此無孔不入又成功，若沒有勇敢的少數人出面讓傳統性別刻板印象理直氣壯地復活，它就會滅絕。專欄作家凱特・泰勒（Kate Taylor）於二〇〇六年在《衛報》專欄寫道：「女人正重新找回胴體被愛所得到的喜悅，而不只是她們的思想。」這番話暗示著性物化（sexual objectification）不僅復古到足以再掀潮

---

* 譯註：被提語出聖經典故，在基督教末世論的概念中，耶穌再臨時，已死信徒的腐朽屍體將會復活成不朽身軀被提到天上，接著再輪到仍活在地上的信徒亦變為不朽身軀，活著被提到天上，與耶穌相遇並永遠同在。

流，居然還是一種真實存在的政治宣言。（「終極的女性主義者是穿著半截上衣的辣妹。」）「與其竭盡全力地渴求被看作人類的權利，」她繼續補充，「現在的女孩們開始反過頭來玩弄被視為性玩物的老派概念。」這背後傳達的訊息就是沒有人可以兩者兼具——你可以是符合稻草人女性主義者期待的無聊且性冷淡的聰明人，不然就是他們最恨的樂趣無窮的性玩物。這兩者之間沒有灰色地帶。這種想法最近在另一位英國專欄作家波莉・芙儂（Polly Vernon）撰寫的《火辣的女性主義者》（暫譯）（*Hot Feminist*）一書中有更多著墨。《火辣的女性主義者》的前提是——女性主義者，尤其那些刻薄又沒幽默感的女性主義者（她沒指名說是誰），已經害女性主義不能再享受穿粉紅色服飾和在街上被吹口哨那種古老的陰性樂趣。按照芙儂的說法，若女孩想幫鼻孔除毛，肯定會有一大團女性主義者跳出來高唱反對！這絕對是十足的壓迫。

我們早就聽過這種論調了，過不了多久肯定又會再度聽聞。媒體反挫及「後女性主義」的循環周而復始，不是因為論點出現多大改變，而是因為它們依然囊括了大眾對於女人、男人、性愛、權力和成就等等更廣泛的社會焦慮。只要說到女人和性別平等，反挫勢力大概永遠都會比共識更有感染力，個體例外論肯定會戰勝集體努力，選擇也比所有事情都更舉足輕重。

第七章

向下賦權

> 女性主義對我來說就是隨心所欲 —— 無論這代表要從使
> 用詞彙裡刪除「強勢」（bossy）及「婊子」（bitch），
> 或瘋狂觀看《千金求鑽石》，抑或與邪惡的父權體制來
> 一場超級英雄般的大戰，儘管做讓自己快樂的事就對
> 了。
>
> —— 《半身像》雜誌文章

　　我患有非常嚴重的賦權疲勞。原因不勝枚舉：例如這樣開頭
的公關電郵「我代表一個唯一宗旨就是為女性賦權的品牌，尤其
是在每年的這個月。」還有女性雜誌找名人來背書的〈賦權美容
小祕訣〉文章，珍妮佛・安妮斯頓（Jennifer Aniston）更在之後
的訪談裡宣稱不化妝演出讓她感到「非常賦權」。

　　作為一種可以理解成「建立自尊」、「性感又有女人
味」甚至是「令人讚嘆」等如此包羅萬象的籠統詞語，賦權
（empowerment）已經成為一種象徵特別女性化的方式，既帶有
性別本質的意味 —— 你上一次聽到男人上的有氧脫衣舞課被形容
為「賦權」是何時？ —— 又蘊含商業動機。過去二十多年來，受
廣告活動、流行文化產物與女性主義修辭認定為賦權的事情包山
包海，部分清單內容如下：高跟鞋、平底鞋、整形手術、擁抱你

的皺紋、生小孩、不生小孩、自然產、無痛分娩、接納正面肥胖理念、接納厭食症、家事勞動、懶散度日、當陽剛的T、當蕾絲邊的婆、學習自我防衛、買槍、開卡車、騎重型機車、騎腳踏車、走路、跑步、瑜珈、鋼管舞課程、化身性感小野貓、食物自己種、食用肉自己宰、嗑藥、戒酒、隨意性愛、享受禁慾的獨身生活、尋覓信仰、拒絕家族信仰、當個好朋友、當個混蛋。到了諷刺報紙《洋蔥》（*The Onion*）二〇〇三年刊出一篇報導宣布〈女人如今做任何事都是為女人賦權〉時，感覺起來實在很像「當代女性活在一種不斷賦權的狀態」。

那篇報導問世後十餘年，賦權與女人、權力、倡議和成功的關聯，似乎就是它最堅不可摧的遺澤。而在媒體及流行文化中，對這個詞彙的了解僅限於「這是一件我身為女人想做的事」的年輕世代，依然慎重其事且毫不質疑地頻繁使用它。例如二〇一三年麥莉‧希拉（Miley Cyrus）在 MTV 音樂錄影帶大獎表演完不久後向英國版《柯夢波丹》表示自己「是個女性主義者，因為我能為女人賦權……性格外放又風趣，也不是典型的美女。」報告，收到！名人八卦小報《OK!》馬上把這句引述詮釋成「可以隨心所欲的能力」，拿來當作一份通篇大談「賦權」的報導的引子（hook）：

> 許多當代名人正藉由擁抱自己獨特的風格，為自己的演藝事業博得賦權美譽。麥莉‧希拉享受爭議亦不為此感到羞愧，把扭臀舞當作一種稀鬆平常的舞步；艾瑪‧史東（Emma Stone）靠著飾演全球最受喜愛的超級英雄那位心智穩定的優質女友，獲得賦權的美名；泰勒絲

（Taylor Swift）也已經藉由建立浪女回頭的聲譽成為音樂圈天后，無論與誰約會或者不約會。她們全都找到了適合自己的門路，並且藉此建立形象。

這篇報導最後提出大哉問：「現在你要如何像好萊塢名人般受到賦權？」

賦權既是選擇女性主義（choice feminism）的一種面向——意即只要是女性主義者做出的選擇，任何事皆為符合女性主義的選擇——也是一種迴避直接使用「女性主義」一詞的方式。然而究竟何謂賦權，誰又會因此受惠？從多數情況來看，答案分別是「隨我認定」以及「大概只有我自己」。

賦權於（女孩）民

直到一九七〇年代後期至一九八〇年代初期，大眾才開始廣泛使用「賦權」一詞，更別說用來代表女性的自尊／成就／購買力了。這個術語最早出現在社會服務（social services）、社區發展（community development）及公共衛生（public health）等領域，尤其是在少數族裔群體當中：芭芭拉・布萊恩特・索羅門（Barbara Bryant Solomon）為社工勾勒出工作策略的一九七六年著作《黑人賦權：在受壓迫社區中的社會工作》（暫譯）（*Black Empowerment: Social Work in Oppressed Communities*），似乎就是美國第一本於書名使用此術語的書。隨著應協助資源不足、遭社會排擠之族群取得個人及集體成功之工具的思潮，在應用社會研究領域日益高漲，該術語開始與上述族群及其運動產生

關聯。「賦權」代表的是群體內部為致力取得財務穩定及權力所付出的努力，是一種取代由上而下實現的模式，可以不再仰賴基金會、傳教士或非政府組織等早已擁有這類資源之群體的布施。

同時，以賦權作為女性主義社會變遷框架的現象，也在南方世界國家開始透過倡議興起──尤其是南亞及拉丁美洲，當地的倡議者已經對由聯合國主導、家長式專斷又著重慈善的作為感到心灰意冷。享譽全球的女性權益倡議者斯里拉塔・巴特利瓦拉（Srilatha Batliwala）一九九四年的著作《南亞女性賦權之概念與實務》（暫譯）（*Women's Empowerment in South Asia: Concepts and Practices*）將這種新手段濃縮成是一種對權力結構本身的根本修正，她後來則形容它是一種「政治及變革性的想法，應對的困境不僅挑戰父權體制，還包括階級、種族與族裔等中介結構（mediating structures）──在印度還有種姓制度和宗教──這些都決定了發展中社會女性地位及條件的性質。」[1]賦權未被定義為一種恆常不變的概念或獨立事件，而是一種不斷演進的方式，用於重新思考整個權力架構（power structures）與價值體系（value systems）、仰賴技巧及知識共享，並且賦予受邊緣化的群體持續發展經濟的工具。到了一九九五年第四次聯合國婦女大會在北京召開時，這個詞已經正式成為一項論題（「女性賦權議程」）。

隨著「賦權」慢慢跳脫研究期刊和國際發展議程的範疇，它在快速萌芽的第三波女性主義找到了歸屬，與其廣泛的目標可說是不謀而合。（我第一次在大學的女性研究課上聽到時，還以為只是「權力」（power）的花俏說法；就像有人會把「不需要說」講成「不消說」，因為聽起來好像更厲害。）有一位名叫羅

莎琳‧懷斯曼（Rosalind Wiseman）的年輕武術指導，在聽完自己十歲出頭的女學生們討論女孩霸凌女孩的話題後，於一九九二年成立了非營利的賦權計畫（Empower Program）；在短短時間內，賦權計畫就成為其中一個炙手可熱的組織團體，致力於幫助年輕人，尤其是女孩，處理懷斯曼及其社會科學圈的同僚所稱的關係攻擊（relational aggression）。〔蒂娜‧費（Tina Fey）後來將懷斯曼二〇〇二年的著作《女王蜂與跟屁蟲：幫助女兒面對小團體、八卦、男友及其他青春期現實》（暫譯）（*Queen Bees and Wannabes: Helping Your Daughter Survive Cliques, Gossip, Boyfriends & Other Realities of Adolescence*）改編成電影《辣妹過招》（*Mean Girls*）。〕賦予年輕人管道了解及談論導致霸凌與排擠之不安全感與壓力，可以為他們提供更勝於向成人求助的掌控權。值得注意的是，賦權也是一種談論實質「權力」較溫和的措辭──傳統上，女孩們經過社會化後尤其會對這個詞避而遠之。這看起來或許很像語意學，但比較敦促女孩「為自己賦權」和「讓自己變得強大」，兩者間的差異反映的就是往往會導致霸凌之性別化社交焦慮。「當女人對『權力』一詞感到彆扭時，」第三波女性主義倡議者暨《宣言》（*Manifesta*）作者珍妮佛‧鮑嘉娜（Jennifer Baumgardner）思忖，「她們就會說『賦權』（empower）。」

或者，她們會改說「女孩力量」（Girl Power）。女孩力量可以同時向權力，以及在一九九〇年代成為女性行銷話術特點的賦權致意，也是女性主義媒體與流行文化的直接產物，更匯聚了那十年間三大文化現象的力量──一九九二年所謂的「婦女年」（Year of the Woman）、場面絕對不漂亮的暴女運動（Riot Grrrl movement）和即將轟動樂壇的辣妹合唱團（Spice Girls）。

婦女年（The Year of the Woman）指的是女性民選官員人數激增的現象，各界普遍認為這是克拉倫斯・湯瑪斯對上安妮塔・希爾大挫敗的直接結果：那幾場聽證會促成夠多的美國人從志得意滿的情緒中清醒，走進投票亭助比爾・柯林頓（Bill Clinton）一臂之力擊退共和黨候選人鮑伯・杜爾（Bob Dole），也為眾議院及參議院裡的成群男性帶來挑戰。女性眾議員的人數幾乎翻倍，從二十八位竄升到四十七位；女性參議員的人數也從少得可憐的兩位翻了三倍，提升至較體面的六位。政治報導、電影及電視劇經常使用「婦女年」這種誇飾字眼，其效果往往更像在施捨而非慶賀；馬里蘭州其中一位新科參議員芭芭拉・密庫斯基（Barbara Mikulski）就曾說：「將一九九二年稱為『婦女年』讓它聽起來和『馴鹿年』或『蘆筍年』沒啥兩樣。」但這個封號指涉的內容，也涵蓋了全國婦女團體（National Organization for Women）一九九二年在華府舉辦的「為女人請命遊行」（March for Women's Lives）；這場活動舉行的同時，最高法院正好要就墮胎機會裁決賓州的全國計畫生育協會訴凱西案（Planned Parenthood v. Casey）。在當時，這是有史以來最明確的女性主義遊行，但舉辦緣由是女人仍在為自己的身體掌控權奮鬥，使得這場遊行只能堪稱一場慘勝。

女人處境並未顯著改變的事實，也刺激著一場由次文化衍生為意識型態的地下音樂革命開始醞釀。暴女（Riot Grrrl）以號稱女性且政治化的凝視滲透一九八〇年代及一九九〇年代初期的龐克文化。分部遍布全國的暴女團體組織鬆散，但其中一項重點行動就是創造一種全由女孩製作、媒體自製的文化——例如字

體潦草的拼貼小誌及海報、廣播節目、街頭流動戲劇（Guerrilla Theatre），當然還有諸如歌名是〈閃邊去〉和〈不需要你〉這類混亂的吉他電音搖滾樂。許多女性之所以對暴女產生共鳴，正是因為它將主流媒體及流行文化似乎都避而不談的事實大聲地說了出來：**後女性主義就是一場漫天大謊**。就如莎拉‧馬庫斯（Sara Marcus）在撰述暴女歷史的著作《女孩向前站：暴女革命的真實故事》（暫譯）（*Girls to the Front: The True Story of the Riot Grrrl Revolution*）裡寫道：「整個世界都瘋了。女人正遭受攻擊，卻不應認可這件事的存在、甚至不該加以抵抗。」

第一期暴女小誌特別側重「整體社會普遍缺乏女孩力量，地下龐克圈尤甚」的現象；暴女成員某部分積極的社會參與，就是想吸引大眾關注龐克圈看似進步的假象，雖號稱反威權與反資本主義，卻往往隱匿圈內充斥性別刻板印象、性別歧視甚至是暴力的事實。艾莉絲‧貝格（Alice Bag）於一九八〇年代初期創辦的樂團「The Bags」在第一波洛杉磯龐克（L.A. punk）浪潮裡頗具影響力，她指出儘管這個圈子在最初誕生之際，混雜了眾多混合性別及種族的樂團，但隨之竄紅的硬核派（hardcore）卻以其超陽剛表演者及暴力衝撞區（依貝格的形容是「一群白人男子猛烈地彼此衝撞」）成為這個流派的代表特色。[2]對於喜愛龐克精神卻受夠被當作硬派男子之附屬品的女孩及女人來說，暴女革命不過只是搶占空間的行為──在舞台上、衝撞區、報紙版面和公共社會皆遍地開花。「女孩向前站！」（Girls to the front!）的口號不只是為了擴大衝撞區，更重要的是強調女性經驗。這些事往往都不怎麼文雅，更經常無視一直以來都是當代暴女修正主義主要關注焦點的種族及階級分析。但獲准質疑預設男性為主體的文

化，對從小就認為女性主義早已歷經潮起潮落的世代來說感受十分震撼。

　　暴女在小誌和歌曲裡探討的主題（僵化的性別刻板印象、輕賤智慧及音樂才華、性物化及性虐待、心理健康），以及這個運動本身欲搏鬥的結構性議題（階級主義、種族主義、性工作、權力動能），無論好壞都在龐克音樂的微觀世界裡，反映出第二波女性主義之意識覺醒團體所促成的結果。開拓女孩在其中同屬創作者及主要觀眾的空間時，諸如比基尼殺戮（Bikini Kill）、Heavens to Betsy 以及 Bratmobile 等樂團更以一九七〇年代刻意政治化的婦女解放搖滾樂團為模範，不言而喻的騷動全都是為了顛覆「搖滾」（rock）與「陽具」（cock）之間的等式。多為男性的搖滾及龐克純粹主義者喜歡嘲諷這些大多非正規的歌曲並不重要——早期某個版本的暴女宣言寫著：「我們要在自己的日常生活中開創革命，透過設想和創造另類選擇來與基督徒資本家那套狗屁不通的行事方法互相抗衡。」因此她們也不怎麼相信那些所謂「真正」樂手和樂評的想法。

　　暴女的分離主義傾向與正派龐克（straightedge punk）及「同性戀核」（homocore）的圈子不謀而合，立場堅貞的成員有樂團 Fugazi、Pansy Division，唱片公司 Dischord 及 Lookout!，小誌方面則是《Outpunk》，並且對大唱片公司旗下的樂團逐漸竄紅心懷警惕，例如超脫樂團（Nirvana）及音速青春（Sonic Youth）。但對男子樂團來說可就不一樣了：他們的理想主義或許會被嘲笑是頑固或過於自以為是，但很少有局外人會爭論他們真實存在的權利，或打斷他們的表演大喊「快脫，一群賤貨！」早期主流媒體對暴女的報導十分輕蔑——例如《Spin》雜誌就對

比基尼殺戮女主唱凱瑟琳‧漢娜婉拒訪談的行為感到無比厭煩，因而刊出一幅描繪樂團利用自己的肉體及男友的難堪畫像。[3] 隨著音樂雜誌、電視台和其他媒體也開始刺探這些暴女為何要這麼做，一陣非正式但蓄意的媒體封鎖潮因而成形，唯有女性主義者記者及獨立出版物才能取得採訪權。（《Sassy》雜誌靠著早期對暴女忠實的讚賞報導，後來成為一種優秀的招攬工具。）

　　這種封鎖雖合情理，但終究有其限制。任何主流媒體機構無法透過訪談實際參與者來證實的事情，他們就逕自捏造，以卡通化的誇大文筆大略描繪出一窩蜂腳著軍靴、頂著邋遢髮型，還穿著破漁網的青少年對著麥克風尖叫的形象，而且對男孩嗤之以鼻。有些報導就如《Spin》的文章般輕蔑不屑，也有類似英國《星期日郵報》（*Mail on Sunday*）之流無端散播恐懼的報導，語帶不祥地指稱暴女音樂的歌詞「是反對男性的禱詞……她們自稱女性主義者，但她們那種女性主義充滿憤怒甚至是恐懼。」（我猜是和撰文者習慣的無憂無慮女性主義相比才有這種感覺吧。）在《女孩向前站》（*Girls to the Front*）一書中，馬庫斯寫道：「社會結構對她們大聲疾呼且感同身受的議題不利。它經過層層堆疊，所以和她們的生活方式其實根本毫無關聯。」一九九五年的某集《我愛羅珊》（*Roseanne*）看起來就像是革命女孩的臨死喉鳴：在這一集裡，羅珊和她的姊妹賈姬載到一位嚼著口香糖、名叫嘉藍的便車乘客，她還想將比基尼殺戮的卡帶硬賣給這對姊妹。即使羅珊無奈地承認「至少她們的歌言之有物啊」，但將暴女描繪成追逐潮流的笨蛋的諷刺情節，著實證明這場運動已經硬生生地被同化了。

　　在主流文化必然將基進主義淨化、稀釋再重新包裝的循環

裡，暴女小誌裡的「女孩力量」（Girl Power）一詞於一九九七年遭到收割後又以辣妹合唱團（Spice Girls）來勢洶洶之姿重現，成為市場女性主義的不死怪物。辣妹合唱團由賽門·富勒（Simon Fuller）精心打造〔他後來更成為《美國偶像》（American Idol）的製作人〕，就和那些會登上《Teen Beat》雜誌的男孩團體一樣從大型公開試鏡中，依最大人口結構及商業魅力來挑選成員，剛成團時就如暴女一樣未經雕琢。靠著仔細塑造的人物性格──運動、猛、寶貝、高貴和嗆辣──辣妹合唱團讓人感覺既漂亮又容易親近，而且她們在報導及訪談中擁護的女孩力量（「這是女人的力量，是一種本質、一個群體。」）十分有趣亦無關政治，與暴女的修辭大相逕庭。沒有鋒利稜角、沒有憤恨怒火，也沒有洋洋灑灑的分析──怎麼可能會有？辣妹合唱團本來就可以和其他任何一個簽約賣藝的合唱團體一樣，以女孩力量為包裝，用色彩鮮豔的泡泡體字母暗示所謂的力量這回事，就和在 T 恤上寫出「女孩無敵」以及和朋友去跳舞一樣簡單。以個人角度而言，辣妹合唱團的每位成員似乎是真心對那些立刻成為死忠歌迷的少女們感到振奮，但以團體來說（還有她們的經紀公司）卻無意表態支持更具爭議性的立場，僅在「愛穿熱褲當然也可以是女性主義者！」就止步。在一九九七年電影《天旋地轉》（Spice World）中，運動辣妹甚至拿空虛的辣妹修辭來大酸特酸，模仿嗆辣妹的口吻胡謅：「&%^#$&^#@，女孩力量啊、女性主義啊，懂我意思嗎？」

雖然就算辣妹合唱團不存在，十多歲的女孩們也不大可能會開始狂聽 Bratmobile 的音樂，不過她們倒是可能會改聽年代稍嫌久遠的憤怒女孩系歌手，像是艾拉妮絲·莫莉塞特（Alanis

Morissette）、費歐娜‧艾波（Fiona Apple）、瑪芮斯‧布魯克絲（Meredith Brooks）等等，暴女都曾為她們的竄紅助一臂之力。但最重要的差別是，暴女對於賦權的願景本質上而言是自立自足的——「和朋友們組個樂團或辦一份小誌吧」——但女孩力量卻是為了市場而聚焦在賦權。女孩力量在後暴女世界裡代表的涵義，其實就是無所不用其極地促使女孩成為消費者。

辣妹合唱團在百大排行榜中竄升的幾週之內，市面上就出現大量辣妹合唱團的周邊商品，從 T 恤、棒棒糖到塑膠零錢包都有，還有與每一位成員外貌相似的「女孩力量」娃娃。辣妹們鬥志高昂、重友輕色的態度固然很好，但好像沒有任何一位成員明確知道應該多看重那句最出名的歌詞「如果你要當我的愛人，一定要我的朋友處得來」（If you want to be my lover, you gotta get with my friends.）。然而，正是「女孩力量」那種去政治化、描繪凡人生活的特質，才讓口號和辣妹合唱團本身獲得商品化的重要性：她們的人物性格暗示著賦權擁有數種模樣，無論哪一種都符合既有的女性消費者類型，亦全都無損女性特質和可欲性（desirability）的公認概念。（例如寶貝辣妹以及猛辣妹代言的指甲油或許顏色不同，但背後的意義——快來買這個指甲油！——都是一樣的。）女孩力量更沒有認可妨礙許多年輕女性實踐真正賦權之結構性阻礙的存在；在流行音樂的自由市場裡，任何一位有五美元買辣妹合唱團鉛筆盒的人都可以獲得賦權。

當時的「女孩力量」可說是溫和地足以涵蓋幾乎所有世界觀；當嗆辣妹潔芮‧哈利維爾（Geri Halliwell）稱絲毫與進步沾不上邊的前英國首相柴契爾（Margaret Thatcher）是「第一位辣妹」的時候，更清楚說明了這一點。其他辣妹倒不一定認同哈利

維爾對一位靠著犧牲英國窮人和工人階級來獲得政治榮光的女人的熱忱——儘管這種類比非常荒謬，卻多少有點準確。柴契爾與雷根都是全球新自由主義的頭號提倡者，但主張經濟市場至上的同時，她卻忽視了參與其中會面臨的社會障礙。辣妹合唱團的理念顯然與柴契爾的無情政策完全不契合，但她們是新自由主義的便利工具：與其說女孩力量是用來敦促社會把女孩同樣視為人，不如說是在替百事可樂（Pepsi）、拍立得（Polaroid）還有其他公司效勞將她們開發成市場，協助將辣妹合唱團以及其聽眾塑造成一種自信勇敢的女性消費者新類型。

照理來說，女孩力量的行銷熱潮似乎很適合用來矯正卡羅爾・吉利根（Carol Gilligan）及琳恩・米克爾・布朗（Lyn Mikel Brown）等人在一九八〇年代晚期所提出的女孩危機。它讓零售商、廣告商甚至是美國政府，都覺得自己正在幫忙緩解少女自信驟降的問題。〔由衛生與公共服務部（Department of Health and Human Services）發起的女孩力量倡議使命是「鼓勵並激發九到十三歲的女孩盡情享受人生」，讓人看了實在不知所云。〕商業化女孩力量的脈絡與暴女指涉的社會動能已經完全脫節，反倒聚焦於某種小學生吵架般的妄語，刺激眾多廠商大量生產寫著「女孩是老大，男孩流口水」和「男孩真愚蠢，拿石頭砸他們」的口號 T 恤。

在辣妹合唱團當紅時期還是十多歲孩童的女性主義者，從廣播上聽到〈Wannabe〉還有和朋友一起聽她們的歌時，都會感到無比興奮，就像上一代的我和朋友們也喜歡玩神力女超人及無敵女金剛的娃娃，或者假裝自己是霹靂嬌娃或中情局女特工：我們都渴求流行文化裡的楷模，於是會對存在於其中的少數榜樣著迷

不已。她們都不完美，但那當下也只能倚靠她們。因此很多寫於十年前、關於辣妹合唱團的部落格文章，都會有類似〈為辣妹合唱團辯解〉〈辣妹合唱團教我的女性主義〉這樣的標題，這些文章假定的是就入門女性主義來說，有人可能會表現得比一群提倡友誼、信任及安全性愛的英國辣妹還要差勁。確實有這種可能，但辣妹合唱團的文化遺產更攸關為市場女性主義賦權，而非為女孩賦權。隨著這個團體從廣播及 MTV 台淡出，她們的女孩力量不過是佩姬‧歐倫斯坦（Peggy Orenstein）所謂零售業「性別隔離」（gender apartheid）的其中一種元素，該產業以運動隊伍商標及機器人代表「男孩」的同時，「公主」和「被寵壞的混蛋」等詞彙卻將「女孩」團團包圍。市場朝日益性別化的資本主義轉向，不但未能教導女孩何為真正的自我倡導（self-advocacy）和自信，反而使女孩力量變成僅是一種可愛、沙文主義的零售風潮。

新世代的「選擇」

有了辣妹合唱團作為最顯眼的代言人，女孩力量行銷法在二○○○年初期完全融入了大眾文化，有越來越多電視台、電影片廠、唱片公司和廣告業高層，都用它來向女人及女孩販賣她們自己的零售影響力及消費認同。消費者賦權（consumer empowerment）與第三波女性主義配合得天衣無縫，因為它的部分理念就是拒斥許多年輕女性主義者認為死板的教條，並且接納多元且具交織性的認同。而且這種賦權確實與新自由主義的理念一致，即個體可以獨立運作於文化及經濟影響之外，證明一個人

要成功唯一需要的——或以解放派術語來說，要實現平等——就是付諸實行的渴望和意願。要求當代女性定義「女性主義」一詞時，她們說出「它談的是選擇」或「它攸關平等」的機率可能差不多，這似乎是個頗有意義的現象。我現在偶爾都得在學生和其他說出「女性主義談的就是擁有**選擇**！」的人面前硬是把話吞回去，情況沒那麼單純，那也絕非女性主義全貌；不過我也不想變成愛批評的老太婆，嚇得他們不敢接觸女性主義。

平等可以為更多自由且經過深思熟慮的選擇開路，造福更多有機會做出選擇的人。然而，即使選擇本身與平等的結合，最早至少可追溯至約翰・史都華・彌爾（John Stuart Mill）一八六九年論文《婦女的屈從》（The Subjection of Women），但其實兩者並不相同。在論證婦女平等及選舉權之必要時，彌爾便援引了選擇作為實現兩者的必要元素：

> 任何假裝可以判定女人是或不是、得以或不得之人，我皆認定是依據天性基礎推斷而來；迄今為止，就自然發展而言，社會一直都使她們保持在極不自然的狀態，她們的本性必受嚴重扭曲和隱匿；沒有人可以安然斷言，在撤除人類社會之條件要求以後，若女人可以如男人一樣自由選擇其本性之發展方向，在不施予人為干預並且給予兩性同等條件之下，兩者將不會出現任何重大差異，甚至可能根本毫無差別，她們自然會發展出性格及能力。

然而，彌爾推論縱使有這些選擇，大多數女性還是可能遵從

社會風氣扮演起妻子與母親的角色，而非在由男性主導的職場中爭權奪位。對彌爾來說，最重要的不是女人選擇做什麼，而是她們有得選擇的事實。

透過女性主義的一項勝利里程碑——一九七三年的最高法院判例「羅訴韋德案」（Roe v. Wade），「選擇」在當代成為一種顯赫的女性主義符徵。儘管安全合法的墮胎是為第二波女性主義的一項綱領，並且經常使用「權利」（rights）指涉這種自決行為，但「羅」案卻改變了這個框架：該判例裁定，墮胎權並非基於身體自主權受到保護，而是憲法《第十四條修正案》（Fourteenth Amendment）之解釋所特別保障的一項隱私。最高法院多數決採用的語言經過審慎考慮且明確，不將安全合法的墮胎指涉為一種權利（right），而是一種選項（option）。宣讀判決意見書時，大法官哈利・布萊克門（Harry Blackmun）反覆以「此等選擇」（this choice）來指涉墮胎，這對於某種無論法律狀態為何爭議性都極高的事情來說，是為其爭取主流支持極為重要的圓滑解釋。「選擇」之所以奏效是因為它既積極又被動；正如歷史學家瑞琪・索林兒（Rickie Solinger）指出，該詞語「喚起女性購物者在市面上眾多選擇中進行挑選的記憶」。[4] 同樣地，第二波女性主義團體一直以來都有明確指出「要求墮胎」（abortion on demand）及具有治療或醫學必要之墮胎這兩者間的差異——這一點隸屬墮胎行為應由女人決定而非醫生的主張。但隨著這個議題日益頻繁地擺在非女性主義者的美國民眾面前接受評斷，「要求」這個字眼太張牙舞爪、太過武斷，而且也……呵，要求太多了。彷彿為了轉移大眾對合法墮胎所代表的權力及自由之關注似的，討論這件事的語言變得越來越謙遜了。

在最高法院作出「羅」案判例之前所執行的終止妊娠術，早已充分說明「選擇」和「權利」截然不同。數十年來，有能力負擔非法墮胎的女人早就都在這麼做了——這得籌措大筆金錢，更別忘了前往提供地下墮胎服務的城市的旅費。無法墮胎的女人則得以「選擇」放棄孩子，開放給表面上更有資格育幼的女人領養——同樣地，有鑑於許多生母都會遭受小媽媽羞辱，並在家人和神職人員的施壓下放棄她們原本想留在身邊的孩子，這幾乎稱不上是自由選擇。墮胎和分娩，早已是僅限某些有能力負擔之婦女才能進入的市場；而在合法墮胎這回事上，「羅」案也不過只是將控制權從市場轉移到政府。而且一九七六年的《海德修正案》（Hyde Amendment）亦禁止聯邦資金用來進行墮胎〔例如透過醫療補助（Medicaid）〕，有效地將極高比例的低薪婦女排除在墮胎市場之外，讓後「羅」案的世界（post-Roe world）實際上和判例誕生前的世界幾乎沒啥兩樣。

當「羅」案把身體權的語言從要求改成選擇，新自由主義便來接手完成未竟之事，一個蓬勃發展的自由市場使得自我聚焦（self-focus）和特殊性（singularity）更加可能正常化。幾乎所有女性所做的選擇，社會都以市場的措辭作為預設的討論方式。[5]

娜歐蜜・沃夫（Naomi Wolf）於一九九三年出版的《以火攻火》（暫譯）（Fire with Fire）便挑起了兩方敵對陣營的論戰：她抨擊「被害者女性主義者」（victim feminists）困在一種無可救藥的集體主義思維，蔑視個人主義並且深陷過時的父權批判而不能自拔。而另一方面，「力量女性主義者」（power feminists）則是藉由緊掐要害來掣肘既有的現狀，去它的政治。沃夫宣稱，唯一的限制存在於女人自己的腦袋：「無論是以個別

或全體女性的角度來看，運動的未來之路……取決於我們自己在照鏡子時決定看到什麼。」換句話說，不論是受制於可能影響日常生活的任何經濟力還是社會力──貧窮、虐待、剝奪選舉權──女人都可以選擇要不要成為被害者。〔由於沃夫在上一本書《美貌的神話》（*The Beauty Myth*）裡，是如此有力地控訴形象產業共謀促成性別化的薪資差距、飲食失調盛行等等，她的鏡子論點似乎值得注意。〕

《以火攻火》是最早明確闡述新自由主義對女性主義之影響的流行文本；此書忽略了真實世界中計畫性不平等的體系，除了那些早就與之親近的人以外，這種體系幾乎讓所有人都不可能完全掌控現狀。按照她的解釋，力量之運行可以與世隔絕，不受種族、階級、教育、健康及兒童照護權之影響：如果你無法削弱它，那是因為你不夠努力嘗試。

沃夫想盡辦法想催生出「力量女性主義」（power feminism）一詞，但這件事從未發生。（如果她把它叫做「賦權女性主義」可能就會流行起來了。）但從那時起，她所提出的那種女性主義概念開始發揚光大──即「女性主義是個人主義的、意志堅定的、沒空理會結構不平等之無聊討論」。無可否認的是這種言論有其魅力──只要主張某種認同，女性主義便成為一種任人從中挑選好處的大雜燴，而非一套必須為之奮鬥的生活倫理和權利。

作家暨哲學家琳達・赫希曼（Linda Hirshman）二〇〇五年為《美國展望》（*American Prospect*）雜誌撰寫文章〈終將回歸家庭〉（Homeward Bound）時，略帶慍怒地發明了「選擇女性主義」（choice feminism）一詞。該文章針對主流媒體為抵制專注事業發展的自由派女性主義而大力吹捧「退出革命」（opt-out revolution）的情況進行分析，赫希曼認為，在女性主義修辭裡占主導地位的「選擇」掩飾了亙古不變的社會期待，也就是女人應負責打理大量家務。她寫道，有夠多錢可以辭職的女人說她們「選擇」退出，儼然是歡欣鼓舞地給女性主義一記痛擊，因為這番話正好呼應了《紐約時報雜誌》的封面文字——「問：為何沒有更多女性登上事業巔峰？答：她們選擇不這麼做。」然而刻意說這是一種選擇，更是將不平等加以具體化，假定女人無論在做什麼，依然會堅持代為照料家庭。[6]如果性別平等的實際情況果真達到諸多退出敘事所推論的水準，那絕對不會只有女人必須權衡家務責任與支薪工作，而且還只能選擇其中一種。而且當她們選擇後者時，肯定也不用承受社會的激烈批判。

類似《紐約時報雜誌》那類趨勢報導——隨著「退出革命」成為媒體最新的反挫敘事，這類報導開始像毒菇般瘋狂增生——都是基於以下觀點，即文中提及之具有影響力的族群（受過大學教育、有異性伴侶、經濟穩定），他們所做的選擇皆是價值中立的（value-neutral），不受龐大且深刻性別化的文化牽連。這種觀點不僅是新自由主義的謬誤，也是一個天大錯誤：確實，這些女人是做出自由選擇、決定退出職場，但她們可無法自由相信這種選擇不會影響廣大社會對待女性的方式。（畢竟如果投資報酬率只有五成，又何必頒發大學獎學金或醫學研究補助金給女性呢？）

當我二〇一四年前往赫希曼的紐約寓所與她重新探討〈終將回歸家庭〉，以及她在二〇〇五年出版的延伸著作《開始工作》（Get to Work）時，我們過沒多久就開始討論起《慾望城市》（Sex and the City）——我還有點慶幸氣宇非凡的赫希曼在我自

己開口之前，就說她認為該影集是「具有龐大影響力的文本」。

在我們討論的那一集裡，米蘭達質疑四個女主角當中最保守的夏綠蒂為何要因為成為人妻就辭去自己深愛的藝廊工作，於是夏綠蒂開始唸咒似地不斷大喊：「我選擇了我的選擇！我選擇了我的選擇！」這真是個荒謬又出人意料的時刻：畢竟夏綠蒂是這部影集的女性當中意識形態最不基進的一位，不僅喜歡配戴珍珠也愛珍珠手拿包；即使真實生活不斷令她失望，卻仍相信婚姻和母職的童話故事。在第三季第一集講出難以啟齒的話的人也是夏綠蒂，當她一說出「女人其實只是想被好男人拯救」時，真是嚇壞了她那群朋友。把女性主義的語言（雖然是淡化過的）塞進夏綠蒂那一對閃耀著完美唇蜜光澤的朱唇裡，就好像看到她去參加尬詩擂台賽一樣──喜劇效果來自於這種事不可能發生。該影集偷偷批判市場女性主義者所提出的「只要是女性主義者（就算只是暫時的）做出的選擇，那每一種選擇都符合女性主義」概念，已經成為一種搞笑迷因（meme）了；只要講到選擇女性主義的主題，幾乎每一位和我討論這本書的女人都會嘲諷地大叫：「我選擇了我的選擇！」這集還有一個重點是這可能是流行文化首度揭穿選擇女性主義的時刻，狠狠質問若沒有哪一種選擇可以判定為比其他任何選擇更有意義，那我們究竟為何還得花時間為之辯解。

選擇女性主義在最近數十年來特別興盛，是因為縱使媒體企業和流行文化（就像最高法院之於「羅」案）對於爭取女性平等沒太大興趣，它們對於描繪女人彼此對立的光景絕對無比狂熱。在選擇女性主義如何巧妙操弄不為任何一種選擇評判高下的課題中，有絕大部分功夫需要從個體的角度重新組織體制性規範及道

德觀，再讓女人自己去公領域鬥個你死我活。選擇女性主義就是源源不絕的題材寶庫，新媒體圈尤其熱衷於挑起「我的選擇符合女性主義精神並且為我賦權！／才怪，理由如下！」的精采拔河，以藉機賺取點閱率和廣告營收的獎賞。

「作為消費選擇之結果的賦權才不是女性主義，」我訪問的一位女性主義學者如此主張，「因為女性主義的根基是平等，而資本主義和它是完全分歧的。」但她要求匿名引述後又連忙補充道：「當我們討論這個議題時，往往會有人說『少批評我喜歡的東西！』但若不解讀為批判，就不可能討論這種問題呀。」女性主義的消費者有責任承認「選擇＋賦權＝女性主義」的框架有其限制──這是養成批判性思考的部分涵義，這個行為本身在中介文化（mediated culture）裡也十分重要。這當中的問題就如這位匿名學者所說的，此類質疑本身就有被解讀為不夠女性主義的風險。

隨著選擇成為檢視所有事情的視角，如今再也沒有人會直接指出某種選擇可能，僅僅是可能，會稍微前往亦或偏離客觀而言更平等的世界，畢竟隨之而來的層層回覆實在令人難以招架（赫希曼可以證明，那些回應〈終將回歸家庭〉一文的仇恨信件簡直是堆積如山）。於是，我們往往會佯裝批判所有可能被誤以為是在公然批評另一個女人的那個選擇，然後又立刻收手；懷抱陰謀論的旁觀者可能就會說，選擇女性主義一直都是激進女性主義的神奇解藥，可以轉移大眾女性主義對於重新分配權力及資源的關注，並加以篩選到只聚焦在渺小歧異的自我陶醉。

確實，明言真正的女性主義運動並未孕育出選擇女性主義非常重要（至少一開始沒有），它是由趨勢報導建構而成的框架

（就如「後女性主義」），接著再加以大力渲染，因為它──還有後女性主義也一樣──做出了極為可靠的結論，也就是女性主義對女人的傷害比幫助更大。當女人其實寧願在家帶小孩的時候，它卻說服她們必須工作、逼迫她們與男人成為競爭對手，而不是在為時已晚之前讓她們成為保護者，抗拒她們天生的孕育本能。

選擇女性主義與其分支也就是所謂的媽咪戰爭（Mommy Wars），在二〇〇〇年代中期成為一項熱門話題──當時的草根女性主義（grassroots feminism）碰巧也比以往更容易接觸和參與。它萌芽於網路上的社團部落格，在政治行動委員會中醞釀，並且隨即拓展到獄政及勞動改革等較不傳統的學術領域當中。但以媒體報導而言，眾多女性共同起草新法案、分享技術專長，或為服刑中的女性爭取獄外生產只會讓人看得昏昏欲睡──經濟面的回報肯定也比划算的筆戰文或專欄更低，畢竟那些內容只要從大量的趨勢、民調和落魄名人當中挖掘就好。相較之下，當一個女人主張高跟鞋不符合女性主義精神，而另一個女人也跳出來以同樣強悍的姿態捍衛自己穿高跟鞋的選擇時，這種逐一回擊的社論文章一次就能解決一大堆事情：便宜行事地填滿整個版面，無須進行報導或研究。這讓「女性賦權來自於市場」的概念變得無比正當，對廣告商來說也非常誘人。這同時也是在向閱聽人暗示──真正妨礙女性主義取得進展的不是仇女的立法者或貪婪的企業政策，更不是**性別不平等本身**，而是女性彼此間針對究竟何者可謂賦權而吵到天荒地老的行為。

當「選擇」越深入市場，它就更像是一種含糊的稱號──聽來或許很諷刺，畢竟若它與女性生育權的關聯性越高，大眾

就越不會關注同樣會影響婦女自主權的立法挫敗，可負擔育兒津貼（affordable child care）和同工同酬（equal wages for equal work）皆是如此。利用「選擇」一詞來合理化個人選擇——或許更重要的是，用來代表批評那些選擇是不符合女性主義的——並非不道德或無德，只是成效不彰。

邏輯上而言，我們都知道選擇絕非憑空出現：我們每天都會為任意數量的選擇賦予經濟、美學和道德面的價值，多數人也知道這些選擇在廣大的世界裡有何意義。大家會去投票、做回收、當志工，或是為自己深感同情的原因給予捐贈，也會對小孩和老人溫柔和善，不會去踢小貓小狗。好吧，的確還是有人可能會去踢小貓小狗。有人會貪汙侵占、虐待家人、不給服務生小費，又或者破壞國家公園。撇除反社會分子不談，我們多數人都會在自己的選擇當中表露出某種倫理和價值觀，也知道其中有許多選擇可能會讓世界變得更好或更壞。作為一種意識形態，女性主義也認為某些事情——像是社會及政治平等，還有身體自主權——是優於其他事情的，例如不平等、家暴及性暴力還有基於性別之屈從。主張「只要是女性個人做出的選擇，那所有選擇都一樣好」是沒有意義的。同時，為那種論點強加新自由主義的框架並且暗示一個女人的選擇只會對該女子產生影響，也同樣不合邏輯。看來我們可能把自己逼進賦權絕境了。

指望賦權

二〇一一年，沃爾瑪（Walmart）發起一場名為女性經濟賦權倡議（Women's Economic Empowerment Initiative）的新活動。

該計畫宣布的時間，距離美國最高法院駁回史上最大宗、控告這間私營企業性別歧視的集體訴訟還不到三個月。沃爾瑪如今是全國最大的私營企業雇主，它的經營模式讓員工領著貧窮薪資，而雇主卻能獲利數十億美元，但訴訟的焦點在於女性員工比做著同樣工作的男員工賺得更少——系統性地貶低女性勞動價值正是該公司部分根深蒂固的企業文化。〔麗莎‧費瑟斯通（Liza Featherstone）於二〇〇五年著作《賣空女性：沃爾瑪工人權利的里程碑戰役》（暫譯）（*Selling Women Short: The Landmark Battle for Workers' Rights at Wal-mart*）寫道：「沒有哪一種職位渺小到可以豁免性別歧視」。〕雖然最高法院最終裁定一百五十萬名女員工原告未能滿足集體訴訟的條件，但沃爾瑪還是得應付敗壞的形象。

　　女性經濟賦權倡議被視為一場洗白形象的公關活動，內容結合了好幾項高舉著支持女性成為生展者和企業主大旗的計畫，其中包含銷售女性經營企業之商品的線上購物網「共同為女人賦權」（Empowering Women Together）；沃爾瑪的新聞稿還說，這些產品背後都有啟發人心的女性故事。該公司承諾將在五年內向這類企業收購價值兩百億美元的產品，還會讓來自全球女性企業的庫存貨量翻倍。在其他地方，這項倡議亦贊助於印度、孟加拉、宏都拉斯、薩爾瓦多和中國進行的「工廠女性培訓計畫」（Women in Factories Training Program）；沃爾瑪號稱該計畫「將在一百五十座工廠及加工廠裡為六萬名女性進行培訓」，這些工廠生產的產品大多銷售給女性比例極高產業當中的頂層零售供應商。

　　多年來，沃爾瑪的種族、性別及勞工政策陸續曝光後，那份

工作環境評鑑指標（Work Environment Evaluation Instrument）顯然是為該公司全面貶低婦女勞動價值所設下的防投訴幌子。（瞧瞧我們！不對，別看在實際店面的情況——快來看我們正為這些可憐的南方世界婦女賦權，讓她們生產我們的產品！）但這項倡議更棒的是重新把女性賦權定義成某種可以由企業提供的活動，能夠像沃爾瑪一樣為自己洗刷名聲。〔至少有一個相信沃爾瑪這套「賦權」行銷話術的創業家庭發現這活動名不符實：麥克・伍利（Michael Wooley）十幾歲的女兒為「共同為女人賦權」購物網發明了一種舒服的後背包兼背心，他原本對這個網站十分期待，但在二〇一五年，他向《赫芬頓郵報》商業版記者表示，身為零售巨頭的沃爾瑪根本是空口說白話，還扣住了銷售報表和營收。[7]〕

根據谷歌搜尋趨勢顯示，隨著「賦權」一詞漸漸深入各個領域（女性主義論述、消費行銷、企業文化等等），它在二〇〇四年及二〇〇五年間的搜尋量來到高點。「賦權」連同「綜效」（synergy）、「下探」（drill-down）一起出現在董事會談話、願景陳述和事業計畫裡，最後還被《富比世》封為「史上最紆尊降貴的及物動詞」。[8] 它成為各種五花八門生意和全國健身活動的名號，數量多得令人費解的瑜珈教室也超愛取這個名字。賦權也成為微軟最愛的企業行話，前後任執行長史蒂夫・巴爾默（Steve Ballmer）及薩蒂亞・納德拉（Satya Nadella）都在備忘錄和公開談話中，用這個字眼來產生令人印象深刻的模糊效果。（納德拉在二〇一五年的微軟年度大會上告訴與會者：「我們身處賦權事業，」並補充說微軟身為科技巨擘，目標是「在所有垂直領域及各種規模的企業中為代表個人或組織的你進行賦權，幫

助你在世界任何地方推動理念，用你的企業做你想做的事。」⁹)

在其他關於性愛作為活動及商品的論述和辯論中，「賦權」也已經成為某種簡稱，意思可能是「我為做這件事而驕傲」，但可能也代表「這件事並不理想，但還是比某些另類選擇好多了」。例如在一九九〇年代晚期到二〇〇〇年代初期，透過跳脫衣舞感受到賦權，就是在兼差學者或其他生活優渥的年輕女性之間的重要主題，有無數的回憶錄都在講述她們踏入情慾市場後發現的自我；賣淫也一樣，諸如「白日美人」（Belle de Jour）、「大學應召妹」（Belle de Jour）等部落格，還有崔西泉（Tracy Quan）的《曼哈頓應召女郎日記》（*Diary of a Manhattan Call Girl*）都有相關書寫。到了二〇〇〇年代中後期，就連在書店轉個身，都一定會看到架上擺著一大堆性工作的回憶錄，包括莉莉・布拉娜（Lily Burana）的《脫衣城市》（暫譯）（*Strip City*）、迪亞布蘿・科蒂（Diablo Cody）的《甜心女孩》（暫譯）（*Candy Girl*）、姬莉安・羅倫（Jillian Lauren）的《某些女孩》（暫譯）（*Some Girls*）、蜜雪兒・蒂（Michelle Tea）的《女孩出租》（暫譯）（*Rent Girl*）、蕭娜・肯尼（Shawna Kenney）的《我曾是性虐小女王》（暫譯）（*I Was a Teenage Dominatrix*）、梅莉莎・費波絲（Melissa Febos）的《聰明揮鞭》（暫譯）（*Whip Smart*）還有莎拉・凱薩琳・路易斯（Sarah Katherine Lewis）的《下流觀止》（暫譯）（*Indecent*）等等。¹⁰這些往往引人入勝又文筆極佳的著作有什麼關鍵共通點呢？那就是它們全都是由年輕的白人性工作者所寫，而且已經上岸從良。

我必須申明基於性工作就是一種工作的原則，和性工作者站在同一陣線這個議題的重要性再怎麼強調也不為過，還要澄清的

一點是我完全不具這個主題的專業知識，這已經超過本書的範疇了。不過我有興趣探討的是，在討論這類性工作經歷時，很多人往往會拿「賦權」來當作反射性的防衛機制，但在描繪經歷更神祕的人時，卻又不是這種反應，這些人待在該產業時間可能更長卻較不值得出書——例如因貧窮、虐待或癮頭而被迫從事性工作的男男女女、跨性別女性、受剝削的青少年和遭到人口販運的外國人等。同樣令我著迷的事實還包括我們可以在上千種流行文化的產物中，看到絲毫不在乎女性賦權的性產業為女人賦權，但跳脫了女體是可供買賣之商品的現狀以後，卻鮮少看到女人受到賦權按自身意願做出性選擇。《下流觀止》的作者莎拉·凱薩琳·路易斯已經寫過，在她跳脫衣舞的那段時間，「我覺得自己受到賦權——不論是作為一個女人、一個女性主義者或一個人——來源就是我賺到的錢，而不是我做的事。」但這也只是她一個人的故事。「白日美人」和其他性工作者也寫過自己確實很享受這份工作。如果市場同樣歡迎年輕女子因事業而獲得賦權的敘事，假設是當水電工好了——即出版商亟欲出版有關年輕女子自己決定短暫踏入電氣業的個人回憶錄——那許多性工作者都自覺獲得賦權也就沒什麼好大驚小怪的。但在那種情況發生之前，為何賦權這字眼總成為替性工作辯白的第一句台詞實在值得好好思考。

在流行文化的其他方面，眾人脫口而出「賦權」的情況更是有過之無不及。在名為「喚醒女性」（Awakening Women）的瑜珈網站上，你會看到一份「一○八部女性賦權電影」的清單：裡面包括《七對佳偶》（*Seven Brides for Seven Brothers*）（我猜是因為被一群來自邊遠地區的幼稚男人綁架結婚很賦權吧）、《瓶中美人》（*Sylvia*）（愛上一位喜歡拈花惹草的混蛋兼天才，再

以自殺提早結束自己的詩人事業也很賦權）、《男人百分百》
（*What Women Want*）（你的創意被突然獲得讀心能力的老闆偷
走，他還用這些點子向女人行銷產品：有夠賦權！）二〇一三
年，美妝部落客兼企業家蜜雪兒‧潘（Michelle Phan）在名為
〈由你賦權〉的影片裡介紹她開發的化妝品，影片內容除了有各
種仿妝——扮成《權力遊戲》的銀髮卡麗熙，還有穿著厚底靴的
原宿女孩——畫面還穿插著她的產品特寫。「你為我賦權，」潘
熱情地說著，「你又受什麼賦權呢？」每一種鎖定女性的產品或
體驗廣告——像是新雷射療程或設定未來人生目標的夏威夷人生
教練營——都把這個詞語當作萬能形容詞，隨意填空就好，在句
子中的任何一處塞進去都說得通。

　　流行文化的賦權框架，基本上就是專門製造廢文的《OK》
雜誌所下的定義——「做自己想做的事的能力」——這種涵義跟
變革或行動或要求，甚至是群體一點關係都沒有。這個詞語既無
關政治又模稜兩可，亦無挑釁意味，以至於幾乎沒有人可以反駁
它。今天就先擁抱沒化妝的自己，明天再接受化妝品的賦權吧？
當然好！繞個彎進入性產業？有何不可呢。去夏威夷參加人生教
練及目標設定的大會？我要是去了可別介意喔！不過幾十年間，
「賦權」就從一種基進的社會變遷策略演變為全球化流行語，再
變成堆砌無意義之消費行為辭藻的一種素材。

　　「賦權」就如「女性主義」，曾經是個具有定義的詞語。兩
者如今都已經遭到稀釋，部分原因是社會懼怕它們的定義會產生
變化，某一部分也是因為市場接納了它的（某些）目標。它們一
路以來的發展既成功亦不成功，而且將如此繼續下去，也都是十
分值得奮鬥的課題。但要用一種完全不性別化的方式思考「賦

權」的意義實在很困難〔就連在講述男教師去賣淫的 HBO 影集《大器晚成》（Hung）當中，所有對賦權的讚歌都來自那位幫他拉皮條的瘋癲女子〕，而且它也遭到澈底濫用了。我們可以喜歡任何事物，或是對社會可能不允許的事情感到愉悅，但繼續讓賦權單獨與婦女及女性主義運動掛鉤，已經開始模糊了運動的未來方向，畢竟若任何事皆為賦權，那麼一切便皆非賦權。

第八章

大女人的崛起

「向前、向上、向內」
　　　── 二〇一四年 Thrive 會議紀念托特包標語

　　現在看來幾乎是難以想像，但在三十九年前，美國政府出資舉辦了一場攸關婦女議題的全國大會，宗旨是針對各類議題、政綱及需求在未來幾年的優先順序徵詢建議。該會議由眾議員貝拉・艾布札格及竹本松（Patsy Mink）於一九七五年提議舉辦，作為福特總統所主導的國際婦女十年全國委員會（National Commission on the Observance of International Women's Decade）的一部分活動（當年女人可不是偶爾才有個揚眉吐氣的一整年），政府出資總額更高達五百萬美元。這場為期四天的全國大會於一九七七年十一月在休士頓舉行，吸引了一萬五千至兩萬名與會者，其中有兩千人都是來自五十州及六領地的官方代表。隨著德州眾議員芭芭拉・喬丹（Barbara Jordan）發表完基調演說，艾布札格接手主持會議，各地代表開始進行實質討論，最終起草了一份將提交國會及卡特總統的二十六條行動計畫。計畫內的議題涵蓋性別歧視、薪資不平等、教育、少數族裔女性權利、身障人士權利、墮胎、兒童照顧、《平等權利修正案》（Equal Rights Amendment, ERA）及《公平信貸機會法》（Equal Credit

Opportunity Act, ECOA）。在關於這場會議的二〇〇五年紀錄片《1977年姊妹》（*Sisters of '77*）中，許多當年的與會女性一一反思這場前所未有、具有重大歷史意義的活動所帶來的影響。會上充斥著激烈爭論（主要都在吵墮胎議題）和敵意（想也知道是來自費利絲‧希拉芙萊與她的「阻止 ERA」行動同夥），但她們當年確實也感覺到已經不可能再回到以前那段女人根本在國家議程中缺席的時代了。「這點起了許多女人內心的星星之火，」德州州長安‧李查茲（Ann Richards）在紀錄片裡回憶道，「（她們）知道這場奮戰是值得的，而且不是只有自己在努力，社會上還有成千上萬的女人都認同她們並且會出手相助。」

　　想像一下若有一場類似的大會將在現今舉辦吧。我相信它也會有同樣振奮人心的精神，但我也 99.9％確定政府不會出資，而是會由一大票跨國企業贊助，例如威瑞森（Verizon）、雅詩蘭黛（Estée Lauder）或古馳（Gucci）。這場會議不會在會議中心舉辦，而是在極致奢華的水療館，必要時刻可以去做個海藻排毒敷泥浴就更好了。狗仔隊還會駐紮場外，爭相搶拍莎瑪‧海耶克（Salma Hayek）、安潔莉娜‧裘莉（Angelina Jolie）和阿瑪爾‧克隆尼（Amal Clooney）等與會名人，現場甚至可能還會鋪紅毯。會上將探討擁抱領導力和謹慎經營品牌形象等主題，行動計畫不會是這場會議的重點，只是自由參加的分組會議，替關於金融賦權的專題討論與海耶克及裘莉的特別對談串場；若想參加她倆的特別對談，入場票價會多一百七十五美元，但會附贈一個禮物袋，裡面有奇亞子能量棒、高級面膜和一張優格品牌的折價券。

　　這看起來和為期兩天、僅限受邀者參加的自造者年會（Maker Conference）很像；該會議於二〇一四年二月在加州

的帕洛斯佛迪市舉辦，贊助者是美國線上（AOL）及美國運通（American Express）。展示女性故事及成就的數位說故事平台（digital storytelling platform, DST）──自造者（MAKERS）號稱這場年會是具有指標意義的集會，可以「為二十一世紀的職業婦女重設目標」。當有人指出有鑑於這場年會的嘉賓名單滿是名人和企業執行長卻缺乏工會領袖、導致這目標似乎頗自視甚高時，文案便倉促地修改為宣稱這場年會將「聚焦來自企業、非營利及政府組織當中，致力為女性及勞工家庭議題奔走的優異領袖及創新者」。[1]

廣義而言，這場振奮人心的會議當然攸關婦女議題：會議講者有名廚瑪莎・史都華（Martha Stewart）、太空人梅・傑米森（Mae Jemison）和眾議員嘉貝麗・吉佛茲（Gabrielle Giffords）。與會者紛紛在名為《品牌打造者：活出你的品牌形象》和《朝恐懼前進：學習擁抱改變及挑戰》的專題會議上討論工作議題；雖然「女性主義」這個字眼沒出現在自造者年會的宣傳素材上，但少數幾位主講者可沒有對它加以閃躲：雪柔・桑德柏格（Sheryl Sandberg）和美國公共電視新聞網（PBS）主播關・艾佛（Gwen Ifill）對談時敦促聽眾應該「拒用『強勢』（bossy）這個字眼，重新使用『女性主義』一詞」；吉娜・黛維絲也激昂地暢談大眾必須努力對抗影視圈無意識的性別偏見。但歸根究柢，這終究是眾多菁英女性因為在極為曲高和寡的領域取得個人成就而互相褒揚的一場大會，而且絕非偶然的是，還攸關協助企業贊助者針對女性聽眾改善行銷產品的方式。

其中一位受邀嘉賓是女性主義網站「蕩婦耶洗別」（Jezebel）創辦人暨《紐約書評》（*New York Review of Books*）

的專欄作家安娜‧霍姆斯（Anna Holmes），她坦言「我當時真的覺得很噁心」。霍姆斯和我正在一間紐約連鎖麵包店的偏遠分店，針對女性主義迅速成為一種去脈絡化的風格宣言交換意見，「會上根本沒有任何長時間討論，」她繼續說著，「全都是陳腔濫調和泛泛空談。珍妮佛‧安妮斯頓還訪問了葛洛莉亞‧史坦能，什麼鬼呀？」〔另一位與會作家梅根‧科斯特（Megan Koester）在《VICE》雜誌中表示，「當史坦能感嘆女演員如今依然得比她們的男搭檔年輕許多時，安妮斯頓卻用一種暗示著她從沒看過非自己主演的電影的態度回道：『這話怎麼說？』〕我請霍姆斯多談談，她歇了一會兒才繼續說道：「當天根本沒聊婦女健康這類的議題，也沒談到女人取得（社會）服務的管道是如何遭到政治制度削弱及破壞。大會對於影響『真實世界女性』的實質議題著墨極少，我不是說那百分之一的菁英女性不該談論影響她們的事，但這種集會對世界現況以及性別政治的描繪簡直是無比天真。」

　　霍姆斯認同那場會議積極正向、力挺女人的精神，或許對其他某些可以參加的女性極具啟發性又能強化信心，然而和她談完之後，我的心思全都在想著根本無法懷抱著「為二十一世紀的職業婦女重設目標」這種想法的那上百萬女性。就像耐吉（Nike）的「若你讓我玩球」（If You Let Me Play）球鞋（都是血汗工廠的工人做的）和雪柔‧桑德柏格（Sheryl Sandberg）及瑪莉莎‧梅爾（Marissa Mayer）的涓滴女性主義（靠的是一班班保母及女傭的支持），這些會議似乎是拿來販賣特定類型女性力量的方法，和多數女性較不我行我素也絕不光鮮亮麗的現實生活保持著恰當的距離。

自造者年會是新竄起的市場女性主義趨勢之部分內涵，這種要價不菲的「思想」交流集會非常看重人脈網絡、知識共享和堅定支持，如此一來與會的「女人」全在都會區高知名度產業的企業任職就很合理了。如雨後春筍般出現的各種會議和集會已經在過去幾年間造成轟動，成為女性新霸權的指標：由《浮華世界》及《紐約客》雜誌編輯緹娜‧布朗（Tina Brown）主持的世界婦女高峰會（Women in the World Summit），就是一場為期三天、在紐約林肯中心登場的大集會，召集了「眾多執行長、產業領頭羊、世界領袖，還有藝術家、當地草根倡議者及煽動性極強的異議人士……生動講述智勇雙全的女性事跡，她們在自己的國家挑戰現狀、在面對戰爭及衝突時帶領和平運動，更打破每個產業裡的玻璃天花板。」

　　二〇一四年，在紐約市登場的 Thrive 大會由《赫芬頓郵報》創辦人雅莉安娜‧赫芬頓（Ariana Huffington）及晨間節目「早安，喬」（*Morning Joe*）主持人米卡‧布里辛斯基（Mika Brzezinski）主持，赫芬頓更同時出版了一本同名新著作*，書中強調女人長久以來都披荊斬棘地為事業和個人生活奮鬥，遲早有一天會精疲力竭，除非練習採納「第三度量」（third metric）──一種「融合幸福、智慧、才能和贈與」的標準。透過新聞主播凱蒂‧庫瑞克（Katie Couric）及時尚設計師托莉‧柏奇（Tory Burch）的分享，還有男裝品牌 Kenneth Cole、摩根大通（JP Morgan Chase）及威士汀酒店（Westin Hotels & Resorts）等贊助商的協助，這場為期三天的活動讓與會人士有個練習使用

＊譯註：《Thrive》中譯版書名為《從容的力量》。

這種度量的機會，打造出「永續、豐富且更有影響力」的生活。〔正如 Thrive 的官網註明：「主辦單位將整合所有贊助商融入量身打造的重要活動環節，使其品牌成為與會者採納第三度量之生活方式裡不可或缺的一部分。」〕時代雜誌發行商時代公司（Time Inc）及《反璞歸真》（*Real Simple*）雜誌每年都會在紐約舉辦「女性與成功」（Women & Success）的活動，《財星》（*Fortune*）雜誌的「最具影響力女性大會」（Most Powerful Women）最近也剛在橘郡的麗池酒店登場；《富比世》雜誌創立的「富比世女性峰會」（Forbes Women's Summit: Power Redefined）年年都會在美國及亞洲舉辦；紐約的「S.H.E. 論壇」（S.H.E. Summit）也已經來到第四屆，它號稱是一場「一年一度的難忘體驗，幫助你朝個人及職場下一個階段的成功邁進；協助你進入為最獲賦權狀態的自己、結合你真實的目標與價值、為你建立重要的人脈網絡，更能支持你朝目標前進！」

這些會議大力稱頌在其他傑出女性個體當中同為傑出女性個體的經驗，並將此事當成一種將個體性（individuality）及權力（power）尊為獨特女性經驗的排外經驗（exclusive experience）。既排外又昂貴：「世界婦女高峰會」的入場票價是五百美元、「Thrive」要價三百美元、「S.H.E. 論壇」兩百五十美元（若你搶到了早鳥價）；《柯夢波丹》舉辦的「歡樂無憂生活論壇」（Fun Fearless Life conference）便宜一點，只要一九九美元，和自造者年會（MAKERS）及《財星》大會參加者個別付的三千五百美元及八千五百美元相比，感覺又更划算了呢。

嚴格來說，這些都不是分離主義者的集會，尤其考量到許多與會發言的企業執行長無可避免的皆為男性——自造者年會稱他

們為「男特使」（manbassadors）。但這些會議之所以存在的絕大部分原因，其實是在展示受過教育的富有女性如今已經成為一股經濟及形象建構的力量。別搞錯了，這些活動才不是要為女人賦權，只是要在傳統雜誌的收益慘遭媒體經濟變遷重挫的時代把她們賣給廣告商罷了。從許多方面來說，這可說是一種賦權願景，為的就是抹滅在最關鍵意義 —— 也就是經濟層面上 —— 未獲得賦權的人，方法是暗示他們的意見與重設目標或創造豐富生活都不相關。只要想想這些活動的某些贊助商都是酒店集團，這種不協調的現象就更明顯了（例如凱悅酒店集團（Hyatt）就是《富比世》「世界婦女高峰會」及時代公司與《反璞歸真》雜誌聯辦「女人與成功」活動的贊助商），它們長久以來都曾因為薪資、工時以及女性勞動力的工作條件而陷入勞資糾紛。如果這些活動承認它們認定的族群就是如此狹隘倒是另一回事，但暗示它們是將女性看作一整個階級並且為之賦權不免太過裝聾作啞。

二〇一四年，在《紐約時報》某篇探討菁英女性峰會現象的報導中，一位經常與會的行銷顧問就表示：「這些會議促成一種新的女孩俱樂部……無意冒犯，但好幾年來男人早就在建立這種會議網絡了。」[2] 此話不假，他們確實如此。這確實是大家時常發現女性峰會突然無所不在的一項原因，與其說這是兩性平等的一大勝利，不如說它更像是一個世紀以前針對女性行銷的同一隻金雞母，當年可是讓菸草及玉米澱粉公司樂觀得不得了呢。若我有參加第三度量或是 S.H.E. 論壇這類活動，我大概會被這些論調氣到奪門而出，但確實值得質疑這是否是女性主義，抑或只是靠著陳腐的性別本質主義（gender essentialism）概念販賣產品及思想的新花招。

性別本質主義（gender essentialism）簡單來說就是認為男女之間有固定不變的二元差異，可以用來解釋「天生」的行為及特性。該理論認為男人天性好鬥、抱持個人主義，理性勝過感性；女人則是比較被動、懷抱群體思維，感性大於理性。這種論調使得好幾世紀以來的不平等待遇都變得正當還能加以鞏固，從基本教義派的宗教信仰（女人是純潔道德的守衛者），再到流行文化裡刻板俗套化的女性形象（女人是忠誠的妻子和女友），甚至是職場角色都無一倖免（女人出頭的速度不如男人迅速是因為她們對權力感到不自在）。

本質論之父是亞里斯多德（Aristotle），從他稱女性是「失能男性」（disabled male）的那一刻起便開啟了這類論調的濫觴，儘管如今過了兩千年，人類早已駁斥那些特性刻劃，但整體而言，社會在拆解性別本質論方面的進展卻少得可憐。它的語言、主題和意象一直都是媒體及流行文化的基礎，不僅在各產業各階層的工作中普遍存在，也隱含於運動文化當中，更透過宗教信條及文本加以施行。然而，正當有越來越多人理解社會性別是一種不固定、流動的範疇時，最近數十年來也有人在文化及政治面上堅守著生理即命運（biology-as-destiny）的思維，而市場正是在其中扮演著意義非凡的角色。

差異產業

亞里斯多德肯定會替心理學家暨「青少年心理學之父」斯坦利・霍爾（G. Stanley Hall）感到無比驕傲；他可是二十世紀初期認為女性最好別受教育的醫療專家之一，以免「大腦過度活

躍」擾亂她們育幼的主要功能。還有在一八七三年出版《性別之於教育：女孩的公平機會》（暫譯）（*Sex in Education, or, a Fair Chance for the Girls*）的愛德華・克拉克（Edward Clarke），書名看似女孩大有可為，內文卻主張若少女「以男孩的方式」學習，子宮及卵巢很可能會萎縮，乃至精神錯亂和死亡。雖然許多研究人員早已破解這類研究（其中有些人是受教育後成功熬過來的女人喔），但他們的理論卻被反對女性平等的陣營樂此不疲地採用。古生物學家史蒂芬・傑・古爾德（Stephen Jay Gould）於一九八〇年出版的論文《女性大腦》（Women's Brains）中曾分析「顱骨測量師」古斯塔夫・勒龐（Gustave Le Bon）之著作，他在一八七九年堪稱寫下了「女子不可教也」的圭臬：「在最聰慧的種族當中，有大量女性的大腦尺寸和最發達的男性比起來更接近大猩猩。此等劣勢十分明顯，任何人都無須爭辯……想讓女性受相同教育、追求相同目標，都是危險的空想。」〔你應該可以想像得到勒龐對於其他種族（race）、族裔（ethnicity）以及文化也抱持著強烈的特定信念，我就直接說希特勒正是他的信徒應該就可以概括一切了。〕

對這種滑稽的過時思想一笑置之很簡單，直到你發現儘管全球意識不斷提升亦加強倡議，常以暴力反對女孩及女人受教育的情況卻依然是許多文化的特點，這下大概就笑不出來了。就連在美國，大眾也無法承認我們自己的文化中仍有阻礙女孩及女人受教育的餘孽；彷彿因為國內沒人真的朝女學生的臉潑酸或對她們的腦袋開槍，所有過往不平等的蹤跡就從學術殿堂中消除了。基督教基本教義派還發起「留守女兒」運動，參與其中的大型教會牧師會警告信徒不該送女兒去念大學，否則不入流的破碎知識會

令她們墮落、偏離照顧家庭的核心功用，我們聽見這番論調都可以相視而笑，但奇妙的是，媒體企業對於教育的報導卻也時常透露出類似的擔憂。

例如關於在校表現模式及大學出席率的報導中，字裡行間總是流露著明顯的焦慮。綜觀所有種族，進入學院或大學就讀的女人都比男人多，但男性的入學比例一直都很平穩。換句話說，入學的男性沒有減少，只是入學的女人變得更多而已。然而，報導這種現象的文章卻將它形容成鐵達尼號般的危機：二〇一二年《富比世》在一篇關於大學男女入學模式的文章裡，竟用「女性稱霸」來形容這種差距；去年，國家廣播公司（NBC）的《夜間新聞》（*Nightly News*）也提出尖銳質疑──〈男大學生都跑去哪兒了？〉彷彿他們全都消失在一陣煙霧當中了；二〇一四年，皮尤研究中心（Pew Research Center）的事實庫（FactTank）更提出一篇報導，標題是〈女大學生人數成長將男性拋在腦後〉。在就讀大學的「競賽」中，媒體用「大躍進」來形容女孩超越男孩的情況。如果你還沒意會到女人在大學入學人數上迅速壓制男人的同時，還歡天喜地對他們比中指的話，諸如《對男孩宣戰》（暫譯）（*The War on Boys*）、《男人被淘汰了嗎？》（暫譯）（*Are Men Obsolete?*）、《第二性別歧視》（暫譯）（*The Second Sexism*）和《男人之死》（暫譯）（*The End of Men*）等大力渲染此情此景的著作都會樂於提出憂心忡忡的預測，告訴你女性主義已經在美國催生出大批教育狂熱的入侵者了。

在多數男大學生危機中，本質論者絕對常常拋出的問題是：「請告訴我們，這些讀太多書的女孩們究竟要嫁給誰？！？」媒體大肆炒作「受過教育的黑人女性據說找不到老公」的現象

就是一個例子，不僅《精華》（*Essence*）雜誌和 CNN 都在講，就連從喜劇演員搖身一變成為感情專家的史蒂夫・哈維（Steve Harvey）也觸霉頭似地在著作裡大書特書。正如政論節目主持人瑪麗莎・哈瑞斯裴利（Melissa Harris-Perry）所說，這些討論幾乎從未請黑人女性親自出面，反而「將這個問題捏造成是黑人女性的煩惱，而非群體問題，提供的建議也都是在鼓勵女人讓自己符合較無害的陰柔特質，不與社會認可的陽剛氣概競爭。」[3] 同樣地，類似哈維所寫的《像女人般行事，像男人般思考》（暫譯）（*Act Like a Lady, Think Like a Man*）等類書籍也不是真心關懷黑人女性的幸福或成就感，而是大談她們有太多人既成功、自負又單身，是個亟需立刻矯正的社會問題。「有非常多黑人女性都是單身、在教育和事業上遙遙領先，很多人還掌管著家計大權，但她們如此獨立自主卻被拿來證明是作為女人的缺陷，」作家塔瑪拉・溫芙蕾・哈里斯（Tamara Winfrey Harris）二〇一二年在《女士》雜誌的投書中寫道，「簡而言之就是：女人正在違背我們認為『自然』的界線，這太可怕了。」

同時，這個情況再與資本主義融合後，生物決定論簡直沒有極限了。孩子打從一出生就會融入廣大但沒必要的性別差異產品市場；有印著車車或公主的尿布，不是海盜就是花花的嬰兒床床單，但絕對不會同時出現。男嬰穿的搞笑包屁衣寫著「未來的超級英雄」，或更糟的有「老二兩歲大」，女嬰的則是寫「公主實習中」，同樣也很爛的甚至是問：「這件會顯得大腿很胖嗎？」幾年前，我帶兒子去買萬聖節戲服時就因為看到超級英雄戲服感到非常困惑，這種東西以前是用網版印刷塑膠袋做的，現在卻像無頭的迷你范達美複製品，還塞了好幾吋厚的發泡橡膠當肌肉組

織，免得你沒看出來這是做給男孩穿的。（至於女孩穿的萬聖節戲服，要思考的不是要不要扮成迪士尼公主，而是**哪一位**公主。）

去連鎖玩具大賣場當然是自願沉浸在一片粉紅色與藍色的本質論商品大海，但就連你以為會比較中立的消費空間——例如超市的維他命區——也躲不掉。（若你好奇話，迪士尼公主維他命和復仇者維他命是完全一樣的明膠及葡萄糖漿混合物。）書店方面，《男孩玩意兒聖經》（暫譯）（*The Big Book of Boys'Stuff*）和《女孩玩意兒聖經》（暫譯）（*The Big Book of Girls'Stuff*）都有關於鼻屎或暗戀對象等不可或缺的兒童主題，但各自的封面卻暗示著男孩想了解科學，女孩則是想知道當保母該如何收費；教育性質的《保命守則》（暫譯）（*How to Survive Anything*）也分成「男孩限定」和「女孩限定」版本銷售，傳達兩種性別各自必須承受的特定概念。（男生要面對的有鯊魚及北極熊攻擊、殭屍入侵和急流求生；女生要應付的則是時尚災難、「密友大戰」、痘痘問題與尷尬處境。）

這與一九七○年代及八○年代較性別中立、針對兒童的行銷方式相比是一大轉變。芭比（Barbie）和特種部隊（G.I. Joe）以前的確也是住在不同的走道，但架上還有依據《無敵金剛》（The Six Million Dollar Man）主角史提夫・奧斯丁和他的夥伴潔米・桑默斯，也就是無敵女金剛（The Bionic Woman）做的玩具公仔。以前的樂高是只有基本原色的小積木，不是現成的星際大戰場景和淡粉色的美容沙龍。雅達利（Atari）家用電動遊戲主機問世的時候，不是「男孩專屬」或「女孩專屬」，它就是給孩子玩的。（但我爸也會在辛苦工作一天以後，邊喝酒邊抽菸悠哉地躺在沙發上玩。）

自一九九〇年代以來，性別化產品不斷白熱化的矛盾之處在於，正當年輕世代擁有更多強大榜樣和遠比過去更寬廣的性別認同光譜時，想吸引他們的零售商卻更強力規定「男孩」和「女孩」的特質和會做什麼事。玩具反斗城（Toys R'Us）已經不願滿足於只向所有孩子廣告大飛輪（Big Wheel）讓他們在車道上騎著穩固又中性的塑膠三輪車了，取而代之的是大狗卡車（Big Dog Truck）和亮桃色的小騎士公主迷你四輪車（Lil'Rider Princess Mini Quad）。從老海軍（Old Navy）、目標百貨（Target）甚至是陶器倉庫童裝（Pottery Barn Kids），本質上來說不分性別的兒童產品都分成了粉紅色及藍色的兩大堆。這情況對所有人來說都變得更加複雜：包括因為喜歡《勇敢傳說》（BRAVE）或《冰雪奇緣》（Frozen）等「女孩」電影而感到難為情的男孩、竟然是被女性同儕監督該玩哪種玩具的女孩；跨性別兒童還必須透過鉛筆盒到果乾等大大小小的東西來定義自己，痛苦感因而加倍；擔心這類僵化商品的家長和親屬，卻會被「他／她太小了，才不會介意玩具是粉紅色或藍色」這類話語加以打發。

　　這真是什麼天大的問題嗎？還真的是呢。要從兒童的玩具、房間裝飾和明顯性別化的媒體當中發現固有的反挫（backlash）太容易了。這些產品鎖定的都是年輕世代，不僅有女性主義、同性戀解放、反種族歧視的成果伴隨著他們長大，周圍環境對跨性別的接納程度也明顯提升。這些孩子中，有許多人將獲得平等教育及課外活動的機會視為理所當然；他們可能有兩個在職家長，無論這兩位雙親是否還具有感情關係。然而，他們所處的世界以性別劃分的程度卻日益嚴重，堅持要他們把自己定義為兩種獨立類別的其中之一，遵循伴隨而來的美學和興趣。強調「天生」差

異的廣告及行銷哲學如今不只侷限在廣告和行銷領域——它們會滲透每個生命階段，使我們為性別歧視及種族歧視自圓其說。

把你的美眉啤酒從我的哥兒們甜甜圈旁邊拿開

一個會針對女性行銷瓶身有粉紅標籤的「美眉啤酒」（Chick Beer）及辦公膠帶，或向男人行銷男用防曬乳及「哥兒們甜甜圈」（bronuts）的市場——就是給男人吃的甜甜圈，免得普通大小的甜甜圈對你來說太娘——可不只是無害的自由市場幽默。承認男孩／女孩以及男人／女人之間具有天生及養育而成的差異，與鼓勵他們遵從依生理性別劃分的二元刻板印象、更以產品暗示這種刻板印象舉世皆然，可是天差地遠的兩回事。假設你是超過十二歲的順性別女性，而且喜歡粉紅色；它或許不是你最愛的顏色，但暫且不管。難道預設你希望自己的筆、面紙包、電動工具、耳塞、啤酒瓶、冰塊盒和該死的口紅膠全都是粉紅色是合理的嗎，就因為你是女人？除非你的名字是芭比，早就住在一間粉紅色塑膠屋、家裡有粉紅色塑膠浴缸、粉紅色鵝卵石車道上還停著一輛粉紅色雪佛蘭跑車，否則大概不合理吧。同時，男子漢優格（Brogurt）的意義不過就是把「身為女性是件壞事」的想法加以具體化。（我發想的廣告詞：「優格是性別中立的食物，你各位蠢蛋。」還沒流行起來，但希望有朝一日會囉。）

過去三十年來，將性別本質論合理化成某種可靠科學基礎的研究如雨後春筍般冒出，甚至還稱它就是讓兩性達成幸福和互相理解的關鍵因素（起碼是在這種二元結構裡獲得承認的兩性）。高唱性別本質論之媒體的祖師爺正是約翰・格雷（John Gray），

其著作《男人來自火星，女人來自金星》（*Men Are From Mars, Women Are From Venus*）在一九九二年迅速竄升至暢銷排行榜首，不久後更建立起產值高達數百萬美元的帝國，不僅出版多本續集*，還有工作坊、相關遊戲、感情諮詢營及一檔短命的談話節目等等。格雷的理論核心是「男人與女人的價值從本質上而言就不相同」，但這個論點來源不明；他接著發展出為何眾多瘋狂男女就是無法好好相處的情境，然而那些段子就連菜鳥站立喜劇演員都會覺得太老套而拒用。男人死不問路到底有啥毛病，我說的沒錯吧，女士們？（「瑪莉從沒想過當湯姆迷路、開始繞著同一個街角兜圈時，會是個給予他愛與支持的特別機會。」）男人們，當老婆喋喋不休的時候，你難道不覺得煩嗎？諸如這類鬼話……（「正如男人會透過處理解決問題時遇到的複雜細節來獲得成就感，女人也會藉由談論她的麻煩細節而感到滿足。」）由於缺乏真正的性別分析來提供脈絡，格雷並未承認固定性別的思維可能就是把事情搞砸的原因，嚴重性更甚溝通方式之差異。但他所有的二元論架構，還有黛伯拉‧泰南（Deborah Tannen）在她最暢銷的男女對比指引書裡所倡導的類似論調，都不過是在為男女如何行事的陳腐思維陪襯。這類言論在大量針對黑人女性的恐嚇寶典裡引起迴響；除了史蒂夫‧哈維（Steve Harvey）的著作之外，還有吉米‧伊茲瑞爾（Jimi Izreal）的《丹佐法則：黑人女性為何尋無黑人良婿》（暫譯）（*The Denzel Principle: Why*

＊註：續集包括：《閨房裡的火星與金星》（暫譯）（Mars and Venus in the Bedroom）、《火星金星在職場》（暫譯）（Mars and Venus in the Workplace）、《火星金星真面目》（暫譯）（Truly Mars and Venus）。

Black Women Can't Find Good Black Men）、希爾‧哈潑（Hill Harper）的《談黑人男女如何建立互信互愛的關係》（暫譯）（*The Conversation: How Black Men and Women Can Build Loving, Trusting Relationships*），還有約會不斷的饒舌歌手雷傑（Ray J）及音樂頑童穆希克（Musiq）所寫的戀愛指南。新聞記者約珊達‧桑德斯（Joshunda Sanders）指出，這些著作都是由**未婚**的知名黑人男性執筆──這個現象在在暗示著「除了這些單身的黑人女士以外，所有人都知道如何投入一段穩定的感情。」[4]

在其他方面，隨著新科技開始拓展理解人類大腦之結構與運作的可能性，以生物學為基礎的性別差異話題從大眾心理學的領域轉移到更具權威的硬科學範疇，許多自視甚高的大部頭巨著與日俱增，無數蛋頭學者更紛紛為格雷的火星金星二元論背書。二〇〇〇年出版的《強暴的自然史》（暫譯）（*A Natural History of Rape*）就與卡米爾‧帕格莉雅（Camille Paglia）的論點如出一轍，主張男性對女性施予的性暴力是一種出於性慾的演化遺產，並非女性主義理論家所主張的權力犯罪。賽門‧貝倫柯恩（Simon Baron-Cohen）二〇〇三年的著作《本質差異：男人、女人與極端男性大腦》（暫譯）（*The Essential Difference: Men, Women, and the Extreme Male Brain*）更使得性別差異是「與生俱來」的概念蔚為主流，說明了女性大腦天生具備同理心與情感連結，而男人則是天性愛探索和建構系統──他進而得出結論，主張較多男孩患有自閉症正是因為擁有這種「極端版」的生物結構。調查記者凱薩琳‧艾利森（Katherine Ellison）於二〇〇六年出版的《媽咪的大腦：母職如何讓我們更聰明》（暫譯）（*The Mommy Brain: How Motherhood Makes Us Smarter*）

說明的是雖然女性生產後往往會變得健忘，但壓力和被迫一心多用其實反而可以促進大腦健康，增生出滿滿如草地飛鏢般的突觸（synapses）。（父職對男性大腦有何影響倒是隻字未提——育兒當然是女人的工作嘛，傻蛋！）神經生物學家露安·布哲婷（Louann Brizendine）在二〇〇七年出版的《女人的大腦很那個……》（*The Female Brain*）也傾向以天性解釋擅於養育（nurturance）和情緒敏感（emotional sensitivity）等據信專屬女性的固有特質，主張「女孩誕生時早已設定為女孩，男孩亦早已設定為男孩。」撰寫二〇〇八年巨著《性悖論：男人、女人與真正的性別差距》（暫譯）（*The Sexual Paradox: Men, Women, and the Real Gender Gap*）的蘇珊·平克（Susan Pinker）主張職場成就上的性別差距是由於女人——跟我說一遍——「天生具有同理心」，而不是野心。她的哥哥史提芬在二〇〇二年出版的《心靈白板論》（*The Blank Slate: The Modern Denial of Human Nature*）裡亦有類似論證，主張女孩幼時愛玩扮家家酒而男孩更愛體育遊戲就是因為生物差異，而非社會化（socialization）或涵化（acculturation）。接著，他又拋出一項明確地詭異的主張，那就是女人「（與男人相比）更可能選擇在冷氣房辦公室從事低薪的行政工作。」

　　這類著作的共通點就是作者都自認是在採取大膽甚至英勇的立場來挑戰基進女性主義者之正統，抨擊此等觀念會導致兒童和成人誤入歧途、使他們更憂傷亦更難教育，還得被迫接受自己毫無興趣的玩具。這種科學討伐的敘事自然立刻成為媒體愛不釋手的毒品。偶爾會有書評不經意指出，支持這些主張的證據無法確定或未經證實，但這終究無關緊要；報導這些著作的媒體絲毫沒

興趣知道這類研究的枝微末節，或是為其佐證的方法論有瑕疵，但較科學導向且心存懷疑的刊物倒是會加以查證。例如《自然》期刊（*Nature*）就曾查證過《女人的大腦很那個……》，卻發現此書「充滿錯誤」，還「未達科學準確性的最基本標準」；其他刊物則點明布哲婷就如先前的約翰·格雷及黛伯拉·泰南之流，省事地忽略了跨性別（transgender）與間性人（intersex）的存在，畢竟若承認這兩者可是會嚴重削弱她嚴格的二元論調。

同時，貝倫柯恩那套廣受歡迎的「性別差異與生俱來」的理論，竟是根據一份針對數天大嬰兒進行的研究推論而來，該研究結果發現男孩較迷戀移動物體，女孩則是更專注於周圍的臉龐。首先可別忘了，數天大的嬰兒根本還無法睜開眼睛也無法自行抬頭；媒體評論人卡蘿·瑞佛（Caryl Rivers）及蘿莎琳·巴爾奈特（Rosalind C. Barnett）皆指出，貝倫柯恩忽視了一項複雜因素，那就是嬰兒並非獨立行動，其肢體行為會受到抱著他們的家長所影響。[5] 這項研究從未重複施作，隨後更遭到幾位同儕科學家破解：神經科學家麗絲·艾略特（Lise Eliot）就強調，「孩子會隨著我們對他們的信念茁壯或失敗，我們越拘泥於男孩與女孩之間的差異，這種刻板印象就更可能具體化為兒童的自我知覺和應驗。」[6]

然而，當媒體企業把性別差異視為衡量大眾在感情關係、職場和家庭中「天生」傾向有何種作為的一種必要且客觀的標準時，卻依然經常援引這類研究；引起他們共鳴的並非科學特徵，而是那些作者的泛泛主張可以拿來為性（sex）、性別（gender）、權力（power）和潛能（potential）背後根深蒂固的觀點平反 —— 以上種種都會影響我們的文化和體制如何估算男女

之社會參與的價值。（更別說我們又是如何排擠認為自己皆不隸屬這兩者的人了。）例如格雷用他那套「火星人／男人皆極度理性」的推論宣稱「現在離婚率這麼高，都是因為女性主義提倡女性要獨立自主」時，就明顯表露出他的偏見。平克則認為女人搶做行政職、缺乏願意在沒有舒適空調環境工作的奮鬥精神，更將助長保守派的政黨路線，即認為那些愛找碴的女性主義者所謂的薪資差距，其實就是女性個人選擇的結果。該主張亦明顯忽視了其實有大量女性無法擁有職業「選擇」的事實；她們當然可能**想要**在涼爽的辦公室隔間做行政工作，但卻只能在工廠或速食餐廳上班以求養家餬口及支付日常開銷。

以上這番話都不是在否認生理性別之間，確實具有根本的腦部差異；瑞佛和巴爾奈特都指出，隨著科學界如今擁有比以往更精細的腦部研究方法，確實有相當多證據可以證明這一點。但我們先回頭談談古斯塔夫・勒龐口中那副細小如大猩猩大腦的女性大腦。儘管他的理論及其意識形態之信徒所提出的類似論點顯然全都缺乏有力證據，但數十年來女人仍被排除在高等甚至是中等教育之外，因為這類理論吻合早就受社會認可、攸關女性的敘事。那套論點如今已不那麼極端，卻依然主導著社會。當哈佛大學校長賴瑞・桑默斯（Larry Summers）二〇〇五年在國家經濟研究局（National Bureau of Economic Research）的一場會議上斷言女性在科學教育及職涯的表現遜於男性，是因為她們的陰性思維更關注家庭與情感關係時，他便是相信了那種偏見。十年後，諾貝爾獎得主提姆・杭特（Tim Hunt）在全球科學記者大會（World Conference of Science Journalists）上宣稱「『女孩』不能和男人共處科學實驗室」時，他表達同樣的想法的方式甚至更

拙劣。（杭特在記者大會上竟說：「女孩出現在實驗室時會發生三件事：你會愛上她們、她們會愛上你，批評她們時她們還會哭。」他後來試圖把這番話詮釋成是失敗的自嘲，但還是很難堪。）有成千上萬聰明、有成就又進步的人依然抱持著這種想法並不是祕密。問題不在於世上有這種人，而是媒體依然持續給予他們版面以及／或是認證——因為性別本質主義結合了對女性主義者的仇視後，可以轉化為社會關注、讀者群和銷量。

反之亦然，近年來有一大堆著作、訪談和自助講座，全都在鼓勵女人利用男人某些最糟糕的固有特質，以求在傳統性別化的領域出人頭地。二〇一四年出版的《信心密碼：放手做，勇敢錯！讓 100 萬人自信升級的行動指南》（*The Confidence Code: The Science and Art of Self-Assurance*）由卡蒂・凱（Katty Kay）和克萊兒・希普曼（Claire Shipman）合著，這兩位女性新聞工作者在書中推論，女人無法攀上業界最高階層要歸咎於她們普遍擁有的「自信鴻溝」（confidence gap）。這兩位作者坦承某種惡性循環正在發揮作用：性別本質主義橫亙不衰使得女孩社會化的結果與男孩不同，進而導致她們與男同事相比顯得更沒自信；書中舉例，男同事經過老闆辦公室時可能會順便提案，而不是安排會議。社會認可男性的自信傾向，因此儘管與能力不符，仍會激勵他們認為自己無所不能；但若是女人懷抱那種野心勃勃的態度，卻經常招來質疑或厭惡。[7]

然而，《信心密碼》開出的自救處方要點竟是「學學男人吧，他們可能根本不知道自己在幹什麼，但拿出和他們一樣的態度就對了。」這種指示忽視了一項關鍵的複雜因素：幾乎所有美國經濟的當前問題，都是這兩位作者所鼓吹的傲慢自負態度所導

致。但讓金字塔頂端充斥著數量相當、皆與能力不符的男女自信可不是進步，只會導致更多各種性別的掌權蠢蛋對腳底下的人造成無數損害。

差異產業的崛起催生出許多矛盾的想法和指示。時下盛行的女力會議和指南書說女人是掌握主導權、採納第三度量、建立人脈事業的強者，可以和男性大咖們一起高談闊論；但根據神經科學界裡偏門的生物決定論者所言，女人與生俱來的同理心和消極態度又會讓我們難以長久待在職場。女人當中的高階主管應該驅策自己效仿男性同僚，但我們也必須陶醉於粉紅色世界、享受專屬女人的燕麥片和文具，還要沐浴在我們金星人天生光輝的女性氣質當中。與此同時，媒體和流行文化現象更日益猖狂地暗示著，性別本質主義不僅是為職場、愛情及家庭帶來幸福的良好基礎，接納這種本質論調的行為事實上更是一種十分現代又優越的女性主義，若加以排斥受罪的會是女人自己。

反派女性主義

市場女性主義作為充斥著任意定義及各種形容詞的大雜燴，已經培養出一種媒體環境，常以「女性主義」一詞替代「力量」、「權威」、「財富」及「幸福」，還有其他許多獨立於某種廣大意識形態而存在的特性和描述詞。例如流行歌手凱蒂‧佩芮原本不願自稱是女性主義者，直到她認定女性主義對她而言的定義是「以女性身分愛自己也愛男人」才改口。英國版《Elle》雜誌二〇一四年十二月號的「女性主義」特輯就請來一些撰稿人分享他們對女性主義的定義，其中一位（英國作家凱特琳‧莫蘭

的老公）給出的答案實在令人傷透腦筋——「彬彬有禮」。為了捍衛近期出櫃的凱特琳・詹納（Caitlyn Jenner），《赫芬頓郵報》刊出的一篇部落格文章更主張「我們可以選擇如何定義何謂女人，那也可以定義女性主義。」這種填鴨式的女性主義詮釋，在近年居然還找到一個令人詫異的落腳處：右翼保守派政治圈。

就拿莎拉・裴琳來說吧，二〇〇八年共和黨那套惡質的選舉策略（隨便找個女人參選即可）產生嚴重反效果後，她就踏上了「各取所需女性主義」的大冒險。早在選戰的前置階段，裴琳就已經在接受美國國家廣播電視公司（NBC）的布萊恩・威廉斯（Brian Williams）訪問她對女性主義的看法時表達反對，聲稱她「不會為自己貼上任何標籤」。不過到了二〇一〇年裴琳卻轉向了，從那場向反墮胎政治團體「蘇珊・安東尼名單」（Susan B. Anthony List）喊話的早餐會演說看來尤其明顯。裴琳在演說裡頻繁提到「灰熊媽媽」和「女性之友姊妹情」等字眼，敦促支持者和她一起塑造「新抬頭的保守派女性主義認同」——具體來說就是一種只支持堅決反墮胎候選人的認同。

諸如《經濟學人》（The Economist）提出的〈莎拉裴琳：人人都能實踐女性主義〉這類標題，暗示著裴琳在搶回這個詞語之話語權並欣賞民主黨女性主義者崩潰的過程中，勇敢地揭穿了她們的偽善。短短幾天之內，平常唯有在想嘲諷女性主義時才會援引理念的專家名嘴們全都對裴琳的操盤愛不釋手。《華盛頓郵報》興致高昂地拋出〈反墮胎女性主義就是未來！〉；網路雜誌《石板》（Slate）則問道〈茶黨算是一種女性主義運動嗎？〉；《洛杉磯時報》（LA Times）更宣布〈莎拉裴琳是女性主義者〉。當時整個媒體世界全都顛倒了。在保守派邏輯的奇特

魔法作用之下，致力推動生育自主權、取得避孕管道、全面並且有所本的學校性教育、公平的家庭照顧假及病假、爭取生活工資（living wage）、婚姻平等、執法監督、金融機構監督及監獄改革等政策的女性主義者，居然其實都是在致力於違背婦女利益，而這全都是因為她們想要讓墮胎維持合法。很瘋癲吧？

沒錯，當年就是這麼瘋。作家凱特・哈定（Kate Harding）就曾提出質疑：「繼『反墮胎女性主義』、『茶黨女性主義』、『莎拉裴琳女性主義』之後接下來又會出現什麼？『費利絲希拉芙萊女性主義』嗎？還是『父權女性主義』？『陽剛仇女者女性主義』？《華盛頓郵報》多久之後會發表提議廢除憲法第十九條修正案（19th Amendment）*的『女性主義』論點？（況且目前也沒有真正對女人友善的政黨，你不知道嗎？）或是倡導應擴大薪資差距？（好讓更多男人再度成為唯一養家糊口的人，進而讓更多女人可以**自由**選擇當個家庭主婦），還有呢，要來重新定義『動產』嗎？」[8] 儘管那些事都還沒發生，但保守派勢力仍持續鞭策女人應認知到真正的女性主義者是不會認同墮胎的。這類論點指責大型墮胎醫療機構是在誆騙女人；有位急切的男專欄作家就寫道：「墮胎倡議者有組織地誤導易受影響的女性，他們在對女人發動情感和心理的戰爭。」[9]

多數媒體亦輕信了卡莉・費奧莉娜（Carly Fiorina）那套見風轉舵式的女性主義認同。這位共和黨籍的前惠普（HP）執行長於二〇一五年宣布和希拉蕊・柯林頓一同加入總統選戰，號稱

---

* 譯註：美國憲法《第十九條修正案》禁止任何美國公民因性別而被剝奪選舉權，是美國女性選舉權運動長期努力的成果。

將「制衡民主黨所謂『向女人開戰』這類的胡說八道」。[10] 儘管以明顯謬誤（「我是女人，因此沒有人向女人開戰。」）作為依據的總統選戰似乎勝算不高，但媒體依然酷愛用希拉蕊棋逢敵手的角度報導這場雙姝大戰。《週刊報導》（The Week）在一篇阿諛奉承的側寫報導中指出，「（費奧莉娜）討厭那些強制要求支付『平等』薪資、給予帶薪產假或提供避孕給付的法律——原因顯而易見，它們只會產生反效果讓女人薪資變高，結果更沒人想聘雇她們。」《時代雜誌》一篇引述費奧莉娜的部落格文章也寫著，「卡莉費奧莉娜希望重新定義女性主義，她主張選擇自己要的生活的女人就是女性主義者……她可能會選擇生五個小孩，並且自己在家教導他們。她也可能選擇成為執行長或參選總統。」《新聞週刊》則是起碼提出了一條大哉問——「卡莉費奧莉娜是哪門子女性主義者？」並指出她在幾個月前才剛說女性主義是「用來贏得選戰的武器」，也算是回答了自己的提問。

費奧莉娜在二〇一〇年的加州參議員選舉中，將自己的形象打造成「女人友善」（pro-woman）的候選人，對抗以相同論調作為總統競選主軸的民主黨籍時任議員芭芭拉·波克賽（Barbara Boxer）。同時，反墮胎政治團體「蘇珊·安東尼名單」主席瑪裘莉·丹能費爾瑟（Marjorie Dannenfelser）更吹噓，費奧莉娜與波克賽之戰將是「對所有女性主義教條及政界女性的一場考驗，因為我們將看見這兩個女人之間的鮮明對比。」但諷刺的是，丹能費爾瑟和費奧莉娜都做了他們以為那些武斷的女性主義者會做的事——即預設選民對「女性主義」的定義就和她們一樣狹隘。波克賽可不是因為她符合對手揪出來的稻草人女性主義者形象才三度連任加州參議員；她主要是靠著對所有性別都重

要的議題勝選的，也就是經濟、潔淨能源和健保。（還有一點或許值得一提，費奧莉娜批評對手髮型「好過時」的時候，竟意外被麥克風收音。這話讓她的形象更像個嘴賤女，而不是女人友善。）

再來還有獨立女性論壇（Independent Women's Forum, IWF），它是由右翼及保守派基金會資助的華府智庫，研究重心是智庫成員暨作家的克莉斯提娜‧霍夫‧桑謨斯（Christina Hoff Sommers）所謂的「公平女性主義」（equity feminism）。獨立女性論壇的立場定位與全美女性組織（National Organization for Women, NOW）及女性主義主流（Feminist Majority）等著名女性主義遊說團體完全相反，不僅抨擊「基進」女性主義會對家庭及女人本身帶來傷害，智庫成員更對任何事都抱持強硬態度，無論是薪資差距（根本沒有這種事，那只是因為女人做出薪資水準不同於男性同僚的選擇），抑或所謂的校園男孩危機〔桑謨斯已經洋洋灑灑地寫過公立學校的「陰柔化」（feminization）教育正讓男學生岌岌可危〕。雖然 IWF 的使命宣言並未提及女性主義（該組織將「更尊重有限政府、法律之前人人平等、財產權、自由市場、穩固家庭與強而有力的國防及外交政策」作為主要目標），但它的組織名稱卻背負著傳統女性主義的一項特點——「獨立」。

廣泛詮釋女性主義有很多可以談的地方，尤其考量到這場運動對於種族、階級和宗教都有其歷史盲點。就算裴琳二〇〇八年是不經意地試圖騎劫這個術語，她也是在利用當前社會對於規範何謂「真正的」女性主義的恐懼。在初選期間，長久以來身為女性主義領袖的葛洛莉亞‧史坦能和羅賓‧摩根（Robin

Morgan）就飽受批評，因為她倆基於明顯非多元交織性（non-intersectional）的信念認為女人就該投給希拉蕊而非歐巴馬，史坦能還說「性別大概是美國生活中最強大的約束力」；裴琳代表共和黨出選後，全國婦女組織主席金・甘迪（Kim Gandy）也因為抨擊裴琳搖著反墮胎價值旗幟所以不是「貨真價實」的女人而惹得一身腥。上述種種失言，都說明了為何有些人抗拒斷然抨擊裴琳的話狗屁不通，就連暗示她的女性主義可能只是策略性的渲染也不願意。梅根・道姆（Meghan Daum）在《洛杉磯時報》（*LA Times*）專欄中表示：「如果裴琳有膽自稱女性主義者，那她就有權受到接納。」但這番話未免也太好用了，這就好像是在說只要有人願意自稱人身傷害律師（畢竟這是個在許多圈子也同樣遭人鄙視的頭銜），就可以直接去開一間法律事務所。繼裴琳之後，如今又有費奧莉娜想剝奪她們女性同胞的墮胎權以及／或者避孕管道，我們誠然不應鄭重其事地認為她們的主張符合一個數十年來都把身體自主權看作首要任務的意識形態。把餅做大當然很好，但總該有條不能超過的底線，而我很確定想立法規範其他女人之身體自主權的慾望肯定越線了。但媒體可不這麼想，怎可能呢？爭辯裴琳或費奧莉娜式的女性主義根本就是天上掉下來的點閱率大禮。

　　自從新聞開始二十四小時連播後，女性主義在政治脈絡下的意義就成了非常主觀的議題。值得一提的是，無論表演接納女性主義的人是裴琳還是費奧莉娜，都無法阻止右派名嘴和政客將希拉蕊・柯林頓、南希・裴洛西（Nancy Pelosi）及伊莉莎白・華倫（Elizabeth Warren）等民主黨女性政治人物妖魔化為女權納粹（feminazis），連番抹黑她們仇視家庭、啃食嬰兒，還想舉起巨

大的女權大鎚砸爛美國立國的道德基石。不過當共和黨的政客擁抱他們擅自解讀的女性主義時，同一群名嘴好像又突然關心女性主義起來了。這不僅是明顯牽強且為狹隘利益服務的形象建構，還是意識型態上的自我陶醉。

莉莉絲音樂節的教訓

　　一九九〇年代末期，有一個魔幻的地方，在那裡身為女性是一件最特別的事。玩得欣喜若狂的白人女生甩著飄逸長髮亂彈吉他，和一大群人一起低吟歌唱，其中有許多人的鼻子上還貼著妙鼻貼（隨興嘛）。這裡是莉莉絲音樂節（Lilith Fair），在為龐大企業利益利用性別本質主義的力量這回事上，這場活動可說是非常成功，但它亦令人無比失望。

　　加拿大歌手莎拉・麥克勞克蘭（Sarah McLachlan）於一九九〇年代創辦了這個全以女性音樂人為主的音樂節，正好與暴女（Riot Grrrl）和女孩力量（Girl Power）的時期重疊。當時的商業電台開始播放創作出多首廣播金曲的女歌手作品──包括多莉・艾莫絲（Tori Amos）、瓊・奧斯朋（Joan Osborne）、蜜西・艾莉特（Missy Elliott）、費歐娜・艾波（Fiona Apple）及印蒂雅・艾瑞（India.Arie）等人──並且廣受聽眾喜愛。然而，廣播業界認為女人是銷量殺手的偏見卻一如既往地強烈；麥克勞克蘭之所以構思莉莉絲音樂節，為的就是讓不願冒險的電台 DJ 和演唱會策劃人改觀，他們總是流露出一副彷彿只要男人必須在搖滾音樂節被迫看完一段以上的女藝人表演，或從廣播上連續聽到兩位女歌手的歌就可能被雌激素淹死的態度。莉莉絲音樂節偽裝

成溫馨友善的高價夏日音樂季，順勢將公民意識融合進音樂與群體當中。〔一定比例的票券營收捐給了計畫生育協會（Planned Parenthood）與全國強暴、虐待及亂倫防治網（Rape, Abuse & Incest National Network），以及其他各大城市當地的非營利組織。〕莉莉絲初登場的那一年無疑是一大成功，票房遠勝洛拉帕盧薩音樂節（Lollapalooza）、部落音樂節（H.O.R.D.E.）等主流夏日節慶，證明了女人和女孩都是音樂圈男性太過愚蠢而忽略的市場主力。「就某種意義而言，我們更像是在對產業喊話而不是大眾，」麥克勞克蘭指出，「因為樂界認為大眾只會對大眾化的東西產生共鳴，但我覺得大家值得更好的評價。」[11]

莉莉絲音樂節亦在逐漸壯大的差異產業裡成功開疆闢土，使得身為女性不再是消費者邊緣化的主因。在舉辦期間和莉莉絲音樂節合作的企業——其中有婕可詩（Jergens）（也就是那些蜜妮妙鼻貼的製造商）、露娜女性營養棒和福斯汽車——都對觸及一個專屬市場（captive marke）感到振奮不已。這些贊助商選擇贊助這場參與者大多為進步派、自我認同為女性的表演，令他們成為女性在購買汽車、營養棒和妙鼻貼時會連帶想起的品牌。

然而到了第三屆，這活動卻變得令人煩膩。首先，多數表演者單調的同質性開始讓觀眾失去興趣了，雖然主辦方確實曾試著找來白人女性創作歌手以外的族群，但演出陣容依然充滿這類藝人。出現大量飄揚裙襬和溫柔歌聲的場面讓莉莉絲變得有點像是音樂節版的棉條或優格廣告，參與其中的女人都對身為女性興奮得像神經病，簡直要飛上天了。作家莎拉·沃威爾（Sarah Vowell）就曾發表過以下猛烈但饒富趣味的批評：「光是因為有卵巢無法讓我對崔西·查普曼（Tracy Chapman）的可怕嗓音和

她明顯帶有蠢嬉皮精神的歌〈強暴這世界〉感到團結一心，也不會和嗓音柔弱的麗莎・洛普（Lisa Loeb）產生姊妹情，雪瑞兒・可洛（Sheryl Crow）就更不用提了，她那首〈如果它讓你快樂就沒那麼糟糕〉原本可能是想為了吃冰淇淋或到處亂睡之類的事辯解，但我每次聽到就會不禁幻想史達林對嘴跟著唱這首歌來為他所有的邪惡行為狡辯。」[12]

但莉莉絲的女孩之聲所帶來的影響，不僅僅是讓沃威爾和其他也討厭這活動的人感到厭煩。原先多少會找些女歌手來表演的搖滾音樂節突然不需要多此一舉了，彷彿因為有了莉莉絲音樂節之後，其他所有主流的音樂節就擺脫了性別多元的緊箍咒：洛拉帕盧薩音樂節、極限運動音樂節（Warped）、奧茲音樂節（Ozzfest）之流早就都是擠滿男性的活動，但莉莉絲大受好評之後，這個情況又更甚以往。到了一九九年夏季，莉莉絲音樂節與其他音樂節之間彷彿築起隱形壁壘，每一邊亦更深陷於各自的糟糕刻板印象。有關一九九九年胡士托音樂節（復刻那場代表和平、愛與劣質迷幻藥的經典音樂節）的評論傳出了有女性在林普巴茲提特（Limp Bizkit）及瘋狂小丑波塞（Insane Clown Posse）廣大的歌迷群中慘遭強暴的報導；表演歌手雪瑞兒・可洛和主持人蘿西・培瑞茲（Rosie Perez）則是被觀眾要求大方露奶。〔培瑞茲起碼還有朝台下大吼回應：「去租《為所應為》（Do the Right Thing!）來看啦。」〕

胡士托事件落幕之後，搖滾樂評安・鮑爾斯（Ann Powers）指出，雖然莉莉絲音樂節的成功引人注目，但它可能已經讓原本就滲透搖滾樂界的性別對立進一步加劇，並「限制主流女歌手只能永遠困在流行樂壇當中」。[13] 這場原本為了在同中求異而舉辦

的音樂節，如今似乎證明了分離主義本身已經澈底受到同化，無可挽回了。當然了，夏季音樂節表演名單上的女歌手及樂團數量經過二十年也沒產生明顯變化，有鑑於現今女性屢屢稱霸幾乎所有音樂類型的排行榜，這種矛盾的現象實在令人驚詫。關於音樂節的報導甚至發展出一種夏季傳統，那就是刊出至少一張科切拉、雷丁、洛拉帕盧薩等音樂節的海報，但把全男性的表演全都修圖抹除──留下少數全女性、性別混合和性別酷兒的表演者名號漂浮在突然空出來的空間。

為誰賦權？

就某些情況而言，性別本質主義裡的女性主義遺跡已經深深改變了我們的文化。例如早期基進女性主義盛行時，有人曾呼籲不要光是想像一個由女性主義重新打造的世界，應該加以履行。這些人認為唯有婦女團體「女性主義者」（The Feminists）之女性成員所提出的「平行現實」──建立主流文化中每個機構之替代品，由女性擁有和經營──才是唯一邁向解放的方式，不用受主流文化的折衷辦法和斷續進展牽制。從無到有地建立女學校、醫療中心、出版社、信用合作社以及文化中心，才能顧及把女性擺第一、而不是強迫她們依附男性，還可以讓被「異性戀」社會邊緣化的女人──工人階級女性、有色人種女性、殘障女性和女同性戀──在經濟上和社會上蓬勃發展。

這個烏托邦從未全面實踐，但其中有某些計畫的確實現了。例如，由波士頓婦女保健圖書組織（Boston Women's Health Book Collective）、黑人婦女健康計畫（Black Women's Health

Project）和芝加哥的地下墮胎服務互助網「珍」（Jane）等倡議團體推行的婦女健康運動，就是要顛覆醫學界針對婦女健康強加的家長主義。他們都有一個共同理念：女人有權了解她們的身體、控制自己的生育前途，並且在醫療機構尤其鄙視「婦女問題」進而導致女人遭誤診、病理化、虐待及強迫絕育的時代，可以決定自己的醫療照護方式。而在規模較小的層面上，由女同性戀音樂人創作及支持的女性音樂類型亦催生出奧莉維亞唱片公司（Olivia Records）這樣的文化成就，隨後該公司才轉型為豪華遊輪公司。還有接納女性集體過著簡樸生活的理念社區（intentional communities）雖然在主流視野裡聞所未聞，但仍在國內某些地方屹立不搖。

這種女性烏托邦願景確實會在某些地方轉趨強硬，進而不信任非明顯女性化的任何事情（以及任何人），像是如今不復存在的密西根女人音樂節（Michigan Womyn's Music Festival）就曾是女性音樂圈中運作最久的組織，但該活動性別僵化的情況──拒絕允許任何非「順性別女性」的人進場──象徵的就是第二波基進分離主義者〔現在簡稱「基進女性主義者」（radfems）〕與對交織性更具意識的倡議者之間的意識形態衝突。

女性音樂、女同性戀群體和全女性的理念社區常被描繪成一種嬉皮遺俗，若全以主流視角看待，就好像是一種性別化變異的寵物石頭（Pet Rock）＊，與其以往的影響力相比已經無法威脅

＊譯註：一九七〇年代中期，商人蓋瑞・達爾（Gary Dahl）把買來的墨西哥海灘石頭包裝成寵物販賣，宣稱這種寵物石頭不會產生任何麻煩，又能讓人體會養寵物的樂趣，美國因此掀起一陣寵物石頭風潮。

美國之健全。但在這種新的市場女性主義現實裡，究竟何謂女人的狹隘形象經過重新妝點，包裝成「賦權」活動和政治宣傳，更挾持這些詞彙來指涉某種權力的身分認同，而非社會及政治變革的歷程。把「女性主義者」定義為「一個過著自己選擇的生活的女人」當然很好，前提是你必須先是早就有餘裕選擇的女人，但這對那些在會議廳之外、空等賦權向下涓滴的廣大群體毫無幫助。

第九章

毛骨悚然的美

> 外表就是新女性主義,是一種美學的倡議。
>
> —— 亞莉克斯・庫欽斯基(Alex Kuczynski),
>
> 《整形狂》(*Beauty Junkies*)

　　性資本(erotic capital)*的力量打從文化存在以來就清晰可見。有多少文學、戲劇、電影及當代流行文化的敘事,都在描繪女人經歷生理、服裝和性格上的轉變後再利用她們的美貌取得更高的社會地位,即使時間短暫也在所不惜?〔我來舉例吧:雪赫拉莎德†(Scheherazade)、《灰姑娘》(*Cinderella*)、《皮格馬利翁》(*Pygmalion*)及其無數改編作品、《馴悍記》(*The Taming of the Shrew*)、《小婦人》(*Little Women*)中讓人難忘的章節〈上流社會〉(*Vanity Fair*),還有電影《麻雀變鳳凰》(*Pretty Woman*)、《麻辣女王》(*Miss Congeniality*)以及搖滾

---

* 譯註:erotic capital 又譯為情慾資本。

† 譯註:雪赫拉莎德為阿拉伯民間故事集《天方夜譚》裡宰相的女兒,她為拯救無辜少女自願嫁給殘暴的國王,並且每晚都為國王講述一個故事,每每講到精采處就天亮了,國王因此不忍將她殺害,就這樣講了一千零一夜後,終使國王感悟與她白頭偕老。

樂團 ZZ Top 歌曲〈窈窕美腿〉（Legs）的 MV……〕傳達某些身材、膚色和體型就是比他人更有價值的文化訊息又釀成多少悲劇？托妮‧莫里森（Toni Morrison）、伊迪絲‧沃頓（Edith Wharton）和詹姆斯‧鮑德溫（James Baldwin）等人的作品都能證明。

性資本曾是一種眾人不願說破的奸巧心機（「只有她的髮型師才知道……」），但如今有越來越多方法都能剖析如何以及為何要加以施展。二〇一一年《紐約時報》刊出一篇標題為〈手握唇膏踏上晉升之路〉的社論，文中列舉許多會化妝的女人在職場上更討人喜歡且更易獲得信任的證據。這項發現或許很像由寶僑（P&G）公司贊助的研究可能得出的結論，畢竟該製造商旗下可是擁有藥妝店龍頭 CoverGirl 和高級美妝產品線杜嘉班納（Dolce & Gabbana）共二百二十一間，不過這篇社論卻急著向讀者保證，該研究的作者與寶僑無關，因此結論正當無虞；其中一位是哈佛教授南西‧艾科夫（Nancy Etcoff），著有一九九九年出版的《美之為物》（*Survival of the Prettiest*），亦是「多芬真美活動」（Dove Campaign for Real Beauty）的顧問。（我們待會兒再來談這個。）艾科夫對於「是否該依能力而非外表評斷個人」這個問題的回應，正好說明了為何女性看待自身外表的態度背後的「文化轉變」必須列入考量。她主張：「二、三十年前，如果你盛裝打扮通常只是為了取悅男人，或是應社會要求而這麼做……當代女性和女性主義者則將這行為視為個人選擇，而且可能是一項利器。」

作家暨倫敦政經學院（LSE）教授凱薩琳‧哈金（Catherine Hakim）二〇一〇年出版的著作《姿本力》（*Erotic Capital*），

更令這項利器的名號開始普及。哈金的理論是在性別不平等綿亙不衰的地方，女人應該善用她們的明顯優勢——性資本——以創造公平競爭的環境。哈金的某些看法是蓄意的挑釁（例如暗示性資本對女人來說可能比學士學位還有用），但她的理論大多是換湯不換藥。職場聘僱運作背後的「姿色津貼」（beauty premium）及其效果，多年來屢屢成為學術研究的主題。結果一般來說各不相同：有一份報告發現，就歐洲及以色列而言，應徵工作時會附上一張照片的帥哥研究對象獲得企業回應的機率，明顯高於相貌平凡以及履歷完全沒附照片的男子。以女性作為研究對象的相同實驗則發現，無論魅力高低，不附照片的女性竟意外地比附上一張照片的人更可能獲得回應。同時還有一份更早的研究指出，社會公認具有吸引力的人，賺得比較其貌不揚的同事至少多 5％；相反地，醜人的收入則會受到懲罰，比更有魅力的同事少賺 5％（女性）甚至是 10％（男性）。換言之，姿色津貼確實存在，但由於沒人能確定它在何時以及如何產生作用，所以較妥當的辦法就是永遠保持在最佳狀態過日子。

哈金的《姿本力》帶來的不只是一個帶有知識譜系的新詞彙——造詞基礎來自於社會學家皮耶・布爾迪厄（Pierre Bourdieu）所謂各種形式的資本——還有以「用進廢退」的態度來看待日常生活中性和權力之協商。儘管她的著作強調性資本不只對女人有用，但她卻特別強調女性施展它的必要（還有所有「較不易取得經濟及社會資本的人，包括年輕人、少數族裔和工人階級群體」）。這本假裝體面高尚又稍嫌政治不正確、專門誘騙女人購買的指南，絕大部分都是在承認白人男性依然大權獨攬，簡直是二十一世紀版的海倫・格莉・布朗（Helen Gurley Brown）著作

《性與辦公室》（暫譯）（*Sex and the Office*）。

　　支持看重性資本的論點是我們多數人在打扮得好看時自然會更有自信，那不如就先打扮自己一番、駕馭那股自信後，再著手進行你想做的事以求改變世界／獲得升遷／提高成功的機會。在世上某些地方，這個計畫成為一種大規模經濟策略了。不久前還是整形手術大國的巴西（南韓如今超越它了）就擁有數十間為低收入公民進行免費或優惠整形手術的公立醫院，相信達到該國嚴苛地出名的審美標準後，可以在就業市場上助弱勢族群一臂之力（最好別有靜脈曲張）。儘管各種性別的人都會做拉皮、鼻部整型和隆臀手術，但在多數媒體關於補貼手術的報導裡，主角卻多為女性，讓人產生「維繫和利用性資本是女人家的事」的印象。多數女性才不需要企業贊助的研究來告訴她們性資本是一場不輕鬆，而且往往吃力不討好的談判。〈手握唇膏踏上晉升之路〉那篇文章內提到的寶僑研究指出，雖然帶妝上班通常可以讓同僚和上司對女性產生正面評價，不過妝太濃或濃烈的色彩（例如吸血鬼般的陰沉唇色）又可能會使她看上去「不值得信任」。長久以來，女性雜誌中關於職場得體打扮的指引也都會警告，在 A 罩杯和下盤較小的女人身上穿起來無比時髦的鈕扣襯衫和鉛筆裙，若穿在胸臀較大的女人身上可能就會顯得很「風騷放蕩」。說到底，這背後的訊息就是在傳達性資本好用得不得了，前提是你目前的身材要穠纖合度，誘人但不嚇人、性感卻不浪蕩，要有女人味但又不能是「兔女郎」潔西卡（Jessica Rabbit）。

　　就和許多曾無所不用其極想雕塑出那種穠纖合度身材的人一樣，我在二〇一〇年時，深受關於一位紐約市前花旗銀行行員黛博拉莉・羅倫薩納（Debrahlee Lorenzana）控告母公司花旗集團

（Citigroup）的報導所吸引，她宣稱自己是因為太性感而遭到開除。羅倫薩納指控她的老闆們抱怨她的身材太容易讓眾多男同事分心，別的暫且不提，他們居然禁止她穿高領毛衣、鉛筆裙、合身套裝和三吋高跟鞋。當羅倫薩納表示她的服裝與其他花旗銀行女員工無異時，卻得到「她們的身材和你不一樣，你太引人注目了」這樣的回應。[1] 羅倫薩納最後沒獲得任何賠償，而且由於她構訟不息（在二〇一一年至二〇一三年間，她還控告過一間叫車公司和一間醫事檢驗所），媒體報導或多或少都讓這件花旗集團訴訟案喪失了意義。然而，對於社會上是否真有姿色罰款和姿色津貼的探討在近年來已經引起轟動。

　　二〇一三年，一位佛羅里達州的高中教師兼職當模特兒（她用不同的姓名）的照片寄到校長手上後遭要求辭職；二〇一四年，港務警察學校一名新生老是被教官叫做「芭比娃娃」和「美國甜心寶貝」並且多次騷擾，而她拒絕退學後最終卻仍遭開除。[2] 早在達夫・查尼（Dov Charney）被解除美國服飾（American Apparel）的執行長職務前，這位如今成為傳奇人物的服飾業大混帳身上就背負了一大串的騷擾指控和謠言，甚至傳出他曾因為員工可幹度不夠高（insufficiently fuckable）而將人開除。[3] 此外，愛荷華州最高法院在二〇一三年裁定，若女性外表令人分心的程度足以威脅到其上司的婚姻，那麼將她開除也是公平的舉措——這項裁定起源於某位牙醫開除牙醫助理的訴訟，該牙醫聲稱即使身穿全套手術服，助理還是太令人難以抗拒了。在這項法院裁定當中，這行為居然合法正當：雇主「得以開除他們及其配偶認定會對其婚姻釀成威脅的員工」。這類訴訟竟然不是要求雇主應表現得更專業得體，而是要求女性員工不要在無意間

誤導他們，其實她們什麼也沒做，只是厚臉皮地帶著天生樣貌和身材去上班。（如果你想知道以前曾在哪裡聽過「女人都是放蕩妖婦，而男人不過是慾望的倒楣俘虜」這類的敘事，噢，只要瞧瞧過去幾千年來的歷史、藝術、文學和音樂就知道了。）

如此一來，當他人（雇主、同僚、州級司法機關）可以隨意劃分再推翻重劃那條施展性資本時社會是否可以接受的界線，那麼艾科夫在《紐約時報》上提到的「選擇」（choice）就顯得十分空洞了。何況性資本已經永久種族化，要宣告它的力量必定會受制於以白人為中心的標準。想想二〇〇七年《魅力》（*Glamour*）雜誌在法律事務所舉辦名為「企業時尚的準則與禁忌」的活動上發生的事件吧，其中一位雜誌編輯居然指教出席的女律師群說非洲爆炸頭、雷鬼辮和其他有「政治意涵」的髮型就是「不恰當的」，而且是「絕對禁忌」。七年後，美國陸軍修正後的儀容規定亦禁止了非裔美國人髮型中十分重要的樣式，包括雷鬼辮、雙股辮及扁麻花辮，還有爆炸頭。依據陸軍的措辭，這份為了「保持軍人造型統一」的新儀容規定還提及了一些「糾結凌亂」的樣式，這番話又顯得更是針對黑人軍人而來。〔這些新規定所引來的惡名促使黑人國會議員連線（Congressional Black Caucus）做出正式回應，最終亦遭撤回。〕這些例證表明了對於「得體」、「專業」和「制服」等字眼的固有信念，所指涉的僅限白人的魅力基準；這不免是向社會暗示，不追求那種標準的有色人種等於是在揮霍本可用來提升專業和社會層級的性資本。性資本的問題還有它的從屬裝飾（trappings）——衣服、化妝品，甚至是鞋子——經常是性騷擾或強暴案件中首先遭到嚴加審查的物品，任何人只要看過媒體對這類事件的報導都會懂。直到近

期，社會對於這類案件第一個提出的問題才終於不是「她當時穿了什麼？」（但往往還是第二或第三個問題）。在一九九一年控訴遭到威廉‧甘迺迪‧史密斯（William Kennedy Smith）強暴的女子其說法和信譽都飽受質疑，因為她當晚穿的內衣啟人疑竇——維多利亞的祕密（Victoria's Secret）出品的珍珠蕾絲胸罩和內褲。雖然表面上這副胸罩被列為證物是為了駁斥原告宣稱遭甘迺迪性侵，但媒體卻把它拿來證明穿著者是個放蕩的投機分子；電視台轉播審判過程的同時，類似服飾的照片更占滿超市小報的封面。

就連那些可說是把性資本發揮得淋漓盡致的女性——靠它維繫事業的女人——她們的選擇終究也比艾科夫和哈金所宣稱的還要少。二〇一四年底，索尼娛樂公司（Sony Entertainment）慘遭駭客入侵，公司高層之間的電郵往來因而曝光，其中最引人注目的爆料就是同工男女演員之間的薪酬差距。依據駭客揭露，珍妮佛‧勞倫斯（Jennifer Lawrence）演出大堆頭電影《瞞天大布局》（American Hustle）所領的薪酬比同片另外兩位男演員還要少；莎莉‧賽隆（Charlize Theron）透過外流電郵發現她的薪酬遠遠低於與她共同主演《公主與狩獵者》（*Snow White and the Huntsman*）的克里斯‧漢斯沃（Chris Hemsworth）（順道一提，他可沒拿過奧斯卡獎喔）之後，因而要求提高薪酬。

更讓人沮喪的例證，來自那些在過去十多年來出面談論與時尚攝影師泰瑞‧李察遜（Terry Richardson）共事時遭遇性要脅（sexual coercion）的時裝模特兒。李察遜時常以變態怪叔叔之姿接近年輕女模特兒，早就是業界公開的祕密（手段包含在拍攝現場要求女模為他打手槍或口交，而且往往當著滿屋眾人面

前）。不過從二〇〇四年開始，多名現任及退休模特兒開始出面在「蕩婦耶洗別」（Jezebel）、The Gloss 和 BuzzFeed 等網站上譴責（有些人匿名，有些人則否）李察遜的獵模手段。她們的經歷突顯出所謂女性姿色及性慾的力量，在這一行裡可能如何遭人輕易宰制，年輕模特兒的生計很可能就牢牢掌握在一個曾經說過「你認識誰不是重點，而是你幫誰吹」這種話的男人手上。二〇一四年《紐約》（New York）雜誌發表的大篇幅報導，揭露了李察遜似乎是刻意無視大牌攝影師與不知名模特兒之間權力失衡的現實，這些小模知道只要翻臉走人，她們的事業可能還沒開始就結束了。報導引述的一位攝影經紀人把話說得很白：「凱特摩絲就沒被要求抓著勃起的老二、麥莉希拉也沒被要求過，H&M 的模特兒更沒遇過這種事。但對其他那些名不見經傳的十九歲女模來說，難道她可以說『我覺得這樣不太好』嗎？這些女孩的經紀人都跟她們說過他有多重要，所以她們一現身片場就上鉤了。這傢伙和他的朋友們常直接說「抓著我的硬屌」，這女孩能拒絕嗎？然後再認命地回去鄉下老家？這可不是什麼真正的選擇，根本是假選擇。」[4]

換句話說，若要問「選擇」在事業上利用性資本的女人 —— 最適當的領域就是在性資本造福女人勝過男人的商業化性產業 —— 和成千上萬被迫這麼做只求安穩度日的女人有什麼差別，答案其實微乎其微。

肚臍（以及鼻部）凝視

「我是為自己而做」，肉毒桿菌廣告裡的女人拿著刻著這幾

個字的牌匾。你看得出來她正在向我們觀眾展示這塊牌子，這感覺讓人有點侷促不安。這支廣告的製作人對於接納身材和選擇女性主義的基本語言非常熟悉，該廣告就是在試圖規避所有當前社會對整形手術的疑慮，手段是訴諸自由、通曉市場的選擇，以及兩者結合的結果——賦權。這位為了撫平額頭、消除根本不存在的法令紋而獻上大把鈔票的女人才沒上父權的當呢，媽的！她可不是為了男人做，也不是為了女人，而是為了**她自己**；以上就是神奇咒語。「我是為自己而做」的各種變化語句時常在肉毒桿菌和隆乳的廣告裡反覆出現。《時尚》雜誌建議「只要在這裡注射一點點」就能縮短腳趾以便塞進周仰傑（JIMMY CHOO）的高跟鞋時會看到它，晨間廣播主持人送講出最佳小胸女悲哀故事的女人去做隆乳手術時，也會聽到這類話語。「我是為自己而做」、「我是為了讓自己更有自信」還有「我不是為了任何人才去動手術」都是防禦型的反射回答，形同承認有個幻想出來的女性主義者會表達不贊同，所以才不耐煩地拿這些話打發。

自從娜歐蜜・沃夫（Naomi Wolf）在她的暢銷著作《美貌的神話》中寫下「美貌意識是舊女性意識中僅存的最後一種，它依然有力量操控那些對第二波女性主義相對而言難以控制的女性」已經二十五年了。就各種婦女運動所促成的進展而言，受嚴格規範且占主導地位的白人審美標準，便是時代尚未推動思維產生變革的一個場域。同時，消費選擇也會從中隨之無限擴張，可能以無數新方法向這樣的標準低頭。

選擇已經成為討論外貌的主要切入點，記者亞莉克斯・庫欽斯基在二〇〇六年出版的著作《整形狂》中形容這種現象是「一種美學的倡議」。這本書特別將整型產業描繪成某種熱門音樂

節，排隊等候新注射物的人數多達兩位數，助曬功夫做得無可挑剔的名人醫生爭相搶著登上女性雜誌的黃金版面，外科醫師大會上的講者還會在演講尾聲呼籲要「推廣整形手術」。隨著市面上的選項越來越多——有更多醫生投入、互相競爭的藥廠品牌、前往熱帶國家進行便宜手術的整形觀光業日漸興盛——選擇因而塑造出了許多精雕細琢的鼻子和抽脂過的腹肌。所謂的「倡議」也是一種個人選擇——它的內涵包括積極維護自身外表，保持足夠警覺好防止皺紋、下垂和鬆弛出現。在我們新自由主義論述的框架之下，一場美學的倡議沒有瓦解傳達出價值和地位的審美標準，反而提倡每個人都有權利購買任何必要干預措施以求達成那樣的標準。個體的世界縮小到只剩診療室般大的空間，他人存在的意義也僅在於與之爭妍鬥豔。

　　儘管我們常想到前女性主義（prefeminist）類型的美貌及身材規則（令人跛行的纏足、含鉛的美白粉、條蟲飲食減肥法），但一九七〇年代以降、表面上意識獲得提升的往後數十年，卻為所有性別帶來大量令人費解的規定、標準和潮流，但絕大部分還是強加在女人身上。七分褲在一九九〇年代正當紅的時候，《時尚》雜誌就曾建議膝蓋骨節突出和小腿沒線條的人趕緊做個手術補救。不到十年後，換鎖骨成為時下流行的重點部位，平衡了當時寬大又多層次的服裝趨勢，因為它可以證明在這麼多布料之下，穿著者絕對瘦得恰到好處。（一位以鎖骨自豪的女子向《紐約時報》表示，鎖骨是「用來展現性魅力最簡單又無爭議的部位」——既不如胸部是外顯的性感，又能證明時尚業所追求的身材紀律。[5]）這波流行退去後幾年，焦點又往下移了，換成年輕觀眾大多夢寐以求的「大腿縫」，其中有些人還在部落格用飲食

日記和對比照片記錄瘦出這條縫的心路歷程。

雖然特定類型的身材潮流總是來來去去——在一九二〇年代流行的飛來波洋裝（flapper dresses）需要男孩子氣、腰身不明顯的曲線，但穿一九五〇年代盛行的緊身安哥拉毛衣胸部就要夠大，起碼也要墊東西撐場——但呈現哪種身材才「正確」的變換步調卻加快了。一九七〇年代的海灘鄰家女孩被一九八〇年代亞馬遜戰士般的超模們擠下時尚寶座，她們的后冠接著讓給一九九〇年代骨瘦如柴、掀起海洛因時尚（heroin-chic）的模特兒，到了二〇〇〇年初期，她們再被巴西辣妹踹出時尚雜誌版面，隨後又被娃娃眼的英國金髮妞取代。與此同時，時尚業還精挑細選地收編各種適合拿來帶動潮流的「族裔」特徵。長久以來，臀部豐滿的黑人及拉丁女性總被主流雜誌抹滅，擔任伸展台模特兒亦遭到忽視，穿上為相對扁平之下盤設計的褲子時也不修身；當她們在二〇一四年聽說《時尚》雜誌宣布，感謝伊姬·阿潔莉亞（Iggy Azalea）、麥莉·希拉（Miley Cyrus）和金·卡戴珊（Kim Kardashian）等明星，「我們正式進入大屁股時代」的那一刻，當然會感到惱火。作家兼尺寸正向領袖漢妮·布蘭克（Hanne Blank）寫道，「沒有任何身材是錯誤的」，但那種觀點永遠都會遭到仰賴眾人對此不認同為生的市場及媒體駁斥。

陰部財產

瓊·雅各·布倫伯格（Joan Jacobs Brumberg）於一九九七年的著作《身體計畫：美國女孩私密史》（暫譯）（*The Body Project: An Intimate History of American Girls*）裡，以古今年輕女

性的日記爬梳家庭、醫學、營養和消費主義在女孩們身上日益加劇的身材／美貌焦慮中所扮演的角色。一項顯著收穫就是一九〇〇年代的女孩因為住在都市化程度較低的區域，在消費選擇有限的情況下，很少將身材及外表與她們的價值畫上等號，然而當代女孩卻對這兩者十分痴迷。對比兩份年代相差一百年的新年目標，內容十分懸殊；一篇一八九〇年代的青少女日記寫道：「新目標……開口前要三思、認真工作、在對話和行動中要自制。不要胡思亂想、保持尊嚴，更關心別人。」而一九九〇年代的日記內容則是：「我要盡可能試著讓自己在各方面都變得更好……我要減肥、買新隱形眼鏡、已經剪新髮型了，買好的化妝品、新衣服和飾品。」到處都有把「變得更好」與「讓外表更有魅力」相提並論的情況，而這影響女孩的速度也比以往更快。如果你不相信，有一件寫著「我太漂亮了不用算數學」（I'm Too Pretty to Do Math）、給九到十二歲的大孩子（tweens）穿的 T 恤或許可以說服你。

漸漸地，選擇女性主義（choice feminism）的信條，在結合了不斷增加的美容選項之後（如雕塑、緊實、填補、消除、撫平、軟化、加深、增亮以及其他美化不同身體部位的手段），已經成為替這類痴迷平反的藉口。現在你有高科技的美容注射物〔例如膠原蛋白、瑞絲朗玻尿酸（Restylane）〕來撫平笑紋、魚尾紋，以及其他顯示女人終究會老化的徵兆；還有許多精華液可以讓睫毛更加濃密，若沒效果也可以接個睫毛再進行染色；如果你還沒準備好做澈底的隆乳手術，可以改做一對「度假美胸」（Vacation Breasts），裡面的注射物可以維持二或三週。打扮下體的各種美容課程更是多到有剩，從「金包銀」（vajazzling）

（在除毛後的陰戶上黏貼水晶和其他裝飾物）及「陰戶美容」（vajacials），再延伸到陰唇整形術（labiaplasty）和看似十分委婉但其實就是縮陰的「陰道回春術」（vaginal rejuvenation）都有。上述某些花招來自好萊塢的一窩蜂炒作──最早提出金包銀的人是演員珍妮佛・樂芙・休伊（Jennifer Love Hewitt），但提供這些服務的店家數量暗示著相信這套修復及美容遊戲的一般女性逐漸變多了。

但那又怎樣？女人不是常常覺得手癢，非拿手邊材料來變美不可嗎？看著那一堆無法撫平我頭髮自然捲的髮品，還有滿抽屜無法讓我長出真正顴骨的化妝品，我當然曾經這麼做，也絕對會繼續下去。認真想想，注射肉毒桿菌可沒有比砷、鉛和致命顛茄這類毒物更光怪陸離；過去的仕女可是會將這些東西或吃或抹甚至是滴進眼睛，好讓膚色更加美麗、雙眸更顯濃黑，塑身衣也只比鯨魚骨馬甲稍微為不殘暴一點而已。女人的確可能會因為痛苦的除毛課程和「金包銀」帶來的傷害及感染跑去急診室就醫（在二〇〇二年到二〇〇八年間，因為這類傷害前往急診室的人數增加了五成）[6]，但現在就是流行這些東西。跟上時代吧！這是她的選擇！

沒錯，女人早就在我們發現消費文化崛起之前就為了變美而長年受苦了。而且一旦廣告、行銷和大眾媒體都參與其中後，這些苦頭就對女人的自我價值、幸福和找到永恆愛戀的能力變得非常重要。一九五〇年代的女性雜誌要女人用消毒水和漱口水鹽洗陰部好保持「女陰的優雅」，免得嚇跑她們的老公。（某支消毒水廣告如是說：「做太太的往往不知道，一個私密疏忽所帶來的疑慮，就會讓她失去快樂的婚姻之愛。」）[7]在一九五〇到一九

六〇年代，社會向女人明確指示絕對不要在丈夫面前素顏；如此一來，根據《都會女孩新禮儀指南》（暫譯）（*The Cosmo Girl's Guide to the New Etiquette*），女人就得在婚床下藏一堆粉底、口紅和眼影，這樣她們才能先起床「觀察脫妝情況」。[8]

服飾、美容產品及外科／局部手術廣告中，把規定重新包裝成選擇的轉變還是十分近期的事。一直到一九七〇年代，女性雜誌中的廣告和社論幾乎完全是規範性的內容，但多年來這類語言都有些變化。在一九二〇年代，廣告文案總告誡著錯誤的消費選擇會使一個少女變得沒人愛、進而摧毀她的未來；到了一九四〇年代，它又督促心有所屬的女人要盡可能保持年輕，好迎接遠赴海外打仗的愛人光榮歸國。接著在後第二波女性主義時期，這些規定倒是多了些有趣的建議意味。（「不如試試藍色眼影吧？」）又過了不久，重點已經不在於必須購買什麼產品，而是從眾多商品中挑選。（「快做個小測驗為自己找到正確的香氛！」）但隨著選擇變成一種既定假設，認為「女性對於身材和外表所做的個人選擇，發生在一種平等的後女性主義環境」的信念也出現轉變。這種敘事十分誘人，而它也正是某些主流女性主義最令人疲累的爭論會發生的場域。

以陰毛為例，過去二十年來大眾對它的討論可能是史無前例地頻繁，而這類對話裡面的刻薄批評和自以為是的程度往往都接近核爆等級。多數激辯都是從一個無庸置疑的事實衍生出來的：女性的陰毛曾被視為青春期一項令人渴望的標記〔回想茱蒂・布倫（Judy Blume）筆下的瑪格麗特沒在和上帝說話的時候，就常焦慮地站在鏡子面前尋找成長的證明〕*，對男孩而言更是夢寐以求的撩人疆界，如今卻慢慢消失不見了。導致陰毛消失的原因

很多，包括色情片取得容易、內衣行銷蔚為主流，還有二十四小時監視名人的文化。雖然熱蠟除毛的捍衛者馬上會來提醒我們，陰毛脫除的風氣最早可以回溯至古埃及和希臘時代，但在一九九〇年代以來的當代世界中，除毛的人數及提供服務的處所都明顯增加。

在異性戀視角的色情片裡，女演員脫除陰毛早就是常態；不僅是因為這樣露得更多，還能滿足要求女人盡可能看似未成年這般明目張膽地令人不安的市場。一個曾在女體上毫不起眼的特徵如今成了一種性癖，有陰毛的女人更是色情片眾多的市場特色之一，和同樣聳人聽聞的煽情性癖一起行銷，例如熟女阿嬤、強慾孕婦及大戰毛絨玩偶等等。（對了，我實在不建議各位搜尋上述任何一類色情片。）把曾被艾米·波勒（Amy Poehler）狂喜地形容為「女士花園」的部位重新塑造成某種多毛負擔不能全怪色情片，布料越來越少的泳裝和內衣款式也有發揮影響。一位巴西熱蠟除毛的愛好者就曾說過：「如果你有毛髮竄出內衣邊界，感覺實在有點不修邊幅。」[9]再加上只要說到儀容規範，從辣妹合唱團的一員變身時尚女王的維多利亞·貝克漢（她在二〇〇三年主張「你不覺得十五歲開始就該強制做巴西式除毛嗎？）到金·卡戴珊等眾多名人（她說：「女人除了頭以外，其他地方都不該有毛髮。」）往往會占據時尚雜誌的大部分版面。

在主流女性主義論述裡，關於陰毛吵了十多年的核心爭論

＊譯註：瑪格麗特出自茱蒂·布倫的著作《神啊，你在那裡嗎？》（*Are You There God? It's me, Margaret.*），此書講述女孩邁入青少女階段會遭遇的各種煩惱，在過程中學習判斷事實真相、獨立思考和做決定。

點在於究竟剷除陰毛是向父權且色情化的審美標準投降，抑或反倒是一種女性主義自由選擇的大膽宣言。無論是哪一種，令人沮喪的是它都已經被賦予固有的政治意味。我要在這裡說一聲，男人也還無法對「下面有毛已經過時」的訊息免疫喔。男同志色情片一直以來都有專為有毛人士和偏愛陰毛的男人所拍的類型，不過許多異性戀的男色情片演員也開始學女性搭檔定期把陰毛除得乾淨溜溜。這現象當然會對凡夫俗子的儀容選擇產生影響：「背部、陰囊和股溝」的熱蠟除毛已經成為不同品味及性向的男人之間的熱門選擇。不過男人決定除毛與否，可沒有附帶明顯的政治意義，然而對女人而言，這類爭論依然在線上和線下吵得不可開交，絲毫沒有趨緩的跡象。二〇一三年倫敦《電訊報》（*Telegraph*）的一位主筆就指出，對她認識的年輕女性來說，最主要的女性主義難題並非生育權或薪資差距，而是她們該如何打理陰部——這句宣言不是十分偉大就是無比駭人，端看你如何評斷。

當英國女性主義者凱特琳・莫蘭（Caitlin Moran）在二〇一二年出版的暢銷回憶錄《如何成為女人》（暫譯）（*How to Be a Woman*）裡大聲疾呼要保留陰毛時（她自承以長達七頁的篇幅在這個主題上說教），許多讀者都感到頗為厭煩，認為這種呼聲只是另一種規範的替代品。莫蘭冒犯的讀者早就和她的書迷一樣多（因為此書用輕蔑語氣指涉「變性咖」，還有她的推特偶爾會出現種族歧視的碎唸），而這很可能和某些人對她在**陰毛大哉辯**的立場懷抱敵意也有關係。不過她的主張——即在資本主義、文化色情化以及性別依舊不平等的邪惡匯流當中，無陰毛已經變成常態，就連青少女都會在它剛長出來之際就用熱蠟拔除——還是有

點失焦了。從那時起，莫蘭就會在訪談中提到如今有些女人彷彿視她為某種陰毛議題的告解聖母：「我遇過幾個女生內疚又醉醺醺地向我坦承，她們依然會做熱蠟除毛，而且也很喜歡這麼做，說什麼這樣很方便、讓性愛更美好之類的話。她們以為我會把手伸進包包，然後拿出一根陰毛塞給她們說：『不行……你們一定要永遠毛茸茸的。』我就盡可能用最親切寬厚的態度這麼說吧，我根本不在乎女人要做什麼，她們高興就好。」[10]

就連有空辯論陰毛在解放層面上的意義，可能都是在暗示有更多更迫切的女性主義議題已經解決了；畢竟參與這類對話的芸芸大眾，應該不會在做著三份最低薪資工作的同時，抽空上網對此發表高見。這類辯論只會發生在優渥度日的圈子，內部個人的自我實現已經超越集體成就了。這不是說你不能同時推動，但想想莫蘭那番安慰人的話──「你高興就好」和「這是你的選擇」其實是類似的觀點，兩者都聚焦在個人情感和選擇，試圖讓它們從更大的問題中抽離脈絡，那就是到底為何要對這種選擇進行激辯。光是女人覺得有必要向莫蘭告解關於她們下體的細節這件事，就透露出這種辯論有多劍拔弩張，更點出將女性主義價值加諸在個人的梳理儀式上，對意識形態而言是個極不穩固的基礎。然而，陰毛卻連同高跟鞋、化妝品和內褲一起成為仰賴援引選擇作為一種無爭議抗辯的女性主義議題。社會對此議題的著墨也比更急迫的議題還多，像是婦女受暴，還有制定完善家庭照顧假政策的必要。我們當然可以關心這所有的議題，但值得質疑的是為何強調外觀及可欲性（desirability）的議題竟比其他議題更受關注。

「我是個壞女性主義者嗎?」

　　回顧過去幾年的部落格圈,年輕、女性化且多為白人女性的女性主義者似乎集體陷入了一場信仰危機……然而,有一位作者納悶「做熱蠟除毛讓我成了壞女性主義者嗎?」(懂我意思了嗎?)有一位則問:「女性主義者可以穿高跟鞋嗎?」另一位也問:「美容編輯可以是女性主義者嗎?」又有一位作者也說:「我訂婚了,這讓我覺得自己是壞女性主義者。」無論哪裡都會看到有女人因為自己可能沒有遵循某種神話般的理想,而在網路上攣著自己的虛擬雙手懺悔,承認自己犯下經她自我診斷為女性主義挫敗的過錯,並幻想嗓音尖厲的眾多女先祖朝她降下煉獄之火。(或是經血,有可能喔。)

　　「有時候我會做一些深怕讓潔玫‧葛瑞爾發現我居然喜歡的事,」一位糾結的女子如此說道,接著坦承她熱愛高跟鞋和一九五〇年代那種俗氣的家庭主婦服裝。這現象開始成為一種公式化劇本:不管談哪一種主題 —— 集中胸罩、庸俗的戀愛小說、無劇情色情片等等 —— 總會有個女人思索著她對上述主題的興趣,是否多少會抹殺她對性別平等的基本信念。而且它還具有展演性(performativity),彷彿公然地自我鞭笞就等於全然縝密的分析,不過這些文章全都會做出類似結論:這是我的選擇。我是為了自己而做,所以這符合女性主義。但若果真如此,為此在公開論壇上大書特書一千五百字反倒是個奇怪的選擇。就像那些猶豫著向莫蘭坦承犯下除毛罪的女孩們,這類個人抒發看起來有點像是在祈求無意義的赦免。如果你喜歡高跟鞋,就穿吧。如果你想穿上白紗結婚或觀賞女人被一大把陰莖噎死,繼續做壞壞的自己

吧。但不要把關於這種事的個人抒發拿來負荊請罪。

這種類型的文章正是市場女性主義的最大勝利：女性先是受到市場供給的自由選擇錯覺所影響，然後又把自己獻給媒體企業剝削。這些文章大多是為了非常微薄的稿費所寫，而且幾乎都是因為保證有點閱率才會刊登；它們會出現在靠著每日無數次更新來提升瀏覽量的網站，當成一種充版面的方法，畢竟社會對新內容饑渴不已。

一般來說，年輕女性會透過挖掘自身覺察到的挫敗來回應這種需求，如此一來，她們就延續了一種觀念，那就是女性主義是充滿異性戀霸權、以白人及中產階級為中心的運動，已經變得無可救藥地自負。你也知道，有時候這實在很難反駁這一點。或許某一天，我們會開始看到有男人寫出〈做背囊溝*除毛會背叛我信仰的馬克思主義嗎？〉這種標題的文章，但目前為止完全沒有，這應該會是個請大家別再出來表演請罪的好理由了。

這類文章之所以會助長市場女性主義，不只是因為忽視了其他主題——將焦點牢牢鎖定在聳動且容易行銷的範疇——還因為它們總是以援引選擇收尾，排除進一步深入探索議題的可能。容我講個清楚，這不是在譴責女人對於她們需要什麼才能變得成功、搶手或快樂的混亂訊息感到困惑和衝擊，也不是在譴責去打肉毒桿菌或將陰毛打理得整整齊齊的女人。各種類型的人享受打扮、化妝、塑造風格和追求潮流的理由有千百萬種：家庭及文化傳統、叛逃或依附宗教以及個人表現都只是其中一小部分緣由，但「壞女性主義者類文體」揭示的是，個人、單獨且

＊譯註：背部、陰囊、股溝。

以外表為中心的題材，最有可能是既已升格為賦權場域，還遭指謫是背叛女性主義之片面觀念的事。文化評論人蘇珊・波多（Susan Bordo）指出，這種為之辯解的反射回應是「聲東擊西的喧囂」，把焦點從問題根源（消費文化、歷久不衰的不平等）轉移到病徵上。[11] 我們並非憑空存在，我們的選擇當然也絕非如此。利益導向的媒體及企業所創造並傳播的文化理念，會大大影響我們對身體做出的、理應自由的選擇，以個人抒發文章的篇幅就將它合理化，遠比嘗試改變它輕鬆太多了。

見過新的美，就和舊的美一樣

　　整形手術如今讓越來越多女人都長得無比相似還真是一件怪事，因為市場女性主義鄭重其事論述的一項關鍵特色就是拓展審美標準。於是我們得來談談多芬（Dove），該品牌在過去十年靠著「真美活動」（Campaign for Real Beauty）讓自己躍升為賦權廣告界的佼佼者。

　　從二〇〇四年開始，北美和英國的女性開始發現多芬的肥皂廣告有些新意：那就是，空空如也。取代該品牌經典曲線的平凡白香皂的是各年齡層、膚色及體型的女人相片集，旁邊還有描述詞的框框。寫著「過重？傑出？」的框框旁邊，是一位穿著黑色無肩帶洋裝的豐腴女士，微笑著舉起雙臂；整臉長滿雀斑的紅髮女士身旁的框框則寫著「有瑕疵？完美無瑕？」白色坦克背心使得一位女人平坦的小胸部更加明顯，旁邊的問句是「半空？半滿？」這些照片上都沒有產品，只有一條網站連結，並且懇求你「共同參與美的辯論」。

超過一百五十萬名婦女在「檢核表」活動的影響力之下，好奇地去拜訪多芬的網站。但這和第二階段活動所帶來的曝光相比根本不足為奇；女性身穿白色胸罩和內褲的廣告看板開始出現在紐約、芝加哥、華府和其他美國主要城市，這些女性都很大隻──比「正常」模特兒還龐大，而且更驚人的是她們似乎絲毫不為此感到痛苦。她們有人微笑或大笑，還靠在彼此身上。和那些模特兒老是做鬼臉、滿臉痛苦或單純僵硬冷峻的高級時尚廣告看板比起來，這些女人看起來生氣蓬勃。看到各種體型及膚色的女人笑容滿面地出現在時代廣場上方二十呎高的地方，照理說沒什麼好大驚小怪的，但其實大眾十分震驚。短短幾天之內，媒體都開始瘋狂報導多芬代表「真」美所拋出的最新妙計。

　　真美活動（Campaign for Real Beauty）關於身材的溢美文案融合女攝影名家安妮・萊柏維茲（Annie Leibovitz）和佩吉・西羅塔（Peggy Sirota）掌鏡的搶眼迷人照片，以及二〇〇四年一份受多芬委託進行、由哈佛大學教授南西・艾科夫及倫敦政經大學教授蘇希・奧巴赫（Susie Orbach）開發的研究，為它增添社會結構性的分量。這兩位女士都曾撰寫關於女性及身材／美貌意象的書──奧巴赫最知名的著作是一九七八年出版的開創性宣言大作《肥胖是女性主義議題》（*Fat Is a Feminist Issue*），而艾科夫在一九九九年出版的《美之為物》（*Survival of the Prettiest*）則破解了何謂美的生物學基礎。這份名為〈美的真相〉（The Real Truth About Beauty）的研究在美國、加拿大、英國、義大利、法國、葡萄牙、荷蘭、巴西、阿根廷和日本進行，號稱是「國際」級規模，但在一份關於女性及審美標準的調查裡排除整個非洲大陸和亞洲次大陸，似乎也省略得太多了。該研究所提出

的問題乃欲評估不同國家及文化的女性是如何定義美的價值——自己及他人之美——還有傳統的審美標準又是如何影響她們對自己的身材認知。

在散播這份研究發現的過程中，多芬鮮少聚焦在研究的負面結果——例如只有2%受訪女性使用「美麗」一詞來形容自己——反倒更側重標題為〈對美的認知〉的部分。受訪者在這個部分會表達她們對下列敘述的認同程度有多高：「任何年紀的女人都可以很美」（89%強烈認同）、「我認為每個女人都有她美麗的地方」（85%），還有「如果我有女兒，就算她長得不漂亮，我也希望她會覺得自己很美」（82%）。整體結果向這支廣告透露的訊息是有女人為了頌揚「女人之美」而團結起來，但又不太能證明自己為何美麗。這項廣告活動所宣稱的使命因而誕生了——「展開關於必須拓展美之定義的全球對話」——多芬女士們更勇敢地站出來，化身為引領全體女性的燈塔。其中一位廣告看板上的模特兒吉娜‧克里桑提（Gina Crisanti）向美聯社（Associated Press）表示：「我從小就對自己的身形和尺寸很不滿意……二十多歲的時候，我才發現那種想法就是在摧殘自己。當我培養出另一種美的定義後，一切都變明朗了。重點在於你如何展現自我。」

這個嘛，其實除了那些以外，還需要緊實乳霜。什麼？沒錯，多芬破天荒的廣告看板上那些容光煥發的女人，其實是要吸引人購買一系列撫平橘皮組織的乳液和乳霜。珍妮佛‧波茲納二〇〇五年九月曾如此評論真美活動：「（多芬）那些聽了讓人愉悅的『女人可以是任何尺寸』的訊息終究被摧殘地體無完膚，因為它不過是企圖誘導我們一而再再而三地消費，以求『矯

正』那些廣告商老是灌輸消費者應當嫌棄的問題部位。」[12]（更別提該品牌還親自打造出在以往根本不成問題的問題部位了：真美活動的廣告大軍後來多了一個項目，在提倡女人用多芬高級護理系列的美白體香劑的同時，把較直白的「胳肢窩」說法變成文雅一點的「腋下」。）

不過如果說多芬換湯不換藥，只是模特兒的尺寸稍微不同，它還是使其目標客群——相貌平凡、種族多元、會購買化妝品的女人——感到處境為難。支持該品牌努力推動「並非所有女人都是皮膚光滑、穿二號尺寸的白人女性」的觀念似乎很重要，但更重要的是不要相信有人宣稱看見十二號尺寸的女人穿內衣亮相就會加劇美國的肥胖危機（某篇標題名為〈當多芬提到屁股〉的文章就煞有介事地提出這項擔憂）。不顧那些抗議說「被迫觀看尺寸大於四號的女人只穿內衣會嚴重妨礙他們勃起」的男性評論人，大力支持多芬感覺也很有吸引力。其中一位就是影評理查·洛普（Richard Roeper），他向《芝加哥論壇報》（*Chicago Tribune*）投稿了一篇冗長的反多芬社論，部分內文如下：「如果要聊客廳窗外的廣告看板上那些只穿內衣的女人，拜託請找夢幻尤物吧。若說這番話讓我顯得很膚淺無腦又有性別歧視——當然啊，我是個男人耶。」在對手《太陽報》（*SunTimes*）上，盧希歐·格雷洛（Lucio Guerrero）也彷彿要嗆贏洛普似地開玩笑說：「我只接受桶子裡裹滿麵包粉的炸雞腿可以那麼粗。」

這些廣告既是市場女性主義的表徵也是效果。藉由提起女性主義長久以來試圖修復的問題——主流審美標準的狹隘規範——多芬將自己定位成一個進步派品牌，儘管它一邊掛羊頭賣狗肉地販賣「緊實」產品。認出這是公然誘騙消費者的套路的人，卻被

指控「讓至善者成為善之敵」。合理化多芬這種行為的人主張，畢竟多芬隸屬跨國企業集團，我們不可能期待他們**不想**賣產品。起碼他們試著用向尺寸正面及提升女性自信致意的方式來賣，對吧？再說，消費者也做出了回應：二〇〇六年，購買不只一項多芬產品的消費者創造出該公司三分之二的銷售額，與二〇〇三年尚未展開這項活動前相比多了一倍。而且十年下來，營收也從二十五億美元成長到四十億美元。[13]

自真美活動問世以來的數年間，多芬持續遊走在提升意識和收編延攬的界線之間。該公司於二〇〇七年推出的影片〈攻擊〉（Onslaught）就是前者的範例：影片中，鏡頭不斷往白人小女孩粉嫩的臉頰拉近，讓觀眾凝視一會兒後，整個畫面就開始不斷彈出女體和各部位的蒙太奇畫面，胸部、嘴唇、比基尼線、屁股、鎖骨應有盡有。一名站在體重計上的女子快速發胖又消瘦；整形醫師的手術刀在血肉上刀起刀落，患者身上同時還插了一堆管子。這一大堆琳瑯滿目的間接影像就是重點；影片尾聲出現一則訊息：「在美容產業開口前，先和妳的女兒談談。」〈攻擊〉大量借取了基爾孟（Jean Kilbourne）以及蘇特加力（Sut Jhally）作品；在這兩位媒體評論人拍的電影中，把廣告裡的女性形象與文化中女性處境之間的連結拍得十分露骨且令人坐立難安。

在此之前還有一支名為〈演化〉（Evolution）的影片，它以縮時攝影記錄化妝及修圖技術如何將一般模特兒變成可以去拍廣告的亞馬遜女戰士；〈演化〉及〈攻擊〉面世之初都掀起一陣旋風，令人認不出是廣告，直到深入研究後才會發現，原來它們都是多芬真美活動之下的一個倡議組織——自尊基金會（Dove Self-Esteem Fund）所推出的企劃。這兩支影片都為 Upworthy 新

聞網＊年代的崛起奠定了基礎，運用赤裸裸且令人如坐針氈的視覺提示、緊湊配樂還有簡樸的文案，敦促觀眾質疑自己原本的認知。得知原來多芬是影片背後的主導者讓兩支影片看似多了些正當性：畢竟這不是某些瘋癲女性主義倡議者拍的作品，而是來自一間若女人和女孩拒斥理想美的至高地位將會產生嚴重虧損的公司。如果他們在乎，那情況肯定很糟糕。

然而，即使這些瘋狂散播的影片確實幫助多芬發起了該公司所期待的全球對話，它們某些真正的廣告終究還是讓同樣的對話失焦了。例如二〇一三年初次登場的〈素描〉（Sketches），它既是電視廣告，也是打算拍來讓人在社群媒體上分享的稍長影片。在〈素描〉裡頭，多芬請身處在一間充滿陽光的寬敞閣樓的女人向法庭素描師形容自己的特徵，而素描師隨後會再請陌生人向他描述同一位女士。接著這些女士都會看到那兩張素描，每一位都十分驚訝地笑出聲又覺得難為情。這個套路想點出女人就是對自己最苛刻的外貌評審──依女性自身描述畫出來的素描，遠比依陌生人的形容畫出來的結果更沒有魅力，無一例外。

有超過一‧三五億人看了這支影片，若臉書上的分享次數具有任何涵義的話，〈素描〉所引起的共鳴堪比真相震撼彈，《廣告時代》雜誌甚至封它為年度爆紅廣告（Viral Campaign of the Year）。然而，正如一些評論人所說，這支影片可說是辜負了真美活動所肩負的宏大使命──不僅因為它絲毫沒有拓展「美」的定義，反而還強化了「『美』是用來形容女人之最重要字眼」的

＊譯註：Upworthy 新聞網的內容多為網路上「值得傳播」的影音或文章，尤其著重公民意識、社會責任等議題。

窠臼。如同安妮・傅利曼（Ann Freedman）在探討風格與文化部落格 The Cut 的投書所言：「如果多芬拍攝的女人看起來完全符合那些『負面』的自我描述呢？可能是超級大濃眉、有顆明顯的痣，眼下還掛著超深黑眼圈？又或是尺寸十四號的人？如果這女人跟素描師說『首先呢，我真的很漂亮』，那又會發生什麼事？」

影片大多找年輕纖瘦的白人女性來拍攝，亦透露出多芬已經沒那麼在乎這個活動原先所提倡的各種多元性了。〔起碼製作這支廣告的公司——多芬的長期合作夥伴奧美廣告（Ogilvy & Mather）不在乎。〕與該品牌過去找來的真實人物（白髮女性、雷鬼辮女性、有皺紋的女性）相比起來，〈素描〉這支影片的主要人物同質性極高。不僅完全沒有有色人種女性、全都慣例地纖瘦，而且全都四十歲以下，唯有一人例外。有鑑於有色人種女性和四十歲以上女性早就比白人女性更鮮少呈現於主流媒體中——更別說是任何類型的美的化身——這個問題十分重大。

該活動推出的下一支影片更令人費解：〈美麗貼片〉（Patches）向不知情的女人們提供類似尼古丁貼片的黏貼物，並告訴她們它能幫助她們覺得自己更美。接下來的發展一點都不讓人驚詫：即使這些女人得知自己被要了以後，安慰劑效應（placebo effect）依然沒有退去——音樂漸漸變大聲囉——真美來自內心。「發現我不需要別的東西來讓我感到自信……這就是原本的我，只是以前隱藏起來，再也不會了。」一位被騙的女士心滿意足地說著，「這實在讓人信心大振。」不到十年間，多芬廣告所呈現的女人形象就從對自己實際的美懷抱坦率自信，變成為了美本身的理想而深深受騙。這可算不上是進步——然而就如

其他廣告的情況，〈美麗貼片〉廣受好評：《廣告時代》一篇關於社群媒體反應的調查顯示，這支影片在六十五個國家釋出的頭兩天，就獲得九成一的正面評價。[14]

　　這些好評暫且不談，〈素描〉和〈美麗貼片〉兩支影片都揭示了真實身材接納（body acceptance）融合市場現狀後的侷限。多芬所宣稱的目標聽來或許真摯，但該公司依然是這整個體制的一部分，盈虧表現全取決於能否延續女性的不安全感，於是幽微地鼓勵女性為此自責。然而，僅因為鮮少有公司敢於觸碰審美標準間接化的主題，社會便持續視多芬為真心在乎此事的企業。其實它在乎的程度只是剛好不會危及營收（亦不致停止發明出新的不安全感以及可以用來將之消除的新產品），但這對一個只是稍微提及身材接納的理念就會被視為激進人士的市場來說並不重要。二〇一四年，聯合利華（Unilever）出資進行一項追蹤研究，調查真美活動所產生的影響；調查顧問艾科夫從這份研究中發現，有六成二的受訪女性認同「她們有責任影響自身對美的定義」——這數據是十年前的三倍。那些受訪者所沉迷的媒體依然聚焦美貌問題，它們傳達的訊息並沒有改變，只是變得更熟悉該如何利用受女性主義啟發的新曲解來進行傳播。

　　在這類大規模的廣告活動中，看得出來這些品牌起碼還有些自知之明。而且他們早就預期會被指控見人說人話見鬼說鬼話了，因此逐漸用他們的廣告結合各種機會，邀請消費者一起「加入」或「塑造」它們發起之市場倡議所引發的社群媒體對話。例如在二〇一三年，Special K——長期宣稱唯有自家麥片可以讓女人瘦到可以塞進貼身紅洋裝的品牌——發起了 **#打擊肥胖對話**（#fightfattalk）的活動，呼籲大眾關注女人在討論身材時常使用

自我嫌惡語言的現象。廣告文案寫道：「從『開胖腳踝的玩笑』到毀滅性的自我貶損話語，肥胖對話已經常為日常聊天的一部分，大家往往會脫口而出。」文案接著宣稱，「言語的力量很強大，請一起維持正面對話。」

到目前為止還什麼沒問題。Special K 完美捕捉到肥胖對話成為女性自我貶損之基本武器的現象，而且現在還成為日常對話中難以根除的話題，在廣告文化所呈現的白人女性之間尤其嚴重。不僅女性站立喜劇演員的刻薄自嘲數十年來都是大眾願意一聽再聽的即興段子＊，名人報導中的小咖女明星還會承認被狗仔「抓到」像普通人般吃飯；為僅是擁有顯露在外的身體道歉就是許多女性日常生活的一部分。而且對於許多有色人種女性而言，自我貶損的互動方式可能不只有「為膽敢降生於一副需要進食才能運作的活生生軀體而道歉」，還包括「意識到自己沒有符合族裔刻板印象（即擁有黑人及拉丁裔女性常有的豐臀，或擁有東亞女性如雛鳥般嬌弱的纖長四肢）會害她們不是遭到抹滅就是被視為『錯誤』」。

但是，在 Special K 的網站上，該品牌公布「九成九的女性都會進行肥胖談話，你的朋友也是其中之一嗎？」並且以一條連結邀請讀者「立刻了解」，但跳出來的頁面所顯示的內容根本與「你的朋友」無關，而是好幾樣 Special K 產品的圖輯廣告，其中一種還鼓勵你藉由購買高蛋白肉桂黑糖脆餅麥片來「戰勝口腹

＊註：請見喜劇演員菲利絲・狄勒（Phyllis Diller）的「我的透氣胸罩死了……餓死的」段子，或珍妮娜・葛羅佛（Janeane Garofalo）自嘲「我的體態像一根融化的蠟燭」片段。

之欲」。換句話說，Special K 自己就是在藉由將該品牌以外的食物都定位為「口腹之欲」，來對消費者進行肥胖對話。活動新聞稿揭露了#打擊肥胖對話背後真正的動力：並不是因為該品牌希望女人看在自己的分上，別再貶損自己的身材，而是因為這類對話「對體重管理之成果會產生破壞力極強且重大的阻礙」。這場絕對不女性主義的活動掛上了騙人的女性主義誘餌：別討論你為何「認為」自己必須減重了，快減就對了。身兼模特兒、電視名人以及#打擊肥胖對話大使的泰拉·班克斯（Tyra Banks）表示自己「很高興能與 Special K 一起合作為女性賦權，不僅能讓她們對自己的身材有自信，還可以消除那些負面想法，我也會向她們展示如何運用一些技巧，將她們最不喜歡的身體特徵修飾得更好看」，等於在無意間為這場活動總結出矛盾的訊息。

同樣地，隨著女性主義的形象從二〇一四年開始提升，CoverGirl 也用自己發起的#女孩做得到（#GirlsCan）標籤加入正面之美的行動行列，宣布展開一場為期五年、「為女孩賦權，使她們成為下一個撼動世界的世代」的活動，還會向專注於發展女孩潛能的個人或組織捐助約五百萬美元善款。〔CoverGirl 第一筆五十萬美元的捐款獻給了程式女孩（Girls Who Code），此非營利組織的宗旨便是培訓和鼓勵女孩加入科技領域。〕參與這個活動的名人有艾倫·狄珍妮（Ellen DeGeneres）、凱蒂·佩芮（Katy Perry）、紅粉佳人（Pink）、賈奈兒·夢內（Janelle Monae）、皇后·拉蒂法（Queen Latifah），她們都在廣告裡暢談曾經被看扁但依然達成目標的勵志經歷。

然而，CoverGirl 這場活動的未竟之業，就是沒有修改該公司在銷售端用來吸引女孩及女人的訴求。因此我們會看到凱蒂·

佩芮現身＃女孩做得到的宣傳影片討論賦權的意義（「自信、由內而外的自信」），並且興致高昂地說「女孩可以掌握世界」，但在店內的陳列廣告上，她旁邊卻寫著「你是哪種美女？」（若你好奇的話，選項有「甜美」、「撩人」和「狂野」。）這就是品牌企圖兩面操弄賦權敘事的經典範例，一邊告訴女孩她們的前程遠大，卻又建議她們把自己塞進侷限的框架。

　　幾乎所有用自家產品推廣女性賦權的品牌旗下都有慈善機構，不論宗旨是乳癌研究〔雅芳（Avon）、露華濃（Revlon）和雅詩蘭黛（Estée Lauder）等等〕、女孩教育〔多芬（Dove）、CoverGirl、吉列（Gillette）〕還是提升家暴關注〔美體小舖（The Body Shop）及玫琳凱（Mary Kay）〕。這一點確實無從爭論，這些品牌也清楚得很。但仔細檢視他們的企業實務、成分以及與這些賦權品牌相關的母公司，就很難忽視其中的弔詭之處。舉例來說，如果雅詩蘭黛和露華濃如此在意乳癌防治議題，那他們應該會更努力確保自家產品不含已知致癌物；如果多芬真心想在全球拓展我們對美的定義，其母公司聯合利華或許就會對他們橫掃中東及南亞的亮白乳霜考慮再三。以上種種實在難以證明企業品牌收編隱晦的女性主義態度後，已經改變了他們對女性消費者的訴求。在強化漂亮外表與幸福／成就兩者之間關聯的過程中，多芬、CoverGirl 和 Special K 已經進一步強化了其品牌與某種文化視野的結盟，那就是把年輕、纖瘦及白人和自尊及成功畫上等號。

　　這些女性主義議題總是一而再、再而三地從性別不平等的深坑中浮上檯面確實有其道理，原因實屬悲哀。正如蘇珊‧道格拉斯（Susan J. Douglas）所說，在我們身處的時代，「（關於）權

力的幻想⋯⋯不斷向女孩及女人保證婦女解放已成既定現實，我們早已變得更堅強、成功、掌握性愛主導權、無懼，而且比實際上更受到敬畏。」[15] 在這種脈絡之下，關注個人可以確實控制的事情——身材、服飾、修容、消費——看起來就沒那麼艱辛了。沉浸於這些事情，肯定比批判那些積極和我們的自由及人性作對的人和體制來得輕鬆。性資本確實存在，而且在許多情況之下、在許多個體的生活中，的確可以取得成果。不過美容針、剃刀、唇膏最終達到的效果都只是一種權宜之計，而非永續的策略。

結語　感覺良好女性主義之死

　　等到這本書出版的時候，女性主義闖入美國主流視野就滿兩年了。我花了幾個月的時間書寫、編輯、重寫這篇結語，卻無法篤定該如何順勢做出結論。我是否有指出許多運動成就都是從更政治化的流行文化中所結出的果實，還因為漸漸受到更開明之人影響的媒體企業——或說「政治正確」，如果你討厭開明這個字眼的話——亦對它加以報導？我當然可以這麼做，畢竟這兩年來，社會大眾對於本質上而言是女性主義議題的態度出現了驚人轉變。

　　舉例來說，比爾・寇斯比（Bill Cosby）愛以「師徒指導」作為幌子對女人下藥性侵的事，早就是演藝圈和媒體大老當中流傳多年的公開祕密（逾四十位最終出面自揭親身經歷的女人們當然也十分清楚）。從寇斯比在電視圈如日中天的時期到現在，要不是媒體環境如今更意識到流行文化將如何反應及創造真實生活中的偏見和信念，喜劇演員漢尼拔・布瑞斯（Hannibal Buress）玩笑般譴責寇斯比的影片大概也不會引發新話題——或者說，為慘遭天才老爹狼爪侵害的受害者平反。

　　我還能列舉意識到媒體及流行文化所產生的影響，又是如何啟發了大量的草根倡議行動、組織籌備和創意。這一切主要得歸功於網路；這項具時代變革性的工具在強化論述、傳播事實和動員行動方面的能力無與倫比，確實發揮了深遠影響。例如現在

有類似「了解第九條」（Know Your IX）這樣的倡議團體，其宗旨是宣傳《教育修正案第九條》能如何保護大學校園性侵及暴力的受害者；或是從區區一個智慧手機程式，快速成為對抗街頭種族歧視及性別歧視騷擾的全球倡議行動「Hollaback！」。現在不僅有許多資金充裕的組織都在致力培養女孩進入科學、技術、工程及數學產業（STEM），例如「程式女孩」（Girl Who Code）、「黑女孩寫程式」（Black Girls CODE）和「女學生啟發」（Girlstart）等等；還有「美國家事工聯盟」（National Domestic Workers Alliance），協助組織全國線上及線下的看護、保母和其他家事工。由女孩經營的組織暨峰會「SPARK!」〔對性化（Sexualization）之抗爭（Protest）、行動（Action）、抵抗（Resistence）及教育知識（Knowledge）〕的宗旨是抵抗媒體將女孩加以性化，而「女性媒體中心」（Women's Media Center）則負責監督在政治新聞中經常使用的性別化語言。還有一連串在媒體及流行文化中興起的特定計畫及倡議，從駭客松到推特標籤都在在提升了社會對媒體素養的關注，更重新讓「看得到就有希望」（If you can see it, you can be it.）成為改革口號。

　　我當然可以談談當前的女性主義運動，是如何改變了主流媒體及流行文化談論各種偏見及盲目偏執的方法，還引導「強暴文化」（rape culture）、「順性別」（cisgender）及「膚色歧視」（Colorism）等詞語滲透社會空間及對話。這種轉變令人回想起一九九〇年代初期的光景，許多新聞頭條都在哀嘆「思想警察」或「政治正確失控了」──但它同時也提出了某些人的心聲，那就是「安全、正義和人道不是詞藻華麗的思想實驗」。二〇一五年，抗議警察暴力的大學校園抗爭，讓老是愛挖苦人的主流媒體

名嘴接觸到源於女性主義的詞語「安全空間」（safe space），但也進而促使大眾討論究竟為何這種值得嘲諷的詞彙必須存在。就像羅珊・蓋伊（Roxane Gay）所說，「那些視安全為理所當然的人對安全嗤之以鼻，因為它對他們來說就像其他許多權利一樣無法剝奪。這些人錯誤地假定我們全都能享受這種奢望，還認為我們是在盲目地追尋更奢侈的東西。」[1]

關於校園強暴是否為一種體制性議題的爭論，已經成為全國討論話題，而以交織性視角看待女性主義議題的必要性更在全球掀起迴響。社會終於理解「再現方式很重要」這項長久主張——在領導才能、電視劇、好萊塢電影、文學及政治等諸多範疇中皆然——流行文化則是首當其衝地承接了關於這議題更複雜且細膩的對話。職場應招募及留住多元族群員工的重要性，成為經濟學家及人力資源專業人士之間的談論要點，主張企業應擴展性別及種族多元性的研究也促使《富比世》及《科學人》（*Scientific American*）等類雜誌強調此舉所能創造的具體財務收益。簡單來說，有越來越多人開始體會到女性主義者費盡唇舌談論多年的事：只要我們能擺脫恐懼和刻板印象並擁抱平等，它就可以促進每一個人的福祉。

然而，就女性主義的未竟之業而言，我們目前的處境與一九七一年相比其實進展不多；時任總統尼克森廢止了要求政府成立為所有人開放的托兒所、為美國每一個社區建立早期教育計畫的《全面性兒童發展法案》（Comprehensive Child Development Act）。該法案成功闖關參眾兩院之後，便來到了尼克森的辦公桌上——但他隨即以該法案是共產黨員撕裂美國脆弱道德維繫的陰謀為由，對該法案予以否決。他宣稱若加以實施，該法案「將

令國民政府巨大的道德權威轉移到公共化育兒的一方」，並且侵蝕家庭神聖性的根基，尤其是母親的角色。《紐約時報》專欄作家蓋爾・科林斯 (Gail Collins) 指出，「尼克森的目標不只是扼殺這項法案，還要永遠埋葬國民享有兒童托育權的想法」。[2]

兒童照顧依然是女性主義運動反覆著手修正的一項未完大計；就連歐巴馬在二〇一五年主張為在職家長扣抵稅額這種最溫和的提議，還是遭到支持尼克森背後維護「傳統」價值的陣營激憤反對。此外，缺乏高中或大學學歷的女性只能去做支付最低薪資的工作，如收銀員、服務生、工廠生產線作業員等等，有五分之一的速食店員工亦生活在貧窮線之下；[3] 而在墮胎及身體自主權方面，我們其實還在開倒車。（我就是在說強制陰道超音波檢查）《平等權利修正案》從未獲得批准，也就是說儘管我們或許感覺／看起來與男人平起平坐，但女人依然尚未在法律上正式成為美國的完全公民。

「拒絕倒退」（no going back）已經成為全球女性主義運動的口號，使用的脈絡從針對 LGBT 權利的國家暴力到兒童電視節目企劃都有。生米已煮成熟飯、潘朵拉的盒子已然開啟，後浪來勢洶洶簡直難以抵擋。然而，在我們當下進兩步退一步的模式之下（反之亦然，取決於當週情況），穩定前進的康莊大道也根本沒個譜兒。這就是市場女性主義 —— 更準確的說，我們對它的接納 —— 之所以重要的原因。

頌揚 VS. 收編

現今的女性主義確實看似更繽紛有趣了，也比以往時髦又輕

鬆。只要貼個艾米・舒默反串假男孩團體挑戰「天然美」觀念的影片，就是象徵你也受夠那些掛羊頭賣狗肉的狗屁審美標準最簡單的方法。欣賞上百萬名思緒敏捷的網路寫手狠狠教育胡說八道又愛發表無歷史感觀點的政客（例如胡謅卵巢如何運作）也可以令人感到無比滿足。遊戲玩家現在可以用亞莉克絲・摩根（Alex Morgan）和其他世界足球明星的角色玩國際足總的電動，也是官方授權運動電玩的一大進步。在拍賣網站上找找「要反抗，勿節食」的別針和寫著「卵巢比卵蛋更重要」的T恤，也是一種殺時間的絕佳方法。（無論誰買女性主義樹懶貼紙套組送我，我都會快樂地收下喔。）這些事都反映出女性主義已經滲透大眾文化，但當它融入後會發生什麼事卻仍是未知數。市場女性主義很誘人，但它本身並不代表平等。

女性主義已然成功因為它在網路上隨處可見、因為它是行銷潮語、因為有一堆名人樂於作為它的代表人物這樣的敘事，就和宣稱女性主義早在（白人）女性贏得選舉權，或第一位女執行長穿著舒適鞋履踏進寬敞辦公室時已然實現，都是同樣錯誤的判斷。這不代表那些事情不重要，抑或女性主義還沒改善眾人生活，當然已經有所改變；但部分女性在許多領域略為受到肯定絕非女性主義的全面勝利，更何況目前就連點滴增加的進步都能醞釀出程度不成比例的恐懼。

例如，倘若女性主義已然成功，那為什麼在過去六年間，州政府的墮胎限制條款數量急速增加，光是二〇一五上半年頒布的新限制就多達五十一條？[4]如果我們現在都是平等的，為什麼在主流媒體裡鮮少見到各個種族的女性倡議者及專家？如果女性主義已經徹底改變這個文化，為何八卦小報依然在擔心哪個女人擁

有最火辣的海灘身材，或是為珍妮佛‧安妮斯頓寂寞的老子宮煩心？如果女性的意見就和任何人的意見一樣重要，為何女人只是在推特上對運動賽事或電玩發表意見就會收到強暴及死亡威脅，而數百萬名男人發表相同意見時，卻沒人罵他們愚蠢的賤貨、威脅駭進他們的手機，或者強暴他們的屍體？如果社會大眾真心認同女性主義，又為何許多人聽到以女性主義視角討論性別暴力或結構性不平等情事時，第一個反應不是說「但男人也會遇到這種事啊」就是「不是**所有**男人都這樣啦！」（Not ALL MEN!）？

問題就在於 —— 這個問題一直都存在 —— 女性主義並不有趣。它本來就不該有趣。它是複雜、困難的，而且還會激怒眾人。它是嚴肅的，因為這關乎的是人們要求社會將他們的人性視為無價之寶。女性主義所對抗的根本議題 —— 薪資不平等、性別分工、結構性種族歧視與性別歧視、結構暴力，當然還有身體自主權 —— 一點也不性感誘人。這對快速消費的串流內容來說實在很難推銷，畢竟它們仰賴的是線上點擊數以及用來賺錢的消費者訴求。更棘手的是女性主義探討的根本問題是重新調整權力平衡，而這會讓握有那股權力的人十分難受，因為必須這麼做才能發揮作用。所以當我們聽見那些人說 —— 噢，他們絕對會發表高見的 —— 女性主義應該調整聲量、好聲好氣地爭取欲尋求的權利、不要那麼憤怒地厲聲批判時，大家可別忘記，大規模社會變革絕對不是藉由禮貌要求和甜言蜜語地綏靖姑息就會誕生。千萬別搞錯了，這就是市場女性主義的真面目：它是在向潛在的誣衊者保證，女性主義不會對那些人釀成任何動搖根基的改變，可以存在於根本不平等的空間。

在撰寫本書的過程中，我曾和許多人或討論、或傾聽、或無

意間聽到他們探討女性主義之文化地位竄升的意義以及其重要性。我聽到了樂觀看法和興奮情緒，也領教過懷疑之情和無數白眼，更聽過白人大學生討論說碧昂絲可以用來當作一種「入門藥」，引導他人接觸最正統純粹、不攙雜質的女性主義理論。我聽見非白人女性主義者擔憂大眾僅接納女性主義批判性最低的面向，將無法矯正由古至今依然天天發生的抹除（erasures）現象；親眼見證過各年齡層的人回憶頓悟女性主義的剎那，那般頭暈目眩的感受；也看過全都意味著「這個任性的媒體圈混蛋又發神經了？」的鄙夷手勢。

但當我問起要如何將女性主義的高漲聲勢轉化為實質變革時，卻幾乎沒有人能給出答案，而這也暗示著本來就只有一種答案。然而，幾乎所有人都能認同的一件事卻是這個：頌揚與收編女性主義之間有一條非常微妙的界線。

這兩者的核心衝突就是——希望我已經透過這本書詳述清楚——雖然女性主義運動尋求改變體制結構，但市場女性主義卻是將個體擺優先。作為新自由主義的絕佳拍檔，市場女性主義著重的是將結構性議題塑造為個人問題，再興高采烈地提供商業面的解決辦法。你可以關注諸如低薪工人缺乏可行的家庭照顧假政策這類掃興的事，但掌握力量強化你內心的戰士豈不是輕鬆多了嗎？市場女性主義推定我們可以如一張純白的紙，上面沒有殘留任何性別歧視或種族歧視的痕跡，但這些明明都是塑造前人生活的昨日種種。它鼓吹我們相信如果在學校、職場、感情及領導能力上碰壁，絕對和性別一點關係都沒有，而是和擁有更高的自尊、變得更自信，甚至是接受一點人生指引之後就能解決的問題有關。

女性主義狂

　　現況如下：我們目前有女性主義內褲、女性主義愛情小說、女性主義 gif 圖和女性主義笑話；還有十二種讓世界變得更好的女性主義雞尾酒、十個證明《怪咖婦產科》是女性主義傑作的理由，以及解釋為何《權力遊戲》其實是賦權之作的九句台詞引述；我們知道有多少人擠進電影院觀賞那些獲封最具變革性的女性主義宣言電影，卻無法得知那樣的人數能否改變性別化甚深的體制，使得具有變革性的女性主義電影打從一開始就是一種必然之作。儘管有許多人企圖加以否定，但碧昂絲主張的那種女性主義者認同當然十分強大，無庸置疑的是她（還有艾瑪・華森、麗娜・鄧罕及泰勒絲）也啟發許多人主張那樣的身分認同。但接下來會發生什麼事？

　　把女性主義視為一種產物、一種個別衡量有無價值的標準、一種販賣無生命產品的賣點，絕對不是評估女性主義是否「有用」的完美方法，因為這與女性主義較無關聯，更攸關資本主義。生產女性主義身體乳液、女性主義能量飲及女性主義 T 恤的公司，肯定不願意透過實際改變現狀來讓自己沒生意可做。

　　同時，建構女性主義形象也不是新現象了。大家最熟知的女性主義運動難度極低，局外人都可以輕易理解。畢竟視覺無比重要：第一波女性主義者不希望有色人種女性出現，以免影響爭取選舉權；第二波女性主義者則是不想讓女同性戀和跨性別女性的小眾身分「玷汙」了這場運動。這兩波運動都是在向小心翼翼的買方販賣塑造過的形象，而如今女性主義之所以分裂，有部分原因就是無法擴大那些形象的範疇 —— 若女性主義想成為不只是為

菁英階級服務的運動，那可就不能再犯下這種錯誤。

女性主義必須演進，但只靠其意識形態獲利卻不採取行動嚴重阻礙了這個演進過程。被我們視為解放的事物，唯有在資本主義侷限的目的之內才可稱之解放；想出更多方法激勵眾人消費「賦權」的時尚產物，也無法改變時尚業在生產過程中的各個階層都在傷害女性的明顯事實；僅因為一句關於尊重女性的即興發言就把男色情片明星吹捧成女性主義者，更無法神奇地改變性產業的剝削經濟；提議讓更多女電視編劇進入體制，但增聘兩位以後又說「我們已經有夠多女電視編劇了」，並不是該產業多元化的勝利；三位黑人女性在二○一五年贏得艾美獎，並不代表以種族歧視視角再現黑人女性的情況只存在於好萊塢歷史當中。讓情況變得沒那麼糟糕和改善情況並不相同，削減流行文化裡的仇女文化和為其增添女性主義思維也不一樣。

然而市場女性主義現在卻告訴我們有什麼拿什麼就好；它要我們對現況感到知足，因為我們的力量還不足以確保若再進一步爭取，現有的權利亦不會再遭剝奪。那才不是女性主義，那叫斯德哥爾摩症候群。

以前我曾經堅信，認同女性應享有平等報酬及待遇的人，尤其是女人，有責任自稱女性主義者；否則這對於打造出一個竟有女性主義這種選項的世界的先賢來說，簡直就是一種羞辱。我曾經把莎拉‧邦廷（Sarah D. Bunting）那篇如今舉世聞名的部落格文章〈沒錯，你就是〉——這篇寫得真好——轉寄給無數的人，聽到女人說「我不是女性主義者，但……」時還會氣得咬牙切齒，但我現在知道這樣既短視又缺乏多元交織性的視角；我未能承認有數百萬女性或遭女性主義運動抹除、或看到自己的議題受

到排擠，或只是打從一開始就不懂女性主義的語言。

　　現在，我已經沒什麼興趣知道有誰自稱是女性主義者了，我更想知道他們用女性主義做了什麼事。我不再把促成主流社會接受女性主義視為最終目標，而是把它視為一種有用的倡議工具。現在，我希望想了解的人可以比印在 BuzzFeed 清單體文章上的內容還多。我想聽到我在大學校園遇見的女生，可以提出碧昂絲或艾瑪・華森這些堪稱公關老鳥的名人都回答不了的問題。我希望理想主義可以不只是曇花一現，我希望女性主義在早就沒人為它歌頌、將它印在阿嬤大內褲上或在紅毯上審查認同之後，仍富有深刻意義。

　　市場女性主義如今讓平等變得魅力十足、性感又新潮。它把日常行為和活動變成「大膽的女性主義宣言」、為不起眼的名人賦予迷人的全新形象；它讓泰勒絲莫名地說服我們，擁有一群光鮮亮麗的朋友隨侍在側就是女性平等的最高成就；它讓我們更傾向去讚揚一隻釋出女性主義誠意的布偶，而不願關注一位拖累運動的人類女性。它說服大眾藉由穿上口號 T 恤及「我是為自己而穿」的高跟鞋來妝點現狀，就可以成就女性主義，它還賣出了成千上萬個貨櫃的消費品。這段過程非常精采；但我希望 —— 也希望你如此期待 —— 我們可以保有看見更具女性主義精神的文化逐漸成形時的那份欣喜，並且強化繼續形塑這種文化所需的決心。一個後市場女性主義的世界或許已經不值得成為頭條，但它造福的將不只有在商業層面受到賦權的少數人。

致謝

若沒有我的經紀人吉兒・格林柏（Jill Grinberg），這本書肯定不會是現在的模樣。一篇謝辭難以表我對她的感激，所以希望她讀到這篇謝辭時，我將已經寄給她一籃瑪芬，或一瓶懂紅酒的人所挑選的昂貴紅酒。

我為了這本書訪問過許多作家、記者、學者、倡議者以及見多識廣的聰明人，雖然我無法引述所有人，但他們每一位都滿懷了不起的見解。感謝他們願意抽空接受我訪問，還有他們重要的貢獻：維若妮卡・艾蕾歐拉（Veronica Arreola）、珍妮佛・波茲納（Jennifer L. Pozner）、琳達・赫希曼（Linda Hirshman）、菲比・羅賓森（Phoebe Robinson）、蘇珊・道格拉斯（Susan J. Douglas）、安娜・霍姆斯（Anna Holmes）、女性主義者瓊斯（Feminista Jones）、莫琳・韓德森（J. Maureen Henderson）、蕾絲利・班奈茲（Leslie Bennetts）、黎歐拉・坦能鮑姆（Leora Tanenbaum）、妮基・麗莎・柯爾（Nicki Lisa Cole）、艾莉森・達爾・克羅斯利（Alison Dahl Crossley）、塔瑪拉・溫芙蕾・哈里斯（Tamara Winfrey Harris）、賈桂琳・費曼（Jaclyn Friedman）、索拉雅・切梅利（Soraya Chemaly）、姜寅求（Inkoo Kang）、梅莉莎・席維斯坦（Melissa Silverstein）、潔西卡・班奈特（Jessica Bennett）、安・伊莉莎白・摩爾（Anne

Elizabeth Moore）、瑪麗・多爾（Mary Dore）、葛羅麗亞・費爾特（Gloria Feldt）、潔希卡・瓦倫蒂（Jessica Valenti）、席芭・布雷（Zeba Blay）、莎拉・班奈懷瑟（Sarah Banet-Weiser）、麗莎・維德（Lisa Wade）還有蘇珊・布朗米勒（Susan Brownmiller）。特別感謝蘇珊・道格拉斯和貝爾・胡克斯，她們是最早讓我體會到熱愛流行文化既會獲得極大成就感也會永遠感到氣餒的人。

感謝 PublicAffairs 的編輯克萊夫・普立德（Clive Priddle）與瑪莉亞・戈佛（Maria Goldverg），他們體貼的指導和編輯功夫，讓我從這本書體會到最愉快的書寫及修訂過程。感謝我的製作編輯馬可・帕維亞（Marco Pavia）幫我打理一切，還有在等我寫這篇謝辭拖稿拖到天怒人怨的時候保持耐心。預先感謝 PublicAffairs 的公關及行銷團隊的琳希・芙拉克福（Lindsay Fradkoff）、艾蜜莉・拉維爾（Emily Lavelle）、克莉絲汀娜・法佐拉洛（Kristina Fazzolaro）以及潔咪・萊佛（Jaime Leifer）。

感謝《沙龍》雜誌和《俄勒岡人文》（Oregon Humanities）的編輯，我最初就是從這兩本刊物中摸索出這本書的某些主題。同時，由於我不想像喬納・雷爾（Jonah Lehrer）一樣拋頭露面，我要特別指出我改寫了上述刊物中的某幾段文摘，但某些措辭仍保留不變。

感謝婊子媒體的每一位同事，團隊裡所有人的才智、專注投入、樂觀精神和幽默都可謂無與倫比，我很榮幸能與這些人共事。特別感謝我們的執行董事茱莉・福爾克（Julie Falk）容忍我過去幾年的缺席和神經質，她還讀過其中幾章的初稿；謝謝凱特・萊斯妮雅克（Kate Lesniak）和愛希莉・麥凱利斯特（Ashley

McAllister）幫我打點生活，那些方法我老是記不住。

感謝丹雅・魯騰伯格拉比（Rabbi Danya Ruttenberg）當我在埃文斯頓和耶路撒冷時的筆友，感謝保羅・費雪（Paul Fischer）在我為這本書做研究時借我好幾次沙發，還有認識她最讓我感到驕傲的羅琳・薩爾（Rollene Saal）。

無比感謝微小正義媒體協會波特蘭總會（Little Justice Media Club Portland Original）成員給予的友誼、精神支持、拖稿藉口和起司。超級感謝布萊兒・利維特（Briar Levit），她對世界懷抱的創意、堅定和好奇心總能啟發我做得更多和變得更好。

感謝棠恩・瓊斯（Dawn Jones）和 Hearts+Sparks Productions。

感謝所有柴斯勒家每個兄弟姊妹的遠距離支持。由衷感謝傑夫・沃爾斯（Jeff Walls）的愛和耐心，願意包容和一個被截稿日追著跑的人結婚必須遇到的無理鳥事；謝謝哈維・柴斯勒沃爾斯（Harvey Zeisler-Walls）提醒我記得要休息。

最後，感謝所有過去以來、現在和未來的女性主義者。

註釋

引言

1. 「蒙特婁大屠殺」一詞是一九七九年蒙特婁理工學院大屠殺事件之別稱，當時有一名男學生暗殺了十四名女性，稱她們「一群女性主義者」。

第一章

1. 至少照理來說是這樣；從那時開始，有許多證據都顯示銀行仍有種族歧視。

2. Slade, Giles, *Made to Break: Technology and Obsolescence in America* (Cambridge: Harvard University Press, 2007) page 19.

3. http://www.mediainstitute.edu/media-schools-blog/2014/02/edward-bernays/.

4. http://www.ncbi.nlm.nih.gov/pmc/articles/PMC1748044/pdf/v014p00172.pdf.

5. Sherrie A. Inness, *Disco Divas: Women and Popular Culture in the 1970s*, University of Pennsylvania Press, 2003, page 21.

6. https://fcpfragrance.wordpress.com/2013/04/17/successful-brands-charlie/.

7. http://marketing-case-studies.blogspot.com/2008/07/raise-your-right-hand-campaign.html.

8. "The Alluring Right-Hand Diamond Ring," NBCnews.com, Jan. 20, 2004.

9. Kiran Adhikam, "Behind-the-Swoosh: The-Making of Nike's Greatest Commercials," *MediaBistro*, Jan, 25, 2010.

10. http://scholarship.law.marquette.edu/cgi/viewcontent.cgi?article=1150&context=sportslaw.

11. An entire category called "Sadvertising" has flourished in the viral age, partly as a response to a referential, too-cool-for-school trend that defined the late 1990s and 2000s.

12. Liz Leyden, "Barbie Gets Career Advice From Feminists," *Columbia Journalism Review*, March 28, 1999.

13. Ophira Edut, "Barbie Girls Rule?" *Bitch,* Winter 1999, page 16.

14. Douglas, Susan J., *Where the Girls Are: Growing Up Female with the Mass Media* (New York: Times Books, 1994) page 247.

15. Bianca London, "Model Eva Herzigova says her iconic Hello Boys Wonderbra ad didn't 'degrade women' but left them 'empowered' instead," MailOnline.com, Nov. 21, 2014.

16. http://adage.com/article/cmo-strategy/marketers-soft-feminism/294740/.

第二章

1. 導演喬治·米勒（George Miller）在訪談中坦承這部電影的女性主義意涵，大部分源自於該電影主要的情節點（plot point），也就是為了拯救妻妾的大篇幅飛車追逐戲。「我需要一個戰士。但又不能是一個男人從另一個男人身邊搶走五名妻子，那會是完全不同的故事。」他也將這部電影的氛圍歸功於剪輯師，也是他的太太瑪格麗特·西索（Margaret Sixel）。

2. Mahar, Karen Ward, *Women Filmmakers in Early Hollywood* (Baltimore: JHU Press, 2008) page 190.

3. Michelle Goldberg, "Where Are the Female Directors?" *Salon*, Aug. 27 2002 4. Ibid 5. Laura Hertzfeld, "From Sundance to the multiplex:

Women directors are taking the spotlight," *Entertaiment Weekly*, Aug. 16, 2013.

4. http://www.theguardian.com/film/2002/sep/08/features.review1.

5. http://www.ew.com/article/2013/08/16/women-directors-to-do-list-sundance.

6. Wilson, Marie C., *Closing the Leadership Gap: Add Women, Change Everything* (New York: Penguin Books, 2004).

7. Brent Lang, "Theater Chief Says 2015 Will Be 'Year of Women' at Box Office," *Variety*, April 21, 2015.

8. Megan Angelo, "The *Bridesmaids* Effect: 6 Hollywood Changes The Chick-Comedy's Big Weekend Will Trigger," Business Insider, May 16, 2011.

9. "'Bridesmaids' Effect: Funny women flourish in female-written come-dies like 'Pitch Perfect'," Associated Press, September 28, 2012.

10. "Swedish cinemas take aim at gender bias with Bechdel test rating," *The Guardian*, November 6, 2013.

11. Aja Romano, "The Mako Mori Test: 'Pacific Rim' inspires a Bechdel Test alternative," *The Daily Dot*, August 18, 2013.

12. http://www.dailydot.com/opinion/guardians-of-the-galaxy-fails-women/.

第三章

1. 我們沒賣，但不是我要自誇，我們最近出的一批寫著「智取父權體制」（Outsmart the Patriarchy）的T恤在一週內就銷售一空了。

2. 計畫生育協會（Planned Parenthood）也從二○○三年開始販賣印著聲明「我曾墮胎」（I Had an Abortion）的T恤，創作人是女性主義倡議家珍妮佛・鮑姆嘉特納（Jennifer Baumgartner），亦為同名紀錄片《我曾墮胎》的周邊品。

3. Davis, Angela Y., "Afro Images: Politics, Fashion, and Nostalgia," Critical Inquiry Vol. 21, No. 1 (1994).

4. http://tressiemc.com/2012/06/23/the-atlantic-article-trickle-down-feminism-and-my-twitter-mentions-god-help-us-all/.

第四章

1. http://rocunited.org/new-report-the-glass-floor-sexual-harassment-inthe-restaurant-industry/.

2. Bryce Covert, "43 Sexual Harassment Cases That Were Thrown Out Because of One Supreme Court Decision," *ThinkProgress*, Nov. 24, 2014.

3. Armstrong, Jennifer Keishin, *Mary and Lou and Rhoda and Ted: And All the Brilliant Minds Who Made The Mary Tyler Moore Show a Classic* (New York: Simon and Schuster, 2013).

4. Faludi Susan, *Backlash: The Undeclared War Against American Women* (New York: Crown Publishers, 1991).

5. Amanda D. Lotz, *Redesigning Women: Television After the Network Era* (Champaign: University of Illinois Press, 2006).

6. http://scholarship.law.duke.edu/cgi/viewcontent.cgi?article=3311&context=dlj.

7. Susan J. Douglas: "Patriarchy, New and Improved," *In These Times,* Nov. 22, 2002.

8. Pozner, Jennifer L., *Reality Bites Back: The Troubling Truth about Guilty Pleasure TV* (Berkeley: Seal Press, 2010).

9. http://morningafter.gawker.com/unreal-creator-sarah-gertrude-shapiro-talks-feminism-an-1721758299.

10. http://livefromthetrail.com/about-the-book/speeches/chapter-18/vice-president-dan-quayle.

11. http://www.scpr.org/programs/the-frame/2014/09/23/39476/geena-

davis-institute-study-shows-gender-gap-in-fi/.

12. Zeba Blay, "How Feminist TV Became the New Normal," *The Huffington Post*, June 18, 2015.

13. https://medium.com/@mariskreizman/game-of-thrones-and-the-threatening-fantasy-ec8767758cda.

第五章

1. Tamara Winfrey Harris, "All Hail the Queen? What do our perceptions of Beyonce's feminism say about us?" *Bitch*, May 2013.

2. 「阻止 ERA 行動」（STOP ERA）本來是「停止奪走我們的特權」（Stop Taking Our Privileges）的縮寫；別的先不談，這項行動尤其擔心在平等的未來會出現的中性廁所──和當今那些把公共廁所當作恐嚇戰術重點的反跨性別聖戰士沒什麼兩樣。

3. Mia McKenzie, "Why I'm Not Really Here For Emma Watson's Feminism Speech At the U.N." Sept. 24, 2014.

4. Barth, Ramona, "The Feminist Crusade," *The Nation*, July 17, 1948.

5. Katherine Cross, "Words, Words, Words: On Toxicity and Abuse in Online Activism," January 2014.

6. "Mo'Nique: I Was 'Blackballed' After Winning My Oscar," *The Hollywood Reporter,* February 19, 2015.

7. Roxane Gay, "Emma Watson? Jennifer Lawrence? These aren't the feminists you're looking for," *The Guardian*, Oct. 10, 2014.

第六章

1. Jennifer L. Pozner, "The Big Lie: False Feminist Death Syndrome, Profit, and the Media," from *Catching a Wave: Reclaiming Feminism for the 21st Century,* Rory Dicker and Allison Piepmeier, eds., 2003, page 31.

2. "Reagan Is Shortchanging Women, Says GOP Feminist Kathy Wilson,

and He May Pay for It Next Year at the Polls," *People*, August 1983.

3. Faludi, Susan, *Backlash: The Undeclared War Against American Women* (New York: Crown Publishers, 1990).

4. Douglas, Susan J., *Where the Girls Are: Growing Up Female with the Mass Media* (New York: Times Books, 1994).

5. Faludi, Susan, *Backlash: The Undeclared War Against American Women* (New York: Crown Publishing, 1990).

6. Cora Harris, "*She's Gotta Have It*: A comedy in error," http://socialism.com/drupal-6.8/?q=node/2643.

7. Abcarian, Robin, "Clarence Thomas vs. Anita Hill: She's Still Telling the Truth," *Los Angeles Times*, March 12, 2014.

8. Kimberlé Williams Crenshaw, "Black Women Still in Defense of Ourselves," *The Nation*, Oct. 24, 2011.

9. Walker, Rebecca, *To Be Real: Telling the Truth and Changing the Face of Feminism*, (New York: Anchor Books, 1995).

10. Elizabeth Sweet, "Toys Are More Divided by Gender Now Than They Were 50 Years Ago," *The Atlantic*, Dec. 9 2014.

11. http://www.thebaffler.com/salvos/the-selling-of-katie-roiphe.

12. Herman, Kristine, "Demands from the Women of Antioch," in *Just Sex: Students Rewrite the Rules on Sex, Violence, Activism, and Equality* (Jodi Gold and Susan Villari, eds.; Lanham, MD., Rowman and Littlefield, 1999).

13. "Are You a Card-Carrying Feminist?" *BUST*, Winter 2000.

14. Barbara Ehrenreich, "Are women getting unhappier? Don't make me laugh," *Los Angeles Times*, Oct. 14, 2009.

15. http://articles.latimes.com/2009/oct/14/opinion/oe-ehrenreich14.

第七章

1. https://www.opendemocracy.net/article/putting_power_back_into_

empowerment_0.

2. Elona Jones, "Go Ask Alice: A Q&A with author and punk veteran Alice Bag," *Bitch,* Summer 2012, page 38.

3. Sara Marcus, *Girls to the Front: The True Story of the Riot Grrrl Revolution*, (New York: HarperCollins*Publishers*, 2010) page190.

4. Solinger, Rickie, *Beggars and Choosers: How the Politics of Choice Shapes Adoption, Abortion, and Welfare in the United States* (New York: Hill & Wang, 2002).

5. Summer Wood, "On Language: Choice," *Bitch,* Spring 2004.

6. Hirshman, Linda, "Homeward Bound," *The American Prospect*, November 21, 2005.

7. Al Norman, "Woman-Owned Vest Company Gets Soaked by *Shark Tank* and Walmart," *The Huffington Post*, Jan. 26, 2015.

8. "The Most Pointless, Pretentious, and Useless Business Jargon," *Forbes*, January 6, 2012.

9. http://www.techweekeurope.co.uk/workspace/microsoft-convergence-satya-nadella-keynote-164565.

10. 男同性戀作者也是性工作回憶錄熱潮的部分參與者，包括大衛‧亨利‧史泰利（David Henry Sterry）〔《小雞生活：出租少男懺情書》（暫譯）（Chicken: Portrait of a Young Man for Rent）〕還有瑞克‧惠特克〔《就位：賣身回憶錄》（暫譯）（Assuming the Position: A Memoir of Hustling）〕，但獲得的媒體關注相對較少。

第八章

1. http://www.makers.com/conference/2014.

2. Christine Haughney and Leslie Kaufman, "The Rise of Conferences on Women's Empowerment," *The New York Times*, Oct. 6, 2014.

3. Melissa Harris-Perry, "Nightline Asks Why Black Women Can't Get

a Man," *The Nation*, April 22, 2010.

4. Sanders, Joshunda, *How Racism and Sexism Killed Traditional Media: Why the Future of Journalism Depends on Women and People of Color* (Westport, CT, Praeger Press, 2015).

5. http://recode.net/2014/10/09/neurosexism-brains-gender-and-tech/.

6. Eliot, Lise, *Pink Brain, Blue Brain: How Small Differences Grow Into Troublesome Gaps—And What We Can Do About It* (Boston: Mariner Books, 2009).

7. Katty Kay and Claire Shipman, "The Confidence Gap," *The Atlantic*, May 2014.

8. http://kateharding.net/2010/05/26/5-ways-of-looking-at-sarah-palin-feminism/.

9. Aaron Breitkrutz, "With abortion, feminists are waging war on women," HutchinsonLeader.com, Oct. 3, 2015.

10. Melinda Henneberger, "What Brought Carly Fiorina Down at HP Is Her Greatest 2016 Asset," *Bloomberg Business*, April 30, 2015.

11. http://articles.philly.com/1997-07-24/entertainment/25549106_1_sarah-mclachlan-lilith-fair-music-festival.

12. Vowell, Sarah, "Throwing Ovaries," *Salon*, July 11, 1997.

13. Powers, Ann, "Critic's Notebook: A Surge of Sexism on the Rock Scene," *The New York Times*, August 2, 1999.

第九章

1. Elizabeth Dwoskin, "Is This Woman Too Hot to Be a Banker?" *The Village Voice*, June 1, 2010.

2. Nicole Hensley, "Port Authority cops said female recruit was 'too feminine' to be a police officer: lawsuit," *New York Daily News*, Dec. 10, 2014.

3. Jim Edwards, "Inside the 'conspiracy' that forced Dov Charney out of

American Apparel," *Business Insider*, Aug. 21, 2015.

4. Benjamin Wallace, "Is Terry Richardson an Artist or a Predator?" *New York*, June 15, 2014.

5. Kara Jesella, "The Collarbone's Connected to Slimness," *The New York Times*, May 10, 2007.

6. http://www.stylist.co.uk/people/lucy-mangan-our-grandmas-had-corsets-we-have-vajazzling.

7. 此款消毒藥水有一種次要的仿單標示外用途，那就是避孕，不過歷史學家安德烈雅‧托恩（Andrea Tone）指出，根據一九九三年的研究，在使用這種殺菌劑避孕的五〇七位女性當中，幾乎有超過一半都失敗了未能防止懷孕。

8. Lynn Peril, *Pink Think: Becoming a Woman in Many Uneasy Lessons* (New York: W.W. Norton: 2002).

9. Lorraine Berry, "Caitlin Moran: Women have won nothing," *Salon*, Oct. 16, 2012.

10. http://www.salon.com/2012/10/16/caitlin_moran_and_bitch/.

11. http://www.public.iastate.edu/~jwcwolf/Papers/Bordo.pdf.

12. Jack Neff, "Ten Years In, Dove's 'Real Beauty' Seems to Be Aging Well," *AdvertisingAge*, Jan. 22, 2014.

13. Jack Neff, "Dove's 'Real Beauty' Hits a Rough Patch," *AdvertisingAge*, April 14, 2014.

14. http://adage.com/article/news/dove-s-real-beauty-hits-a-rough-patch/292632/.

15. Douglas, Susan J., *Enlightened Sexism: The Seductive Message That Feminism's Work Is Done* (New York: Times Books, 2010).

結語

1. Gay, Roxane, "The Seduction of Safety, on Campus and Beyond," *The New York Times*, November 13 2015.

2. Collins, Gail, *When Everything Changed: The Amazing Journey of American Women from 1960 to the Present* (Boston: Little, Brown, 2009).

3. Hayley Peterson, "McDonald's Hotline Caught Urging Employee To Get Food Stamps," *Business Insider*, Oct. 24, 2013.

4. http://www.guttmacher.org/media/inthenews/2015/07/01/.

next 305

他們用女性主義幹了什麼！
—— 在流行文化中被架空的社會運動

WE WERE FEMINISTS ONCE:
From Riot Grrrl to CoverGirl®, the Buying and Selling of a Political Movement

作者	安蒂·柴斯勒
譯者	周彧廷
主編	王育涵
責任編輯	王育涵
責任企畫	郭靜羽
封面設計	吳郁嫻
內頁排版	張靜怡
總編輯	胡金倫
董事長	趙政岷
出版者	時報文化出版企業股份有限公司
	108019 臺北市和平西路三段 240 號 7 樓
	發行專線｜02-2306-6842
	讀者服務專線｜0800-231-705｜02-2304-7103
	讀者服務傳真｜02-2302-7844
	郵撥｜1934-4724 時報文化出版公司
	信箱｜10899 臺北華江橋郵局第 99 信箱
時報悅讀網	www.readingtimes.com.tw
人文科學線臉書	http://www.facebook.com/humanities.science
法律顧問	理律法律事務所｜陳長文律師、李念祖律師
印刷	勁達印刷有限公司
初版一刷	2022 年 5 月 20 日
定價	新臺幣 430 元

時報文化出版公司成立於一九七五年，並於一九九九年股票上櫃公開發行，於二〇〇八年脫離中時集團非屬旺中，以「尊重智慧與創意的文化事業」為信念。

WE WERE FEMINISTS ONCE: From Riot Grrrl to CoverGirl®, the Buying and Selling of a
Political Movement by Andi Zeisler
Copyright © 2016 by Andi Zeisler
This edition is published by arrangement with PublicAffairs, an imprint of Perseus Books, LLC,
a subsidiary of Hachette Book Group, Inc., New York, New York, USA.
through Bardon-Chinese Media Agency.
Complex Chinese edition copyright © 2022 by China Times Publishing Company
All rights reserved.

ISBN 978-626-335-388-6｜Printed in Taiwan

他們用女性主義幹了什麼！—— 在流行文化中被架空的社會運動／安蒂·柴斯勒著；周彧廷譯.
-- 初版. -- 臺北市：時報文化，2022.05｜336 面；14.8×21 公分.
ISBN 978-626-335-388-6（平裝）｜1. CST：女性主義 2. CST：媒體｜544.52｜111006456